"博学而笃志，切问而近思。"

（《论语》）

博晓古今，可立一家之说；
学贯中西，或成经国之才。

1905

复旦博学 · 复旦博学 · 复旦博学 · 复旦博学 · 复旦博学 · 复旦博学

作者简介

　　徐爱丽,1979年毕业于复旦大学经济系，上海体育学院副教授，硕士研究生导师。目前在上海体育学院体育社会学系从事政治经济学、中国特色社会主义等教学与科研工作。近年来参与编著的教材有《中国社会主义建设》、《社会主义国情教育读本》等。在杂志及学术会议上共发表或合作发表论文30余篇。其中主要有:《建立社会主义市场经济体制的若干问题》、《对建立和完善价格调控机制的探讨》、《以德治国的若干思考》、《在社会主义市场经济条件下如何搞好职工体育》、《民族精神和中国体育事业发展》等。

博学·体育经济管理丛书

TIYU JINGJI GUANLI CONGSHU

■ 主编　徐爱丽　　陈书睿

体育经纪人实务

复旦大学出版社

内 容 提 要

全书包括：第一章概述、第二章体育经纪人的内涵、特征和作用、第三章体育经纪人的素质要求、第四章体育经纪人的活动要素、第五章体育经纪人的制度管理、第六章体育赛事经纪、第七章运动员经纪、第八章合同范本和经纪法规。每章穿插大量国内外的案例，对学生拓展视野、掌握实际案例很实用，是一本内容新、观念新的体育经济管理教材。

适用对象：高等院校体育经济管理专业、社会体育专业、体育MBA学生，各级各类体育管理机构、体育组织、体育产业领域干部培训班。

总　　序

　　体育产业在 20 世纪 60 年代随着世界经济和社会的发展,人们生活水平的提高,闲暇时间的增加而发展起来的。20 世纪 70 年代以后,由于现代高科技的发展,进一步推动了体育产业的发展,从而增强了体育产业发展的活力。到了 20 世纪 80 年代,体育产业的发展进入了一个前所未有的高峰期,其影响扩展到全球。也就在这个时期,随着我国改革开放的推行,经济和社会的飞速发展和人民生活水平的迅速提高,体育产业也得到了相应的发展。国务院 1985 年颁布的《国民生产总值计算方案》开始运用三次产业分类法,将体育部门列入第三产业,此后,理论界特别是体育经济理论研究中普遍出现了"体育产业"这一提法。1992 年 6 月,中共中央、国务院发布了《关于加快发展第三产业的决定》后,体育界也掀起了对体育产业、体育经济研究的热潮。体育经济是比体育产业外延更广的一个概念,它不仅包括体育产业的经济活动,还包括体育与经济的关系,以及与体育关系密切的一些经济活动。所以,参加体育经济研究的人员更多、更广泛,包括一些著名的经济学家,使这方面的研究取得了不少的成果。这些研究成果对体育产业的实践,对体育经济的发展都是十分有益的。

　　理论研究的发展,体育产业的实践,使相关人才的需求得到重视,许多体育院校、师范大学内的体育系科,甚至一些著名的综合性大学也办起了体育管理、体育市场营销等等有关的专业,使人才培养工作跟上了发展的需要。

　　但当我们冷静地分析自己所面临的现实时又发现,在目前的相关教育中,系统性的教材尚不足。许多教学工作者编写了不少相应的教材,但往往都是为了满足某一门课程的需要,而作为一个专业来说,还应该有自己的系列专业教材,即使一时还不成熟也不要紧,可以在今后的实践中逐步丰富、完善。

　　我们就是出于这样的初衷,编写一套有关体育管理与体育经济的系列教材,可能很不完善,但我们愿意听取大家意见,再作努力,逐步使它完善、成熟起来。

我们的每位作者在具体编写时除了利用自己长期积累的资料和研究成果外(因为有些书的选题就是来自作者自己的博士论文),还大量引用了许多其他学者的研究结论和教学成果。如果没有这些教学、研究的成果,我们这套系列教材也就难以完成。所以这套书能够编写出来首先要对他们表示感谢。

在这套书的选题上我们就自己理解的方方面面的内容,确定了 13 本书,对于目前体育管理与体育经济所涉及的内容都尽量涉及。也许不准确,肯定还不全面,可是我们的目标是明确的,即建立一套适合中国体育产业发展实践的理论教学用书。

这套书是从教学需要出发而编写的,为了增强它的实用性和可操作性,在写法上不但增加了不少练习题,还引用了大量的案例,使阅读者不仅可以从理论上进行思考,还可从实践上深一步探索。因此,它对在体育管理岗位上开展体育经济活动的所有人员也都有参考价值。

希望大家多提意见!愿我们共同努力,尽快地把我国体育管理与体育经济方面的教学用书编得完善、系统、科学!

上海体育学院教授　　胡爱本
博士生导师

目　　录

第一章　概述……………………………………………………………… 1
　第一节　经纪和经纪人…………………………………………………… 2
　　一、经纪和经纪人的概念……………………………………………… 2
　　二、经纪人的特征和职业特点………………………………………… 4
　　三、经纪人的业务范围………………………………………………… 7
　第二节　体育经纪和体育经纪性质……………………………………… 8
　　一、体育经纪的概念…………………………………………………… 8
　　二、体育经纪的功能与地位…………………………………………… 8
　　三、体育经纪的性质…………………………………………………… 10
　第三节　我国体育经纪的产生和发展…………………………………… 11
　　一、我国体育经纪活动产生的社会背景……………………………… 11
　　二、我国体育经纪的发展过程………………………………………… 12
　　三、我国体育经纪的发展现状………………………………………… 16
　　［本章思考题］………………………………………………………… 19
　　［相关链接］　21世纪不妨做个"职业经纪人"……………………… 20
第二章　体育经纪人的内涵、特征和作用……………………………… 23
　第一节　体育经纪人的内涵……………………………………………… 24
　　一、体育经纪人的概念………………………………………………… 24
　　二、体育经纪人的组织形式…………………………………………… 25
　　三、体育经纪人的业务范围…………………………………………… 28
　第二节　体育经纪人的特征和作用……………………………………… 32
　　一、体育经纪人的特征………………………………………………… 32
　　二、体育经纪人的作用………………………………………………… 33
　第三节　体育经纪人的职责和权利……………………………………… 36
　　一、体育经纪人的职责………………………………………………… 36

二、体育经纪人的权利 ·· 38

［本章思考题］ ·· 39

［相关链接］ 体育经营活动审批疑难解答 ······················ 39

第三章 体育经纪人的素质要求 ······························ 43

第一节 体育经纪人必须具备的条件 ·························· 44

一、体育经纪人的知识结构和专业素养 ················· 44

二、体育经纪人的各种能力和心理素质 ················· 46

三、体育经纪人的道德品质和行为准则 ················· 48

四、体育经纪人的技巧和策略 ··························· 51

第二节 规范经纪活动,提高整体素质 ······················ 53

一、我国体育经纪人现状及特点 ······················· 53

二、体育经纪人的规范服务 ····························· 55

三、国外体育经纪人的管理制度和内容 ················· 59

第三节 国外体育经纪人示范 ······························ 62

一、美国拳击经纪人——唐·金 ······················· 62

二、国际管理集团 ····································· 64

三、英国最有权势的五大经纪公司 ····················· 66

［本章思考题］ ·· 66

［相关链接］ 美国人的谈判风格 ································ 67

第四章 体育经纪人的活动要素 ······························ 70

第一节 体育经纪人宗旨和收入 ···························· 71

一、体育经纪人的宗旨 ································· 71

二、体育经纪人的收入和管理 ························· 72

三、体育经纪人的税收与法规 ························· 77

第二节 体育经纪人的活动 ································ 79

一、体育经纪人的活动内容 ····························· 79

二、我国体育经纪活动内容 ····························· 84

第三节 体育经纪合同 ···································· 88

一、体育经纪合同的种类和形式 ······················· 88

二、体育经纪合同的订立和必要条款 ··················· 90

三、无效合同及合同履行 ······························· 91

第四节 体育经纪人的运作 ································ 92

一、体育经纪人的运作程序 ····························· 92

二、美国体育经纪人的运作方式 ……………………………… 95

三、国外体育经纪人运作的发展趋势 …………………………… 96

[本章思考题] ……………………………………………………… 98

[相关链接一] 我国现行体育保险的由来 ……………………… 98

[相关链接二] 我国运动保险始于桑兰 ………………………… 99

第五章 体育经纪人的制度管理 ……………………………… 102

第一节 体育经纪人的自我管理 ………………………………… 103

一、体育经纪人自律 ……………………………………………… 103

二、体育经纪人资格认定 ………………………………………… 104

三、体育经纪人的培训 …………………………………………… 106

第二节 体育经纪人的组织管理 ………………………………… 108

一、注册登记管理 ………………………………………………… 108

二、监督管理 ……………………………………………………… 109

三、行业管理 ……………………………………………………… 110

第三节 体育经纪人管理过程中的几个具体问题 ……………… 111

一、保证金问题 …………………………………………………… 111

二、佣金问题 ……………………………………………………… 113

三、单项协会和经纪人关系问题 ………………………………… 115

第四节 国外体育经纪人管理制度 ……………………………… 116

一、国外体育经纪人产生与发展的社会条件 ………………… 116

二、国外体育经纪人的管理体制 ………………………………… 117

三、国外体育经纪人的管理制度和内容 ………………………… 122

[本章思考题] ……………………………………………………… 123

[相关链接] 足协制定标准：要做经纪人必须先过五道关 ……… 124

第六章 体育赛事经纪 ………………………………………… 125

第一节 体育赛事经纪概述 ……………………………………… 126

一、体育赛事经纪概念的界定与分析 …………………………… 126

二、体育赛事经纪市场经纪内容和赛事种类 …………………… 126

三、体育赛事经纪的基本条件和佣金 …………………………… 130

四、体育赛事的经纪管理及传媒在赛事经纪中的

重要作用 …………………………………………………… 132

五、赛事经纪的盈利模式 ………………………………………… 134

第二节 体育赛事经纪的过程 …………………………………… 135

一、体育赛事的选择 ···················· 135

二、体育赛事的包装 ···················· 136

三、体育赛事的营销 ···················· 138

四、赛事过程中的客户服务 ·············· 142

五、赛事赞助活动的总结 ················ 143

第三节　中国体育赛事市场及赛事经纪发展 ········ 144

一、中国体育赛事市场化的发展历程 ······ 145

二、体育赛事市场化的本质和基本特征 ···· 145

三、职业体育赛事市场化和赛事经纪 ······ 146

四、中国体育赛事市场的现状及发展前景 ···· 149

［本章思考题］ ························ 150

［相关链接一］　体育媒介市场研究 ········ 150

［相关链接二］　浅谈我国企业如何进行体育赞助 ········ 161

第七章　运动员经纪 ························ 167

第一节　运动员经纪概述 ················ 168

一、运动员经纪的概念 ················ 168

二、运动员经纪的要求 ················ 169

三、我国运动员经纪的现状 ·············· 170

第二节　运动员转会与参赛 ·············· 171

一、运动员转会经纪 ·················· 171

二、运动员参赛经纪 ·················· 177

三、运动员其他事务的经纪 ·············· 180

第三节　运动员无形资产的开发 ·········· 183

一、运动员无形资产开发的内容和载体 ······ 183

二、运动员无形资产开发的特点 ·········· 184

三、体育明星广告市场的中介作用及运作规则 ········ 185

四、运动员商业开发中的注意事项 ········ 187

五、运动员经纪的主要特点和发展趋势 ······ 190

［本章思考题］ ························ 192

［相关链接］　企业如何进行体育营销 ········ 192

第八章　合同范本和经纪法规 ················ 195

第一节　合同范本 ···················· 196

一、中国足协球员转会合同 ·············· 196

二、运动员工作合同书 ……………………………………… 196

三、意大利足协经纪人申请表 ……………………………… 198

四、意大利足协经纪委托合同 ……………………………… 199

五、美国篮球运动员工会对委托合同的规定 …………… 200

第二节　经纪法规 ……………………………………………… 201

一、经纪人管理办法 ………………………………………… 201

二、国际足联比赛经纪人规则 ……………………………… 205

三、国际足联运动员身份及转会规则 ……………………… 208

四、足联球员经纪人规则 …………………………………… 218

五、我国足球经纪人的职责 ………………………………… 223

［本章思考题］ ………………………………………………… 224

主要参考书目 ………………………………………………… 225

第一章
概　述

本章学习要点

- 经纪人的概念和特征
- 体育经纪的功能和性质
- 我国体育经纪的产生和发展
- 我国体育经纪的现状

随着改革开放的深入和社会主义市场经济的发展,经纪活动已开始进入到体育领域。体育经纪人的出现,对于活跃市场、加速体育产业发展起了十分积极的作用。

第一节　经纪和经纪人

一、经纪和经纪人的概念

（一）经纪的概念

经纪,是伴随着商品交易而产生的一种古老的商业活动。经纪业是社会历史发展的必然结果,是商品生产、商品交换的伴生物。一般来说,经纪活动有三种形式:一种是居间,一种是行纪,还有一种是代理。这三种区别在什么地方?所谓居间就是经纪人以自己的名义为交易双方提供交易机会,促成他人之间的这种交易,他自己并不直接进行交易,纯粹起一种牵线搭桥的作用;居间是经纪活动的初级形式。所谓行纪是指经纪人接受委托人的委托,以自己的名义与第三人进行交易,经纪人自己承担法律责任;在这种经纪形式中,经纪人不能取得交易的全部利益,只能按事先的约定收取委托人的佣金。代理指的是经纪人受委托人的委托,以委托人的名义与第三人从事交易,由此发生的法律责任由委托人承担;代理是一种较为普遍的经纪方式。目前的中介行为一般都脱离不出以上三种行为。以上是关于经纪的一般概念。

（二）经纪人概念的界定与分析

经纪人在英语中称为"Broker"[①]或"Middleman"[②]。美国布莱克法律大词典将"经纪人"定义为:经授权代理委托人进行交易,或独立行使为委托人提供与第三人订约的机会,或是充当订约媒介促成委托人与第三人订约和守约的中间。

法国拉鲁斯大百科全书对经纪人的解释是"在商业交易中充当居间商的人"。在日本,经纪人被称作"仲买人"或"周旋屋"。虽然各国对经纪人说法不一,但对其本质属性的界定是一致的,即"为交易双方充当中介"。

[①] "Merriam-Webster Online Dictionary" Broker: one who acts as an intermediary: as a : an agent who arranges marriages b : an agent who negotiates contracts of purchase and sale (as of real estate, commodities, or securities).

[②] "Merriam-Webster Online Dictionary" Middleman: an intermediary or agent between two parties; *especially* : a dealer or agent intermediate between the producer of goods and the retailer or consumer.

在理论界和法规中对经纪人的概念有不同的论述,但在概念的基本特征方面出入不大。总结这些共同之处,可以将经纪人定义为:经纪人是在经济活动中,以收取佣金为目的,为供需提供中间服务(提供信息,报告定约机会,或充当定约媒介),促成交易的具有独立地位的自然人、法人和其他经纪组织。经纪人是市场中介组织的重要组成部分,是为买卖双方实现市场交易而从事沟通、服务的中间人。

国家工商行政管理局 1995 年颁布的《经纪人管理办法》,对经纪人的定义是这样的:"本办法所称经纪人,是指依照本办法的规定,在经济活动中,以收取佣金为目的,为促进他人交易而从事居间、行纪和代理等经纪业务的公民、法人和其他经济组织。"据此规定,经纪人的概念包括四个层次:(1)经纪人在经济活动中以收取佣金为目的;(2)经纪人为促成他人交易而进行服务活动;(3)经纪人的活动形式主要包括居间、行纪、代理等;(4)经纪活动主体分别为公民、法人和其他经济组织。经纪人以收取佣金为目的,反映出其经营的性质;经纪人为促成他人交易进行服务活动反映其经营的特点,在这个意义上说来也反映出了经纪人最根本的性质。

经纪人的出现,在国外始于古罗马时期。在中国,最早的经纪活动出现在两千多年前的西汉,而且在以后的各个朝代都未间断过。这些民间经纪在当时还是有一定市场的,有很多事务所、牙行、典当行。1949 年建国后随着高度集中的计划经济体制的建立,经纪人在长时间内基本上销声匿迹了。十一届三中全会以后,经纪人逐步重新兴起,但是二十多年来发展道路也不太平坦,经历了一个从打击限制,到探索发展,到逐步规范化的过程。

根据经纪人的职能,它的出现需要商品经济的发展达到以下程度:(1)商品交换已经相当频繁,有人掌握了较多的市场信息;(2)远地的一些产品也经常来本地销售,本地人须经人介绍才能知道这些产品的性能与价值;(3)一些价值比较贵重的商品也进入了市场,人们对这些商品的选择和购买持慎重态度,为此就需要有人提供有关这些商品的价格和其他信息;(4)买卖双方能够使用货币来支付交易中间人的报酬。以上情况表明,经纪人的出现,是商品经济已经超越物物交换阶段而进入以货币为交换媒介的商品流通阶段以后的事情。因此,准确地说,经纪人是商品流通过程中的产物。

经纪人可以是个人经纪人,也可以是法人经纪人。前者须具有一定学历、信誉、丰富的业务经验和资产保证等条件才能充当。法人经纪人通常是由具有一定资力的银行、信托公司、证券公司、投资公司或财务公司等金融机构充当,由它们按规定指派代表参加交易所的交易活动。

二、经纪人的特征和职业特点

（一）经纪人的特征

经纪人的活动范围涉及商品交易、房产、科技、劳务、文化、教育、体育、旅游、产权、运输等社会经济生活的各类领域，并由一国国内业务向国际市场延伸，成为市场经济发展中不可缺少的润滑剂。经纪人作为市场中介组织的重要组成部分，既是市场经济的产物，又是市场经济发展的重要力量。综观经纪人的活动情况，经纪人具有如下几个基本特征。

1. 经纪人是不占有商品，没有实物和资金投入的中间人。当代社会是信息社会，拥有有价值的信息意味着拥有了财富和资本，掌握信息是经纪人的第一要务。经纪人凭借其独特的信息优势、丰富的交易技巧，有效地促进了商品流通。

科学技术是生产力，科学技术信息需要人去利用、开发并使其产生价值，即形成商品。商品信息又需要中间环节，包括经纪人去掌握和利用，使商品尽快进入流通渠道，与消费者见面，实现其使用价值，进入资本—商品—资本的良性循环。

经纪人的服务对象是买卖双方。经纪人既服务于卖方，也服务于买方。经纪人既要为卖方寻求买方，发现市场机会，促成交易；又要为买方以可以接受的价位，购买到希望得到的标的而服务。

在市场经济体制下，企业成为独立的商品生产者和经营者，能够根据市场供求灵活地从事生产经营和投资活动。随着商品交换领域的日益扩大，交换方式的逐渐复杂，技术、服务等无形商品进入流通领域，价值量大、技术含量高的商品越来越多，买卖双方因缺乏相应的沟通而影响交易的形成。经纪人可以凭借所拥有的专业知识和网络优势，广泛收取信息，对有关商品的历史状态、发展趋势、价格走向、商品的替代性等有较准确的分析和判断，又通过中介活动，把对信息的分析和判断传播给企业，推动企业做出正确的经营决策，调节生产和消费，减少生产成本，追求最大的经济效益。

经纪人虽然不占有商品，没有实物和资金投入，但他们收集信息、加工信息、疏通信息，充当供需双方、买卖双方的媒介。经纪人所从事的商品中介活动，适应了现代经济生活的需要，对于加速商品流通、疏通流通渠道等方面有着不可缺少的作用。

2. 经纪人和买卖双方无任何从属关系，以独立的身份从事经纪活动。经纪人的活动，无论是居间、行纪，还是代理，都不同于一般的经销商和中间商，有其独立经营者地位和利益。经纪人是买卖双方的中间人，尽管要服务于买卖双方，但他们与买卖双方无雇佣关系或其他从属关系,完全是以独立的身份充当中介。经纪人在市场经济发展中发挥的具体作用主要是:活跃市场,促进交易,加速流通,提高效率,繁荣经济。现代市场的交易,如果仅有买方和卖方,受双方信息、交通及其交易条件的限制,其交易规模、次数和数量都不会有更大的发展。经纪人以其自身的信息资源,可以在更大的市场空间促成交易的达成,使市场交易活动频繁、活跃。现代市场交易活动中,如果只有买卖双方讨价还价,双方都不便了解对方而又必须了解对方,都不愿承担更大的商业风险,因此,双方的沟通成交存在障碍,甚至交易难以达成。经纪人可以凭借其良好的信誉和对市场信息的占有,促进双方的沟通,进而促成交易的达成。如果在现代市场交易中,即使交易达成,交易的所有过程都由双方亲自履行,无论从交易的过程本身,还是从交易的结果,交易效率都会受到很大的限制。经纪人通过其业务活动,提供专业化的商业中介服务,可以帮助交易双方高质量完成交易过程中的交易事务,进而会大大提高交易效率和水平。以技术市场为例,以前科研人员不仅要开发技术成果,而且要寻找投资企业,推动技术成果转化。科研人员的长处是搞科研,并非市场营销,所以辛辛苦苦研究的科技成果往往束之高阁,而技术经纪人既熟悉一定的技术,又了解市场行情,所以可在较短的时间内完成技术成果的转化,降低了社会成本。经纪人与其他代理商的显著区别为:独立的地位,居间的行为。

3. 经纪人以替买卖双方提供中介服务为活动方式。所谓的中介服务活动方式应是居间、行纪、代理等经纪行为方式。在实际工作中,经纪人的业务活动会很广泛,但经纪人和经纪机构必须是以替买卖双方提供中介服务活动为主,不可超越经营范围。

社会经济的发展是伴随着社会分工的专业化、系统化而实现的。社会分工越细,产出就越高,社会经济发展的速度就越快。企业作为独立的生产者和经营者,要使自己在市场上生存和发展,就需要通过竞争使自己的产品适销对路,使产品的个别价值低于社会价值,并使自己的产品以较快的速度和高于价值的价格销售出去。而对于买方来说,则希望以最低的代价购买到所需要的原材料和设备,使企业以较少的投资获得较大的利润。这种生产方对产品有所有权但不使用产品,而需求方希望使用产品但没有产品所有权的产品所有权上的矛盾;生产方以成本、利润和竞争价格估价产品,而需求方以经济效益和支付能力估价产品的产品估价上的矛盾;生产方希望大批量生产和销售产品,而需求方希望小批量购买产品的产品数量上的矛盾,这种种矛盾都需要经纪人的沟通。经纪人中介业务反映了商品经济的价值规律和竞争规律。与承销商、代理商相比,经纪人并不实际从事商品的买卖,而是纯粹的中介、居间。

4. 经纪人以其劳动获得其应有的报酬。经纪人以收取佣金为其经营目的。佣金是依附于某种合同标的金额、代理成交额一定比例或提成关系的收入形式。经纪和咨询同属于为他人提供服务，但它们是不同的法律关系。咨询服务虽然也是受托人提供某些信息及其他咨询服务，但它不涉及第三人，不以委托人与第三人达成交易为条件而收取咨询服务费。而经纪活动则是委托与第三人达成交易，签订合同后取得佣金的一种中介服务。

经纪人为他人提供服务，根据委托人的要求提供信息及其他咨询服务，属于第三产业的范畴。这种服务活动是凝聚了价值的一般人类劳动，又是一种从事经济信息劳务的具体劳动。这种劳动主要是脑力劳动，耗费和凝聚了社会必要劳动时间，通过中介服务的劳务活动，起到了实现商品价值的有益作用，应获得其相应报酬。

（二）经纪人的职业特点

经纪人的职业特点可以概括为：引导性、专业性、规范性、服务性四方面。

1. 引导性。社会商品经济强调市场对资源的配置功能。生产什么产品，如何组织合理经营，在很大程度上决定了企业的生存。经纪人通过自己了解各地商业行情的优势，能够引导企业正常生产，有助于企业把握商品交易的最佳时机和提高利润。

2. 专业性。市场经济是商品交换的高级形式。在市场经济的发展中，厂商之间、厂商与消费者之间存在着日趋密切且错综复杂的关系。在供需双方的交易中，商品流转的交割手续十分繁琐，诸如签约、公证、检验、纳税、运输、结算、报关等，这对于不熟悉业务的供需双方来说，都难以承受，也不可能在短期内顺利成交，往往是事倍功半。即使是有一定知识经验者，往往也难以全面掌握各不同国家、不同地区的有关法规、程序和具体做法等情况。换句话说，客观上需要有第三者充当媒介。有了经纪人的介入，就可以利用其专业知识、情况熟悉、办事公正、简练、收费低廉等优势，迅速代为办理，及时有效地疏通中间环节，从而减少人力、降低成本、加速流通、推动生产和消费的良性循环。

3. 规范性。市场越成熟，对市场的规范性要求越强烈，进入 21 世纪，对市场的规范性提出了新标准和新要求，缺少规范性的行为将被市场淘汰出局。经纪行为是高级的市场行为，是市场运行的润滑剂。规范的市场是经纪人生存的前提，建立规范的市场是经济发展的必然需求。规范性是经纪人从业的基本准则，经纪人可以在市场交易中以此发挥独特的优势。

4. 服务性。经纪业务和经纪人能提供社会服务，促进社会分工，提高社会经济效益。经纪业务的活跃和发展来自于市场经济的蓬勃发展和社会分工的日益细化,又反过来进一步促进社会分工的发展和市场经济的活跃。经纪人在市场活动中,能以熟练的业务技巧、灵通的信息和广泛的社会联系,以及灵活多样的工作方式,为委托人提供各方面的优质社会服务。如从事科技中介服务的经纪人,能帮助大专院校、科研单位找客户,让沉睡的样品橱里的科技成果及时转让给厂家,促使科研与生产相结合,实现高科技的价值。从微观上看,能使企业在很大程度上节约费用开支,有利于新产品的开发和生产;从宏观上看,能在全社会有效地促进社会资源的合理使用,最大限度地节约劳动时间,使社会经济活动取得更高更好的社会效益。我国加入 WTO 后,服务贸易的开展和服务经济体系的建立是大势所趋。围绕"服务",将有一篇好文章可作。服务性是经纪人存在的基础。同样,发达的市场离不开经纪人,经纪人只有在市场中才能找到生存和用武之地。

三、经纪人的业务范围

经纪人的业务范围,即经纪人的经营范围。它是国家允许经纪人从事经纪业务的服务项目,反映经纪业务活动的内容和方向,是经纪人业务活动范围的法律界限,体现经纪人的民事权利能力和民事行为能力。目前我国经纪活动所涉及的业务范围广泛,几乎囊括一切经济文化领域,大致包括以下几个方面:现货交易经纪、期货交易经纪、证券交易经纪、科技成果市场经纪、房地产市场经纪、保险市场经纪、金融市场经纪、文化体育市场经纪、劳务市场经纪、外贸市场经纪和旅游服务经纪等。

随着我国社会主义市场经济的迅速发展和市场体系的发育与健全,以及我国加入关贸总协定后外国商品的大量涌入,经纪人的业务范围会越来越广泛。但经纪活动并不是漫无边际,不受限制的。对法律和社会公共利益所禁止或限制的领域,严禁经纪人介入。我国《经纪人管理办法》中规定,经纪人应当遵守国家有关规定,在核准的经营范围内进行经纪活动,凡国家禁止流通的商品和服务,经纪人不得进行经纪活动。根据以上规定,除国家禁止流通的商品和服务之外,所有可以成为商品流通关系的标的都可以进行经纪。故经纪活动的范围应该是:凡国家法律、政策允许进入市场进行流通的商品和服务项目,经纪人均可从事经纪活动。

第二节 体育经纪和体育经纪性质

一、体育经纪的概念

体育经纪活动是指围绕体育活动、体育人才和体育资源开发等，为促成体育组织或个人在体育运动过程中实现其商业目的而从事的居间、行纪或代理，并收取佣金的活动。体育经纪是随着职业体育的兴起而逐步发展起来的，它基于现代职业体育的竞争性、流动性和一体化等三个特点。这些特点为体育经纪的产生和发展开辟了广阔的空间。

二、体育经纪的功能与地位

（一）体育经纪的功能

体育经纪是伴随着体育市场的产生和发展而产生和发展的，只要体育市场存在，体育经纪活动就会存在和发展，并在体育经济活动中发挥重要作用。体育经纪在体育产业化的过程中有着独特而重要的功能。

1. 维护公平竞争，保障市场秩序。体育事业的发展必须按市场经济规律运行，而行政职能部门过多的行政干预往往造成不公平的行业竞争，导致国有资产的无谓浪费。体育经纪人作为市场中介，其公平、公正、客观的运作有助于规范体育市场行为，促进良好市场秩序的形成。

2. 促进主体决策，提高交易效率。体育市场交易是繁琐复杂、谨慎严密的经济活动。主体多而杂，市场变化快、竞争激烈，这些都增加了主体决策中的不确定因素，由运动员或体育组织自己去处理这些事务，必然费时费力，难以达到预期效果。因此，将有关工作委托给体育经纪人，由体育经纪人对信息进行收集和分析，对市场进行调研和预测等，作出科学判断，同时还可以简化交易程序、加快交易速度、降低交易成本，使供求双方均获得最大利益，从而促进体育资源的优化配置。

3. 挖掘市场潜力，撮合主体交易。挖掘市场潜力、撮合主体交易，是体育经纪人的基本作用也是最重要的作用。体育经纪人通过自己专业性的经纪活动，沟通体育市场中的买卖双方，联络市场主体，撮合他们的交易，并从中获取佣金，在实现自身经济利益的同时也促进了体育商业活动的发展。目前，体育市场已经发展到一定规模，体育资源（项目、竞赛、运动员、教练员、体育组织等）和社会资金并不缺乏，只是双方还没有找到结合点，而体育经纪人的广泛介入就可以为体育市场中的各个主体牵线搭桥,为买卖双方提供订约机会。对运动员来讲,体育经纪人的介入可以帮助他们在有限的时间内发挥体育潜能,利用其知名度获取最大收益;对于体育组织来说,体育经纪人的介入可以为它们寻求赞助,利用其特殊标志获取各方面的收益及最大限度地开发该组织的市场;对于体育投资商和赞助商来说,体育经纪人可以为他们联系合适的投资对象及最大限度地回收赞助收益。

4. 提供金融计划、制作管理方案。在职业体育发展的初期,大多数职业运动都不擅长管理自己的金融事务,在复杂的体育经济活动中,常常发生纠纷,一份签署了的合同,并不意味着保证所有条款的顺利兑现。因此需要体育经纪人,作为运动员的代理人,为他们周密策划和悉心管理金融事务。同时还可为运动员筹划终身,运动员的职业生涯是短暂的,体育经纪人在其运动能力处于高峰时期,应该为其考虑退役后的生活计划,这是体育经纪人的一项重要任务。

5. 深入体育市场,开发无形资产。我国体育市场的职业化、商业化处于初级阶段,蕴含着丰富的无形资产。随着体育职业化和商业化的"升温",运动员、体育组织、体育竞赛也跟着升值,但缺少开发渠道和途径。体育经纪人作为市场流通专业组织和个人,尤其擅长资产评估和市场开发,因而能最有效地开发和利用体育无形资产。体育经纪公司和体育经纪人卓越的专业化服务,尤其是拓展市场的能力,在带动体育无形资产的开发,体育书刊、音像制品的生产和经营,以及体育广告业和体育用品业的发展等方面也发挥了重要作用。

6. 打入国际市场,搞活体育经济。体育经纪业是职业体育产业发展和壮大的直接原因,可以说,没有体育经纪业的勃兴,就没有职业体育产业的繁荣。世界上许多国际体育组织规定,凡要组织他们认可并授权的比赛,必须首先领取其颁发的体育经纪人执照;同时,运动员若要以个人名义参加国际比赛,往往由经纪人代理报名,确定出场费、资金等事宜。另外,通过体育经纪人的活动,为中国俱乐部引进外国运动员,同时又将中国运动员推向世界体坛,并组织各种国际体育赛事等等。因此,体育经纪人在国际体育交流与合作中是必不可少的。

（二）体育经纪的地位

体育的社会化、产业化、商品化趋势日益明显,体育市场也日趋活跃,而体育市场的建立和运行必须有完备的市场体系、平等的竞争机会、准确的价格信息及明确的利益界定和高效率的市场中介。

体育经纪业属于市场中介性质的特殊服务行业。体育经纪活动是体育市场中介达到高效率的重要条件。体育经纪人所从事的各种体育商品介绍、流通（包括运动员转让、租借等）中介服务,商业比赛中介服务,对体育市场的建立和完善有着非常重要的作用。没有体育经纪活动,在市场信息不完善的情况下,就会造成供求脱节,价格信号显示不出,市场体系瘫痪,平等的竞争和明确的利益关系也无从谈起。由此可见,体育经纪在体育事业的发展具有重要的地位。

1. 体育事业发展需要体育经纪活动,并且体育经纪活动独特的"中介"作用是体育面向市场的重要条件,它将极大地促进体育市场的形成与发展。市场经济是商品经济发展到一定阶段的产物,经纪人(包括体育经纪人)也是商品经济发展的产物。体育市场的建立和运行必须有完备的市场体系、平等的竞争机制、准确的价格信息、明确的利益界定和高效率的市场中介,而经纪人是市场中介达到高效率的主要条件。体育经纪人高效率的"中介"作用及沟通体育市场信息,促进体育商品交换方面的"桥梁"作用,无疑会对体育走向市场产生极大的促进作用。没有它的"中介"及"桥梁"作用,体育市场的发展将受到极大的制约。因此可以说,体育经纪人的"中介"及"桥梁"作用是体育市场形成与发展的重要条件,且这种高效率的"中介"及"桥梁"作用是无法替代的。

2. 体育经纪人是转变旧的体育观念的"催化剂"及建立新的体育管理机制的"催生素"。随着体育面向市场趋势的发展,一批具有较强专业知识,有经验、懂管理、信息灵的体育经纪人将不断出现,它们所从事的各种体育商品介绍、流通(包括运动员转让、租借等)中介服务,商业比赛中介服务,以及获取的丰富回报,确实带给人们的传统观念以强烈的冲击,并引起人们普遍关注,必将对转变人们旧的传统观念起到巨大的"催化"作用。同时,由于体育经纪人的出现,在计划经济体制下建立的体育管理体制的弊端更加明显,它无法解决诸如体育经纪人资格认定、注册、纳税管理等一系列问题,这将使建立新的适合市场经济条件下体育事业发展的体育管理体制更加必要和迫切。从这个意义上讲,体育经纪人又是建立新的体育管理机制的"催生素"。

目前,我国初步建立了社会主义市场经济体制,规定了体育必须面向市场的取向。体育市场的加速形成与发展,人们传统体育观念的不断转变,体育某些内容商品化、市场化及体育管理体制的更新,无疑是今后一段时间内我国体育事业发展的基本趋势。而体育经纪活动的出现以及它所具有的独特的"中介"作用,又将极大地促进这些趋势的发展。

三、体育经纪的性质

体育经纪行业属于第三产业范畴,提供优质、高效的服务是经纪人在激烈的市场竞争中赖以生存和发展的关键。无论是《经纪人管理办法》,还是很多地方有关体育经纪人的管理制度,都规定体育经纪人是一种独立的主体。目前由于受举国体制的残余影响,我国的体育经纪机构存在许多政企不分、政资不分、政事不分的情况,一些体育经纪机构既有行政职能,自己又在运作经纪活动。这就造成我国的体育市场的行业行政性垄断,导致高筑的行政壁垒和较低的产出率,不利于我国体育市场的健康发展,也是不符合市场经济的内在发展规律。让体育经纪人在市场中独立自立,自主经营,自我发展,自负盈亏。所以,作为行政职能的管理者,明确的职能应是深入市场调查研究、制定我国体育市场法规,确保体育经纪人的利益。

第三节　我国体育经纪的产生和发展

一、我国体育经纪活动产生的社会背景

体育经纪始于 20 世纪 70 年代,主要在欧美一些国家兴起并获得了快速发展。在国际竞技体育界主要有三种体制,即业余体制、专业体制和职业体制。业余体制下,资金较容易解决,有助于推动群众体育运动的开展,但不容易采用严格的管理方法和科学的训练方法,故队员的成绩提高不快。专业体制下采用集中训练,队员的成绩提高较快,但国家财政负担较重,群众体育事业发展缓慢。职业体制是西方发达国家常见的组织形式,它比较适应市场经济的发展。但职业体制中有一个至关重要的角色,那就是体育经纪人。

随着我国体育商业化、职业化的不断深入,体育经纪人也开始在我国出现,并逐渐介入到职业运动员的转会、比赛的赞助中来,给起步不久的我国体育市场带来了生机。

对于我国体育经纪人的产生,众说纷纭,褒贬不一。经济学理论认为,市场经济是商品经济发展到一定阶段的产物,经纪人(包括体育经纪人)也是商品经济发展的产物,在市场经济中具有强大的生命力,应该从必要性、可能性和必然性三个方面对体育经纪人做全面考察。

1. 体育经纪人存在和发展的必要性。我国的体育运动长期以专业体制为主,这为我国成为体育大国起到了重要作用。但是随着社会主义市场经济的建立和完善,其弱点日益暴露出来,突出表现在国家财力越来越不堪重负。这就必须采取灵活多样的管理体制,最根本的是建立体育市场。体育市场的建立和运行必须有完备的市场体系、平等的竞争机会、准确的价格信号、明确的利益界定和高效率的市场中介。体育经纪活动是使市场中介达到高效率的重要条件。没有体育经纪活动,在市场信息不完备的情况下就会造成供求脱节、价格信号显示

不出、市场体系瘫痪,平等的竞争和明确的利益关系也就无从谈起。

2. 体育经纪人存在和发展的可能性。以前我们搞计划经济,没有市场,经纪人没有生存的条件。从近几年看,我们每开放一个市场,就会出现一类经纪人。所以,社会主义市场经济提供了体育经纪人生存发展的土壤,是体育经纪事业的最强大推动力。

3. 体育经纪人生存和发展的必然性。经纪人作为市场经济的必然产物,其存在的意义在于沟通信息,促进商品交换。职业运动员具有商品属性,即具有价值和使用价值。其价值是自身劳动和教练员劳动以及其他人员劳动的凝结,其使用价值是他能为俱乐部带来利润。可见,职业运动员和其他劳动者一样,具有商品属性。在计划经济条件下,这种属性被人为地抹杀了,在市场经济条件下,则应该被承认和利用。所以,从某种意义上讲,职业运动员是一种"体育商品",体育经纪人正是这种"体育商品"交易中能起到中介作用的积极参与者。没有体育经纪人,职业运动员这种"体育商品"就无法交换。体育经纪人的中介活动是商品性的服务活动,是一种必要的社会分工和必要劳动。国外的实践证明,职业体育以及与之不可须臾脱离的体育经纪业、体育经纪人,是符合市场经济要求的,是推动体育事业进步的行之有效的工具。

随着我国体育体制改革的不断深入,体育职业化逐渐形成,有人开始经纪国外运动员到我国进行比赛和表演。1993年,一位名叫李伟的体育经纪人曾介绍美国的职业拳击运动队来中国,举办了一次在当时引起轰动的大型拳击表演赛。这是体育经纪人首次把美国的职业拳击赛引入中国。虽然李伟随后不久即退出体育经纪人的圈子,但他却是我国第一位获得国际拳击经纪人执照的体育经纪人。但当时的这些体育经纪都不能称得上是体育经纪人在我国的开端,只能说在我国已经有了体育经纪人的活动。由于国人对体育经纪人这一新领域认识不够充分,对其涉入的范围也一知半解,致使我国体育经纪人事业发展受到阻滞,使参与这一行业的机构和个人走了很多弯路,有的蒙受金钱损失,有的官司缠身。1994年,随着中国足球联赛的启动,各俱乐部需要众多国外球员转会加盟。我国及外国体育经纪人开始活跃在中国职业足球联赛的台前幕后。他们在经纪和引进外国球员的同时也将中国优秀的球员送出国门,让外界认识中国足球和中国足球运动员。

二、我国体育经纪的发展过程

我国经纪人的发展经历了一个比较曲折的过程。如前所说,在中国,最早的经纪活动出现在两千多年前的西汉,而且在以后的各个朝代都未间断过。那时经纪人被称为牙人,明代还把牙人分为官牙和私牙,同时还出现了牙行,即代客商撮合买卖的店铺。清代,在对外贸易中,经纪行(相当于现在的中介公司)被称为"外洋行"。

到近代,随着股份公司的建立和发展,证券交易的增多,股票债券等有价债券的种类、数量和持有人不断增多。这样,股票的买卖已不可能分别进行,而必须集中在一处、在许多人参与竞争的过程中,公正地决定其价格,但是,众多的投资者不可能集中到一处进行交易,这在客观上就要由具有一定资格的中间人充当投资和证券发售者的中介人,集中在证券交易所代客户从事证券交易。同时,随着现货和期货交易的发展,交易所不仅有证券交易所,而且有物品交易所。于是在近代,首先在某些西方国家经纪人便发展为两种,即一般经纪人和交易所经纪人。尔后,在我国也出现了这两种经纪人。在我国近代,经纪人也称作捐客。一般经纪人是非交易所的中间商人,大多受大公司雇佣和委托,按雇主要求推销商品或招徕顾客,其报酬除佣金之外,还有一定数量的津贴。交易所的经纪人又分为证券交易经纪人和物品经纪人。

我国近代的经纪人是伴随着外国资本主义势力对中国的入侵而出现的一种特殊商人,即买办。在清代后期,出现了专门的对外贸易的"买办"。买办由两部分人组成;一部分人是为外商推销商品、从中取得手续费的中间人,他们是一些熟悉商情和有一定信用、财力的当地中国商人或经纪人;一部分人是在外商设立的商行、公司、银行中受雇的中国经理,即外资代理人。过去我们把买办全部视为帝国主义对中国实行经济掠夺的工具,一概加以否定,这显然是不适当的。所谓的买办中,其实有一部分是同外商交易中不可缺少的经纪人。

新中国成立后,经过生产资料所有制的社会主义改造,使高度集中的计划经济体制更加巩固,大部分社会产品都由国家统一调拨、统一分配,中间商已无立足之地,政府采取了打击和取缔经纪人的政策,社会各界也把经纪人的正当业务视为巧取豪夺的非法活动。1981 年,国务院下发了一系列关于加强市场管理、打击投机倒把和走私活动的通知,将经纪活动作为一种黑市活动来处理。经纪人行业一度被取缔。随着商品经济的发展,1982 年,一批被称为"穴头"的演艺界经纪人开始复苏并在"地下"活跃起来,但在 1985 年国务院颁发的《关于坚决制止就地转手倒卖活动的通知》中还强调:"不准经纪人牵线、挂钩从中渔利。"

但是,市场经济的规律是不可抗拒的,有商品和证券的自由交易就有为交易双方进行中介的必要,也就有经纪人发挥作用的舞台。正因为这样,所以自改革开放以来,由于计划调拨逐渐减弱,市场作用逐渐发展,经纪人又或公开或隐蔽地大量涌现出来,虽屡禁而不能止。在 1986 年之前这段时间里,经纪人还是处于萌芽状态,一方面经纪人在适应市场的需求而自发地发展;另一方面政府又在政策上对其进行限制甚至打击。

从1986年以后到1992年前后,党的十二届三中全会和十三大提出了发展商品经济、市场和计划相结合的体制。在这种背景下人们的思想得到了比较大的解放,适应市场发展新形势的经纪人开始逐步活跃起来了。作为政府特别是工商管理部门也在经纪人管理方面进行了一些探索。重庆、广州、武汉等很多地方较早产生了经纪人,主要是商业经纪人。1986年9月,重庆工业品贸易中心交易所成为我国第一个经纪人公开活动的场所。1992年,江苏镇江成立了全国第一个经纪人事务所,广东成立全国第一家期货经纪公司——万通期货经纪公司,珠海制定了第一个经纪人管理办法,河北省大宁县成立了全国第一个经纪人管理协会,经纪人逐步趋于活跃,活动范围也在逐步加宽。同年,国家对经纪人采取"支持,管理,引导"的方针,这时经纪人才从"地下"走到地上,并逐步进入了正规发展阶段,但总体上仍处于一种探索发展的阶段。

1992年邓小平同志发表了著名的南巡讲话,党的十四大提出了建立社会主义市场经济体制的经济改革目标,极大地解放了人们的思想,国内市场空前活跃,经纪人的发展也到了一个新的阶段。各地纷纷立法,对经纪人的活动进行规范。1995年10月,国家工商行政管理局颁布了全国第一部《经纪人管理办法》,对整个经纪人的培训、考核、资格认定、从业管理等进行了系统的规定。同时,在这个阶段,经纪机构在数量扩大的同时也在向专业化发展,逐步出现了保险、期货、文化等专业经纪人。

在认真进行历史反思的基础上,目前正视经纪人的历史地位和经济作用,为经纪人正名、充分发挥经纪人在社会主义市场经济中的作用,已开始成为政府和社会各界人士的共识。尤其是近些年来,无论是经纪人所涉及的领域或行业,还是从业人员的素质都有了空前的发展和突破,社会上更是出现了各种行业的经纪人和经纪公司。我国经纪人的发展已经进入了一个新阶段。

以上是我国经纪人发展的一个简单的脉络。

随着我国国力的增强及物产的极大丰富,人民的生活水平日益提高。一般人不再满足于吃好、住好和穿好,还要玩得好。追求文化层面上的享受和精神上的愉悦才是生活质量的最高标准。文化的内涵非常之大,包括文学、绘画、音乐、电视、电影、戏剧等,体育当然是其中非常重要的一个部分。而且从某种程度上说,体育更贴近生活,更为普通人所接受,因而能够成为全民性的爱好和娱乐。其号召力和影响力是其他文化类别所无法比拟的。这几年,眼见着国内体育界空前地活跃起来。足篮排三大球相继推出联赛,乒乓球羽毛球纷纷借助电视大搞挑战赛,带有国际间交流的商业性比赛不断在各地上演。体育运动深入民心,成为时下的热点问题。

有了强烈而广大的市场需求,宽松的国家政策以及更为灵活的运作机制,如何生产出更多更好的体育文化产品呢? 即如何将资源更为合理地整合起来呢?

20 世纪 90 年代初期,我国体育体制和运行机制以社会化和产业化为方向进行了全面的改革,以足球为突破口的运动项目管理体制的改革,把部分项目推向了市场,职业体育开始在我国起步。随着职业体育的兴起,体育资源也开始逐步由原来的政府计划配置向市场配置转变,各类体育组织、体育人士和企业对体育中介服务开始产生实际的需求,体育经纪人也就应运而生。有的专为某运动员做代理,负责其在运动表现或成绩方面的提高以及在商业领域方面的开发;有的充当项目经纪人,即专门组织策划比赛或表演;还有的固定为某一团体或组织服务,为其做针对性的市场推广和开拓。毫不夸张地说,体育经纪人在推动我国体育产业发展的过程中起着催化剂和润滑剂的作用。应该说,是国外的体育经纪人为中国体育的职业化和市场化带了个好头。

当年国际管理集团以 1 000 万元首开我国的甲 A 足球联赛。仅仅六年时间,这一产业翻了多少番没有人算过。只知道现在拿 1 000 万元恐怕不足以支撑起一个俱乐部。除了国际管理集团之外,还有 ISL 公司、香港精英等等,在这些体育经纪人的推动下,我国的体育市场逐渐活跃起来,从而也带动了国内体育经纪人的发展。但是,最早在国内体育中介市场上从事体育经纪活动的并非专业化国内体育经纪公司,而是国内的一些广告公司、公关公司、咨询公司、投资公司和文化传播公司,试探性地从事一些体育经纪活动。

如前面提到的中国星华实业集团总公司总裁李伟先生于 1993 年 3 月 27 日在北京成功举办的国际职业拳击冠军赛。

如夏松开办星际体育文化公司,因为代理了巴特尔、薛玉洋等,夏松本人成为国内最著名的篮球经纪人。

又如成功将国脚范志毅、孙继海转会至英格兰甲级队水晶宫队中扮演足球经纪人角色的北京高德体育文化中心,因成功承办、协办下列商业比赛和活动而声名鹊起:

1995 年 5 月 17 日:北京国安足球队—英国阿森纳足球队;

1996 年 5 月 23 日:中国国家足球队—英国国家足球队;

1996 年 6 月 25 日—7 月 2 日:全资赞助和安排中国足协和甲 A 教练考察团观摩'96 欧洲杯锦标赛;

1996 年 9 月 25 日、11 月 26 日:中国国家足球队—韩国国家足球队;

1997 年 4 月 27 日：中国国家队—伊朗国家队；

1997 年 8 月 10 日—27 日：中国国家足球队访英巡回赛。

而专业化的体育经纪公司在我国起步则相对较晚，1997 年 10 月，中国第一家体育经纪人公司——希望国际体育经纪有限公司在上海注册成立，公司的总经理是三创男子跳高世界纪录的著名运动员朱建华。当年三破男子跳高世界纪录、曾是中国乃至亚洲田径界骄傲的朱建华，如今成了体育经纪人。退役后，他首先出国镀金；回国后，创办了"朱建华跳高俱乐部"，1997 年 10 月，在朋友的帮助下又成立了"希望国际体育经纪有限公司"。谈起初衷，朱建华说："近年来我国举办的国际或洲际体育活动，不同程度地受到国际上一些体育经纪机构的影响。目前，我国在运动员的转会、教练员的选聘或其他的商业性体育活动中，大多是通过朋友、同行的介绍或私人中介等。由于做法不规范，加之法律法规也不健全，所以常常发生纠纷。我想做些这方面的尝试。""希望国际体育经纪有限公司"是中国首家经国家工商行政管理局注册核准的国际体育经纪公司，其业务范围定位在体育经纪、活动策划、信息咨询、项目代理、赛事交流、境外考察、民间体育交流等。

同年 12 月在广州成立了广东鸿天体育经纪有限公司。随后在北京也成立了中体经纪有限公司。

1999 年初，国家体育总局信息研究所召开了首次以体育经纪人为主题的高级研讨会，加速了各地体育经纪人队伍的发展，并引起了政府部门的高度重视。

中国的内地市场在全世界是独一无二的，而其中的体育市场不仅大而且刚刚起步，除了热点项目之外还有很多待开发的处女地；另一方面国际间的交流仍然有潜力可挖。更让人鼓舞的是，2008 年奥运会在中国举办，可以预见，未来的这几年将是中国体育经纪人大显身手的时候。

三、我国体育经纪的发展现状

体育经纪在我国是改革开放后的产物，在 20 世纪 80 年代初有了萌芽，最早只是球类项目国家队接受境外企业的服装赞助等，自 90 年代以来，特别是我国足球职业化后，体育经纪在我国则有了快速的发展，无论是体育经纪的规模、政策法规、组织机构以及赞助的策划等等均有了许多可喜的成就，这主要表现在以下几个方面：（1）体育经纪增长速度较快、规模较大；（2）体育经纪的法制初步形成；（3）体育经纪工作的组织管理机构初步明确。

目前在国内，体育经纪人已经成为了一项新兴的行业。国家体育总局副局长张发强曾经将体育比喻成一辆汽车，而体育界、企业界、媒体和中介就是这部车不可缺少的四个车轮。而体育中介的主流就是体育经纪人。但是从我国体育经纪行业的发展来看,与国外同行相比还显得十分稚嫩。

由于中国市场经济的推进和职业体育(如足球职业化)的拉动,在政府、体协、明星、赛事组织者、企业客户、媒体等的共同努力下,体育经纪人在中国已经具备基本的业务环境条件,这些环境条件之所以冠之"基本"两字,缘于各相关角色对体育经纪人的认知程度和依赖深度距世界先进水平还存在较大差距。对中国体育市场里的体育经纪人来说,二十多年的发展道路充满了坎坷和艰辛,昔日耀眼的名字,如:正奥、香港精英等已逐渐被人遗忘;同时也有一些新的名字,如 Octagon 强势出现;还有更多的,如北京的梅珑、高德、中篮、中体经纪,广东的鸿天,上海的希望国际等,它们在人们的不经意中缓步前进,逐渐扩张。

然而,由于我国体育产业化过程开始较晚,加之传统计划经济体制观念的束缚,体育经纪人情况在我国存在着不少令人担忧的问题。

1. 我国现行的体育体制在某些方面还不适应体育经纪人的发展。由于我国体育市场尚处于发展初期,市场体系不健全,体育要素市场没有放开,体育经纪人的活动受到限制。很多时候,很多项目还是由体协在经营。中国运动项目协会同时承担着政府职能、事业发展、社团管理三重职责的特殊角色任务,项目协会管、办、经营同时存在的状况还将持续相当一段时间,这种状况使得项目协会能够在体育赛事市场中垄断性地占有相当的市场份额。由行业垄断、项目垄断造成体育市场的不公平竞争,抑制了体育经纪人发挥作用的积极性及其功能的实效性。同时,现行体制下中国体育界的特殊问题,如产权关系不明晰、体育资产评估无科学标准等也影响到体育经纪人的规范运作。

2. 市场信息不灵。由于在地域、时间、专业、人际关系等方面存有较大差距,这种差距造成了体育经纪人的中介价值。而所谓中介价值的产生基础是经纪人能够掌握大量的相关信息,但目前,我国缺乏有权威、有质量、多内容的体育市场信息平台,没有灵通的体育市场信息交流,就难以提升体育经纪人及其活动的市场价值。在体育经纪人的活动中,另外一个问题是调查数据瓶颈常常难以突破。体育经纪活动的重要目标之一是追求企业市场宣传效果,在这方面,体育活动、明星人物在某种程度上发挥了近似于媒体的作用,面临的也是媒体的竞争,在这种竞争中,目标群体的产品选择动机、宣传效果的评价数据无疑是最有力的说服手段,媒体相关调查数据机构(如央视调查)给媒体竞争以数据支撑,而体育经纪却没有这类支持,追求尝试、追求轰动难以使企业产生持久的热情,因此调查数据瓶颈降低了体育经纪业务的市场竞争力,阻碍了中国体育经纪市场的发展。

3. 目前,中国体育经纪活动的运作水平还很低下。体育经纪活动作为体育市场的中介与桥梁,常涉及多种专业知识,如体育、经济、法律、广告、营销、公关等方面,从业人员必须具备相应的条件,这包括较高的素质、广博的知识和全面的能力。在基本素质方面,他们应该具有强烈的事业心与责任感;能够正确认识自己,有强烈的自信心和克服困难的坚强意志;性格开朗,容易与人打交道;情绪稳定不易急躁,不冲动。在知识方面,他们应该具备体育专业知识、管理学知识、市场学知识、公共关系学知识、法律知识等。另外他们还须具备社交能力、沟通能力、创造能力和谈判能力。这些综合素质是一个体育经纪从业人员不可缺少的,因为他们的素质会直接影响到整个体育产业的发展。

2003年2月14日中午,西方传统意义上的情人节,阿尔贝茨和他那有南斯拉夫血统的前德国小姐米亚纳在回德国的飞机上熟睡,他的中方顾问刘晓非小姐此刻却在担忧自己的生意。刘晓非小姐毕业于德国科隆体育学院,会说一口流利的德语,和申花队的主教练吴金贵是同学,当时他们都住在科隆体育学院的学生公寓里,吴金贵住17楼,刘晓非住18楼。

由于申花在上赛季成绩极为不理想,特别是在防守型中场这个位置上没有过硬的球员,俱乐部老总楼世芳和主教练吴金贵定下来的首要目标就是找一名强力后腰,而刘晓非的手里正好有阿尔贝茨这样有名并且有实力的球员,她把"铁锤"推荐给了她的老同学。

当阿尔贝茨决定加盟申花后,他的德国经纪人普罗斯和刘晓非都考虑到汉堡转让阿尔贝茨肯定会要一笔大数目,由于阿尔贝茨是汉堡历史上最高金额引进的球员,达到500万欧元,即使汉堡以100万欧元出售他,中国的任何球队也都难以接受,所以刘晓非制定出了一条典型的东方计谋……

这里也必须说说阿尔贝茨当时来上海的背景,"铁锤"是英国人给阿尔贝茨的绰号,他在德国还有一个绰号叫作"Al—i",说法是"铁锤"砸出去的球像拳王阿里一样,他出生在德国足球的发祥地——门兴格拉德巴赫,虽然阿尔贝茨没有同是这里出名的马特乌斯名气大,但却是门兴球迷们的骄傲。但汉堡队主帅雅拉却说:"我们现在已经不需要阿里了。"

刘晓非和普罗斯让阿尔贝茨作出姿态,假意还想在汉堡赖着,不想来中国。这条计谋瞒过了绝大多数人,阿尔贝茨甚至在回德国前对媒体说来中国的可能性只有50%,他在说谎,为的是刺激汉堡。汉堡高层果然中计,在"基尔希"公司破产后,德国很多俱乐部的收入大幅度下降,汉堡在2003年的财政报表上显示亏损1250万欧元,他们难以忍受阿尔贝茨这样闲着净拿钱的球员,像送走瘟神一样给了他130万欧元,让阿尔贝茨成为自由身。阿尔贝茨来到了上海。

　　而刘晓非也顺利地从这笔来之不易的生意中赚取了一笔中介费,虽然她抱怨目前中国外援市场竞争有点过分,光倒卖球员是赚不到什么钱的,但凭借阿尔贝茨的知名度,凭借上海如此多的德国公司,她是无须担忧没有其他生意可做的。在阿尔贝茨正式来中国的第一周,就有好几家公司想请他做形象代言人,而阿尔贝茨最低的出场费用就需要 6 000 欧元[①]。

　　尽管在我国不乏上述刘晓非这等成功案例,但总体上我国的体育经纪人素质比较低。因为体育市场发展较晚,短期的人员上岗培训时间有限,长期的专业人才培养还未见效(机会较少),且少有资本进入推动,因此体育经纪市场中优秀经营人才较为匮乏;体育经纪人多数以公司形式兼营业务,这样,具体办事人员往往缺乏专门知识,在涉外经纪活动中,甚至出现由于缺乏经验和自我保护意识和能力而受骗上当的情况。由于目前经纪人自身素质和信誉度不高,又是一个赚取佣金的中间人,人们对体育经纪人的总体印象欠佳,因此也影响了体育经纪业务的拓展。

　　4. 体育经纪人管理制度不健全。目前对体育经纪人还未实行全国统一管理,各地的相关管理还不很完善,没有建立起体育经纪人协会这样的自律组织,这使得无论是在规范体育经纪人的行为方面,还是在保护体育经纪人的利益方面,都难有法度可依。合同、佣金无人检查,甚至出现不讲信誉、不讲职业道德的黑市经纪活动。经纪人乱收费或被甩的现象时有发生,商家、企业被骗打官司现象也屡见不鲜。另外,国家有关经纪人的法规正在试行之中,但体育行业的特殊规范仍是空白。无法可依也造成了体育经纪人管理上的空白,有关方面在管理权限上没有清晰界限。相应的管理制度缺乏,影响了体育经纪活动的发展。

[**本章思考题**]
　　1. 体育经纪和体育产业的关系如何?
　　2. 体育经纪作为一门新兴产业,对于我国体育事业的发展起着重要作用,试问如何从制度上保证其作用的发挥?

---

　　① 张平谊:《东方人的计谋》,南方体育,http：// www. nanfangdaily. com. cn。

[相关链接]

21世纪不妨做个"职业经纪人"

一、保险经纪人

根据中国与世贸组织签订的WTO协议,中国"入世"后,将在两年内逐步开放国内保险市场。对国外众多保险机构而言,中国十几亿人口是其"向往已久"的大市场。目前已进入中国从事保险业务的,仅是全球保险业中的少数,相当多的国外保险公司正急切地想进入中国保险市场这块阵地。据保险业行家预测,"入世"后,国内所需保险专业人员至少是目前的10倍,其中需求最多的就是保险经纪人。在此背景下,保险经纪人这一职业的黄金时期即将来临。

保险经纪人这一新型职业不同于保险代理人职业。保险代理人是代表保险公司,直接与客户打交道,宣传新险种,推荐合适的险种,并提供各种服务。但是,保险代理人存在着先天不足,他们仅代表着某一家保险公司,在宣传及推荐时就局限在某一家保险公司的产品之中,而且有些代理人会因为其他原因,隐瞒某些除外责任,夸大保险的保障范围,使消费者的利益受到损害。人们常常会碰到这种情况:刚买了某一保险产品,后来却发现别家保险公司有更为合适的险种,于是往往有上当了的感觉。

保险经纪人是指代表被保险人在保险市场上选择保险人或保险人组合,同保险方洽谈保险合同条款并代办保险手续以及提供相关服务的中间人,但他并不隶属于任何一家保险公司。好的保险经纪人不仅熟悉整个保险市场,根据客户特定的情况和要求挑选最合适的险种及险种组合,而且还可以就价格、服务、缴费方式等内容和保险公司进行谈判和磋商。

保险经纪人是专家型的经纪人。在发达的保险市场上,要想成为一名保险经纪人,必须通过严格的审查。审查的内容是经纪人必须掌握大量的保险法律知识和保险业务实践经验,其中包括在保险经纪公司协助保险经纪人准备有关材料和保险条件。并且保险经纪人还要了解市场的构造和基础设施,以及未来的磋商对手——保险人的经营情况,从而对保险市场有一个初步的了解,同时也掌握了从事保险经纪活动所应具有的道德准则和其他有关规定。

我国规定,从事保险经纪业务的人员必须参加保险经纪人员资格考试;凡具有大专以上学历的个人,均可报名参加保险经纪人员资格考试;保险经纪人员资格考试合格者,由中国保险监督管理委员会核发《保险经纪人员资格证书》;《资格证书》还只是对有保险经纪能力人员的资格认定,不能作为执业证件使用。《保险经纪人员执业证书》才是保险经纪人员从事保险经纪活动的唯一执照。已取得《资格证书》的个人,必须接受保险经纪公司的聘用,并由保险经纪公司代其向中国保险监督管理委员会申领并获得《保险经纪人员执业证书》后,方可从事保险经纪业务。

二、技术经纪人

目前,科技中介服务中,真正从事科技评估、法律咨询、审计、仲裁、风险投资等业务的机构太少;缺少既懂技术、又懂法律,且善经营的复合型人才,业务骨干偏少,取得国家科技部颁发的"技术经纪人"资格证书的人,还不到全部从业人员的10%。市场对技术经纪人求贤若渴,技术经纪人已经成为一种不可多得的热门职业。

作为一名技术经纪人,首先不应当再是简单的掮客,而应当起到紧密连接技术持有方与资金持有方的作用,必须对市场有深刻理解,对于成果和资金的对接过程有很高的领悟力,同时还要有强大的策划水平,对项目进行包装、推销和实时跟踪的能力,并且还应具有广泛的法律知识。

三、体育经纪人

随着我国体育事业的不断发展,特别是体育的社会化与产业化,规范体育商业运作已成当务之急。2000年底,我国的首批正式体育经纪人在北京产生,市场有待更多的体育经纪人出现。作为一名体育经纪人,不仅要学习经纪人的业务知识和操作技能,还要学习与研究体育市场的发展与方向。市场的需求对从业人员素质提出了更高要求,体育经纪人职业会是未来几年内又一新型热门职业。

四、文化经纪人

提到文化经纪人,人们就会将之等同于"穴头",认为只要能说会道就可以从事这一行当,从我国的一些文化经纪人中了解,文化经纪人职业极不规范,存在着各种问题,这大概就是大家为什么将之等同于"穴头"的原因吧。在文化经纪人中,有不少经纪人是外宣人员改行过来的,有外语优势,但缺乏传统文化的根基,在实际对外文化交流中主要充当的是翻译角色;还有的经纪人是退役的演员,虽有文艺基础,但外语、公关以及相关的法律常识等方面都不同程度地存在着缺陷。而国外一些著名的经纪人往往都受过相当好的教育,素质相当高。因而从文化产业化的高度来看,市场急需正规、高素质的文化经纪人才,文化经纪人才将会成为市场的又一宠儿。要想成为一个优秀的经纪人,首先要具备良好的艺术鉴赏能力,各种复杂活动的统筹安排能力,并且要熟悉有关的法律规章,善于谈判、富有说服力。

五、人才经纪人

随着国内经济的发展，人才的竞争日益激烈，毕业生找工作或在职者跳槽，选择一份适合自己的工作都要花费太多时间与心思。并且，作为求职者个人，很难充分掌握市场信息，也不可能全面了解应聘的企业与岗位，也难以了解一份职业在市场上的薪酬标准，无法把握对薪酬的要求，从而难以断定这份工作是否适合自己。可以说，在求职过程中，对市场信息，应聘程序、方法上的了解不足都可能造成求职的失败。

信息来源：中青在线

第二章

体育经纪人的内涵、特征和作用

体育经纪人从事的是中介性的体育经营活动,作为现代经纪人的一个分支职业,它的内涵与现代经纪人是基本一致的。不过,它以其独特的市场"中介"和"桥梁"作用,对体育事业产生影响,推动发展。

第一节　体育经纪人的内涵

一、体育经纪人的概念

关于"体育经纪人"概念的界定,由于受不同社会制度、传统文化及经济发展水平等因素的影响,不同国家或组织对"体育经纪人"的界定也各有差异,甚至在同一国家的不同地区,对"体育经纪人"的解释也不一样。

在国际足联的注册球员经纪人规则中,球员经纪人是为了获取佣金而依据该规则条款将球员介绍给俱乐部使其获得就业机会,或促成两个俱乐部之间相互达成转会协议的自然人。

在意大利足协的体育经纪人管理条例中,体育经纪人指代理职业运动员的人,为运动员制定合同期限、薪水和奖金等,为委托运动员与俱乐部以外的自然人或法人签订涉及运动员名字及形象开发的商业合同。

而在美国,不同的州对体育经纪人的定义也不同。如加利福尼亚州将体育经纪人视为独立的合同签订者,以获取佣金为目的,与运动员或体育组织签订委托合同,为他们寻找职业运动或比赛机会,以及提供其他的商业机会。而肯塔基州则认为:体育经纪人指亲自或通过他人招募学生运动员,与之形成契约关系的人。

在我国,尽管也没有一个统一的体育经纪人概念,但有些体育组织根据自己的需要,都在各自的经纪人管理规则中进行了解释,如中国足球协会的球员经纪人管理办法规定:球员经纪人是指一名自然人,以获取佣金为目的,在正常范围内向俱乐部介绍其有意签约的球员,或介绍两家俱乐部进行球员转会活动。我国篮球协会的篮球项目体育经纪人管理暂行办法规定:篮球项目体育经纪人指依法取得经纪资格、从事篮球经纪活动的法人和自然人。篮球项目体育经纪活动是指个人或组织在篮球项目活动中收取佣金、促成篮球活动顺利开展的居间、行纪或代理等经营活动。另外,我国国家工商行政管理局颁布的《经纪人管理办法》中规定:经纪人是指"在经济活动中,以收取佣金为目的,为促成他人交易而从事居间、行纪或者代理等经纪业务的公民、法人和其他经济组织"。另外,也有人在理论方面对体育经纪人进行了定义,如在马铁主编的《体育经纪人》一书中,对体育经纪人的概念解释为:以获取佣金为目的,与体育相关人员及组织签订委托合同,充当委托人与第三人间有关职业运动、体育竞赛的订约媒介,或为委托人提供通过体育获益机会的自然人、法人或其他经纪组织。

通过比较,得出上述各概念在外延上略有不同,表现在委托人、受托人(体育经纪人)及其经营所涵盖的范围上。但它们的基本内涵却是一致的,即要成为体育经纪人至少要包括以下三个要素:以获取佣金为目的;充当委托人与第三人间的订约媒介或为委托人提供与第三人订约的机会;保证委托合同实施,其代理内容为体育。

"体育经纪人"是"经纪人"的下位概念,是经纪人的一个分支,因此,在参照国外体育经纪人概念的基础上,结合我国实际,可以将"体育经纪人"定义为:为体育比赛、体育表演等活动提供居间、经纪、代理等中间服务,并收取佣金的自然人、法人及其他经纪组织等。其本质是以从事经纪活动作为谋生手段,创造价值。

二、体育经纪人的组织形式

从组织形式上分,体育经纪人可分为:个体经纪人,即具有民事权利能力和完全民事行为能力,依法登记从事经纪业务的自然人;经纪人事务所,即具有经纪资格证书的个人合伙从事经纪业务;经纪公司,即依据《公司法》成立的从事经纪业务的企业法人。

(一)个体体育经纪人

个体体育经纪人是自然人以自己的名义从事体育经纪活动,并以个人全部财产承担无限责任的体育经纪组织。

要想成为个体体育经纪人应符合下列条件,并需向工商局提出申请,领取个体工商户营业执照:

1. 有固定的业务场所;

2. 有一定的资本金;

3. 具有体育《经纪资格证书》;

4. 符合《城乡个体工商户管理暂行条例》的有关规定。

(二)合伙体育经纪人

合伙体育经纪人是由两名以上具有体育《经纪资格证书》的合伙人订立合伙协议,共同出资、共同经营、共享收益、共担风险,并对合伙企业的债务承担无限连带责任的盈利性组织。连带责任是按份责任的对称。它是指两个以上的债务人,共同负责履行清偿同一债务的行为。债务是按照合同的约定或者依照法律的规定,在当事人之间产生的特定权利与义务关系。负有义务的人是债务人,享有权利的人是债权人。债权人有权要求负连带债务的人中的全体、部分或任何一个人清偿全部或部分债务。负有连带责任的每一个债务人,都负有清偿全部责任的义务。履行了义务的人,有权要求其他负有连带责任的人偿付他应承担的份额。债务人的连带责任,使债权人的权益得到保障,它是保证债务履行的一种手段。

申请设立合伙体育经纪人应当具备以下条件:

1. 具有合法名称和固定的营业场所;

2. 具有相应的资本金;

3. 有两名以上具有体育《经纪资格证书》的人员作为合伙人发起成立;

4. 合伙人之间订有书面协议;

5. 有组织章程和服务规范;

6. 法律、法规规定的其他条件。

合伙体育经纪人由合伙人按照出资比例或者协议约定,以各自的财产承担财产责任。合伙人则对合伙经纪人的债务承担连带责任。

（三）体育经纪公司

体育经纪公司是指以公司形式(在我国一般是有限责任公司)设立的,具有法人资格的体育经纪组织,公司以其全部资产对公司债务承担责任,股东以其投入的资本对公司债务承担责任。体育经纪公司是专门从事体育经纪活动的一种企业法人。由于体育经纪公司具有法人资格,经纪公司的设立、注册登记及经营活动应按照《民法通则》中关于法人制度和《公司法》中的有关规定进行。

设立体育经纪公司应当具备以下条件:

1. 具有合法名称和固定营业场所;

2. 具有相应的注册资本金;

3. 具有与其经营规模相适应的一定数量的专职人员,其中具有体育《经纪资格证书》的不少于五人;

4. 具有相应的组织机构;

5. 符合《公司法》及有关法律、法规的规定。

（四）兼营体育经纪业务

其他公司具备以下条件的也可以向工商局提出申请兼营体育经纪业务:

1. 具有与经营规模相适应的一定数量的专职人员,其中具有体育《经纪资格证书》的人员不少于两人;

2. 具有固定的组织机构和营业场所；

3. 符合《公司法》和有关法律、法规规定的其他条件。

个体经纪人主要代理体育明星的部分事务，具有专业化、运作方式灵活和权威性等特点，但存在资金少、难于进行大规模经纪业务等劣势。而经纪事务所和经纪公司由于在规模、资金和人才方面的优势，他可以设计一套服务体系为运动员服务，具有利益一致、目的明确、形式简练和便于管理的特点，但委托成本也相对较高。

由于体育经纪人在中国还处于萌芽阶段，国内这方面的理论研究较少，人们对体育经纪人的认识还比较模糊，因此以下几个概念应予明确。

1. 体育推广商（人）。目前进驻国内的境外经纪公司，比如国际管理集团、香港精英公司、香港新亚体育集团等都喜欢自称"推广商"，同时国内一些体育报刊也经常将国外个体经纪人，如唐·金等称为"赛事推广人"。"推广"一词来自英文"Promote"[1]，表示体育经纪人相对于现时回报而言更看重对体育市场的培育及未来的发展，带有很强的投资意味（即把目光放在未来收益上）。因此，体育推广商的最终目的还是为了获取利益，实质上就是体育经纪人。只是相对于中国未成熟的体育市场而言，这种称谓在现阶段更易为人们所接受。

2. 体育经纪公司。在人们的日常口语中，体育经纪人多指个人而言。但从规范的法律意义来讲，体育经纪人既可以是个人，也可以是组织。作为名词或概念，体育经纪人实际上包括了自然人、法人和其他的经济组织，因此体育经纪公司实际上是"体育经纪人"组织形式的一种。

3. 体育代理人。从法理上讲，代理和行纪行为是应该严格区分的。但在实践中往往混在一起，难以分开，而且国外的经纪行为往往包括了代理。1995 年国家工商局颁布的《经纪人管理办法》在经纪人的定义中明确提出，代理与居间、行纪同属于经纪活动的方式。说明经纪的外延中含有代理，而体育代理实际上是体育经纪活动的一种具体形式，亦起到中介的作用。因此，体育代理人应属于体育经纪人。

---

[1]　"Merriam-Webster Online Dictionary"Promote：1 a：to advance in station，rank，or honor：RAISE b：to change（a pawn）into a piece in chess by moving to the eighth rank c：to advance（a student）from one grade to the next higher grade.

2 a：to contribute to the growth or prosperity of：FURTHER〈promote international understanding〉b：to help bring（as an enterprise）into being：LAUNCH c：to present（merchandise）for buyer acceptance through advertising，publicity，or discounting.

三、体育经纪人的业务范围

所谓经纪业务人的业务范围,即经纪人的经营范围。它是国家允许经纪人从事经纪业务的服务项目,它反映经纪业务活动的内容和方向,它是经纪人业务活动范围的法律界限,体现经纪人的民事权利能力和民事行为能力。虽然各国对体育经纪人定义各有不同,但主要从事的业务活动差别不是很大。在美国,随着体育日新月异的发展,体育经纪人的业务活动从最早的代理运动员谈判薪金合同开始,到负责运动员大大小小的事务,进而转向大型商业比赛的组织和运作,包办企业有关体育投资的策划和管理,经营管理范围越来越广。在意大利,体育经纪人主要从事运动员的转会和为运动员管理日常事务如医疗、保险、联系赞助、广告等。

我国对经纪人进行管理的规章是国家工商行政管理局颁布的《经纪人管理办法》,该办法第2条:"本办法所称的经纪人,是指依照本办法的规定,在经济活动中,以收取佣金为目的,为促成他人交易而从事居间、行纪或代理等经纪业务的公民、法人或其他经济组织。"据此规定,无论是自然人、法人还是其他经济组织,只要从事体育经纪活动,其所从事的业务范围都受到经纪人管理办法以及其他现行法律、法规的调整;体育经纪人只能从事体育行业内的一些居间、行纪和代理活动,并且这些活动不是我国现行法律法规所禁止的行为,也不违反社会公序良俗。根据我国体育经纪人的活动情况,体育经纪人的业务范围主要包括以下几个方面。

(一)为运动员作代理

代理运动员的工作合同包括转会谈判、报酬确定、合同签订等,这是体育经纪人的主要业务范围。经纪人深谙各俱乐部的需求,以及各位明星队员和有潜质的队员的特点和情况,为俱乐部运动员牵线搭桥,安排运动员参加比赛。选择比赛、制定比赛日程、筹措资金,参赛服务等也是体育经纪人的重要服务领域。其中,合理地选择和安排比赛最为重要,既有利于运动员水平的提高和发挥,又能为运动员带来巨大的经济效益。赞助运动员安排比赛巡回间歇的训练和生活,这不仅要同比赛的组织打交道,而且要与有关体育组织和训练基地搞好关系。另外,管理运动员繁杂的日常事务如管理赛事收入和财务收支、安排社会活动、运动员形象开发等事务同样是体育经纪人的代理活动内容。

(二)推广体育比赛

体育比赛和体育表演的筹划和推广,包括电视转播权、广告代理、特许使用权开发等。体育经纪人可以全部或部分买断国际或国内体育组织举办的正规比赛,然后通过电视转播、广告推销、争取赞助等多种渠道开发推广、成功举办比赛,并最后达到盈利目的。如国际管理集团(IMG)推广经纪我国足球和篮球甲A联赛、香港精英公司曾推广过的世界女排大奖赛等,依靠自己(公司)的经济实力和社会交往能力,同时征得有关体育组织的许可,经纪人还可自己筹划推出非体育组织举办的新的赛事,如ATP网络系列大奖赛等,这样将会获得更大的社会影响和经济效益。

体育经纪公司为赛事推广服务的主要任务是:替赛事主办者对赛事的相关权益(如赞助、电视转播权、门票及纪念品生产与销售)进行商业推广或受赛事主办者委托对赛事进行策划与包装并进行运作,经主管机构批准,策划组织有关赛事或买断有关赛事(承办赛事)也是其任务之一。

(三)包装运动队

这是近年来新出现的体育经纪业务,也是经纪个体运动员的延伸,但工作的内容和方式不同。经纪人通过与赞助商家联系,获得运动队的冠名权,使运动队以某个商家名义比赛,或在比赛服上打广告,一方面提高了商家的社会影响,另一方面包装了运动队,使运动队获得了赞助。运动队其他无形资产的开发如比赛转播权、纪念品开发等也是体育经纪人不应放过的领域。

(四)其他经纪活动

现代体育经纪活动已不仅限于竞技体育,正在逐步渗透到大众体育、体育经纪等各个方面,如体育赞助、体育保险、体育旅游等,这也为有志从事体育经纪活动者提供了更为广阔的空间。此外,俱乐部、运动员在训练、比赛和各种社会活动中,要与各种机构、各种人打交道,难免会出现各种纠纷,其中涉及经济、法律等多方面的问题,体育经纪人还可以参与其中,以其丰富的知识、熟练的操作技巧、广泛的社交活动使纠纷得到妥善解决,或提供有关咨询;也可作为体育组织的代理,帮助其协调或解决有关的问题、争端,为其获取有关信息、提供订约机会,以及进行商业方面的开发等①。

但由于体育经纪人的组织形式不同,他们在各自从事的经纪事务范围方面也稍有不同。

1.个体体育经纪人可接受运动员个人委托,从事下列业务:

(1)代理运动员与体育组织、广告公司、商品生产经营企业及其他单位进行交易谈判;

---

① 林锦清:"体育市场与体育经纪人",《泉州师范学院学报(自然科学)》,2001年7月,第19卷第4期。

（2）代办运动员财务管理、保险等个人事务；

（3）运动员形象策划和开发；

（4）安排运动员参与表演或比赛；

（5）其他事务。

个体体育经纪人从事经纪业务时必须向运动员出示《营业执照》（副本），以及通过体育行政管理部门和工商行政管理部门年检有效的《体育经纪资格证书》。一般来说，个体体育经纪人不能接受体育组织委托从事体育经纪活动，不能从事有关体育竞赛和体育表演的经纪活动。

2. 体育经纪人事务所、体育经纪公司可以从事下列体育经纪活动：

（1）接受运动员个人委托的体育经纪活动；

（2）接受体育组织委托的体育经纪活动；

（3）接受委托从事有关体育竞赛和体育表演活动的经纪活动；

（4）其他事务。

体育经纪人事务所、体育经纪公司统一对外接受委托，收取佣金。其业务人员不得以个人名义对外接受委托从事体育经纪活动。体育经纪机构业务人员从事经纪业务时，必须出示单位授权委托和本人的通过体育行政管理部门和工商行政管理部门年检有效的《体育经纪资格证书》。

随着体育产业的不断拓展，体育经纪人的业务范围也将不断扩大。主要表现在：（1）筹集资金，寻找赞助；（2）收集体育市场信息，为体育企业的决策层提供参考意见，以生产投放市场畅销的体育产品；（3）寻找体育市场商机，对国际、国内重大比赛进行有偿服务；（4）了解国际群众体育发展动态，开设创立群众喜欢的体育娱乐项目，创造新的经济增长点；（5）为运动员寻找出国发展、转会、上学、就业的机会，拓宽就业渠道；（6）了解国际竞技体育最新的比赛规则，发展动态趋势，国际上将要组织的各种比赛；（7）负责处理比赛期间体育贸易活动所引起的法律上的争执。其实，在体育经纪人的实际工作中，其所做的工作可以说是事无巨细，面面俱到。从下面这篇文章中也可略见端倪。

NBA 的发展历程中，一批资深体育经纪人在球员的培养、引进、转会、赛事交流，乃至球星的包装等方面的作用不容忽视。NBA 资深经纪人比尔·达菲已从事体育行业超过 15 年了，并拥有过成功的职业生涯，这从一定意义上为他后来成为著名体育经纪人奠定了基础。比尔曾经代理过 50 多位职业运动员，包括 11 位第一轮选秀队员，以及 1998 年的 NBA 状元秀；在他的帮助下，纳什、戴维斯等球星从寂寂无名之辈蹿升到大红大紫，他认为，"成功的关键在于，你如何充分包装你的球员，竭尽全力保护他们的品牌"。他坚持依据每个客户的个人生活和长期职业生涯规划情况提出有针对性的建议,为客户提供高品质的职业管理。2002 年 NBA 选秀前 23 名中有 5 名都成为他的客户。

在不大了解体育经纪人的中国人眼里,对这个角色的理解就是赚大钱,要是给一个大牌球星当经纪人,那可就发大财了。这么理解也不算错,经纪人不赚钱谁还来做?但是,在首届国际篮球产业论坛上听了美国著名经纪人比尔·达菲的演讲后,才知道经纪人这个钱不好赚,不是个全才、不以情做经纪人的话,还真不灵。

比尔是美国 BDA 体育经纪公司的总裁,据他介绍,他这个公司人不多,十来个人,但却给他们所经纪的客户提供了创造性的服务。他手下的雇员短小精悍,有擅长法律的,有擅长财务的,也有擅长营销的,还有擅长体育管理的。凭着他们卓有成效的工作,已经有 50 多名 NBA 和欧洲球员成为他们的客户。

比尔说,NBA 球员平均年收入是 450 万美元,他们是很有钱的。但是,他要给他的客户制定财务预算,告诉他们怎么花钱、怎样纳税,还要告诉他们该储蓄多少钱,为的是保证这些球员退役之后的生活。比尔说,他还要像亲人那样和这些客户交朋友,像亲人一样关怀他们,帮助他们处理好与家庭的关系。对那些年轻的球员,还要帮助他们建立美满幸福的家庭。对有些球员,还要帮助他们制定接受有关教育的计划,并监督执行。他所代理的客户,不仅对他本人信任,而且有时要找他的妻子诉说烦恼,求得解决办法。

比尔还说,他要为他所代理的客户在社会上树立良好的形象,诸如:告诉他们怎么接受媒体的采访、怎样和球迷交朋友、怎么为他们把握商机等等。比尔透露,他和其他 4 人组成了一个"姚明班子",正围绕姚明做一系列的市场调查。姚明的商机和市场肯定是巨大的,但不能着急,他们不想让姚明感到很不舒服,更不希望姚明压力重重。在适当时机,他们会有一个非常明朗的计划出台。他们帮助姚明寻找的一些赞助商,有可能是手机或电脑,因为这些东西都是姚明最喜欢的东西,也可能是饮料、运动服装等。

比尔说,体育运动的未来是全球化,体育经纪工作前途无量。但是,你要找准自己的定位。中国同样有很多的机会,关键是你的经纪公司能否为客户提供创造性的服务[1]。

---

[1] 孙保生:"纠正中国人的误区 比尔·达菲:体育经纪人是什么",《北京晚报》2002 年 12 月 6 日,http://sports.sohu.com。

第二节 体育经纪人的特征和作用

一、体育经纪人的特征

体育经纪人作为经纪人的分支,既具有经纪人的共同特征,但和其他经纪人相比,体育经纪人又具有自己独有的一些特点,总的说来,体育经纪人有如下特征。

（一）经济性

对于体育经济而言,体育资产主要包括无形资产和有形资产,最具价值的还是无形资产。开发无形资产,充分利用无形资产还主要靠体育经纪人完成,以实现资源的优化配置,提高资本使用效率。所以,作为一名合格的体育经纪人,首先应该掌握经济专业方面的知识,是一个有合理的经济科学知识的人。另外,体育经纪业务从本质上讲就是市场运作,市场运作的成功与否主要取决于商品、价格、中介方式,经纪人信誉、环境等要素。因此体育经纪人应掌握体育市场环境、体育营销、体育市场竞争及交易过程等方面的知识。体育经纪需要与人协作,并通过他人使经营活动完成,它需要经纪人有效地进行有关计划、组织、领导和控制等方面的活动,调动各方面积极性、降低成本,使资源成本最小化,提高资源利用率,实现经营的最终目标。

（二）表现性

体育经纪人的经纪行为是体育经纪人素质的外在表现。其经纪行为有:代理运动员的生活琐事、转会;商业性体育赛事代理;体育赛事媒体转播,广告的设计与策划;促进体育设施、器材、设备等交易;为俱乐部提供信息、物色运动员;有关体育贸易活动中法律知识运用等。在从事以上经纪行为时,谈判技巧是能否把某个经纪人的内在素质完全外现的一个重要方面。谈判是一门技术,更是一门艺术与科学,它通过谈判,交流与沟通各方观点、感情,达成一个双方都能基本满意的协议。体育经纪人通过谈判,在完成委托方交给的任务、本身获得佣金的同时,也使市场的需求得到了满足。在谈判中常见的策略如时机运用策略、利益让步策略、以诚取胜策略等,都是体育经纪人所必须借鉴的。

（三）体育性

目前对于经纪人管理,大多数国家都采取颁布资格证书制度,取得经纪人资格证书的人才能从事经纪活动。对于体育经纪人而言,除了通过经纪人资格考试,还得参加体育专业知识考试,合格者发给资格证书。所以体育经纪人在掌握经济专业知识的基础上,还要具备体育专业知识,是一个懂体育、了解竞赛规律、比赛知识及对体育领域有较深刻认识的人。体育经纪人应掌握体育的本质特点,了解体育运动的基本发展规律,熟悉自身业务所涉及运动项目的特点、发展水平和市场状况,该项目的社会影响,了解比赛规则、运动方式、熟悉圈内人员等。

（四）可塑性

体育经纪人的基本素质可通过一定时间的培养和教育获得。目前,我国从事与体育经济有关的人业务水平低,经济知识面窄、外语水平、计算机应用水平都达不到一定的要求,这就很难使得体育产业成为一个真正的经济实体,也不可能和国际接轨。因此,提高体育经纪人业务水平,就必须重视对体育经纪人的培训,加强体育经纪人队伍的建设。

（五）综合性

在激烈的竞争下体育经纪人的经营范围开始呈现多样化,有谈判、咨询、研究、服务、电视、赞助、推广等。这就要求体育经纪人素质不是单一的,应具有专业素质,同时还富有实践经验,既有严密的思维能力,又有综合分析问题、解决问题的能力。不仅要掌握基础性知识(体育哲学、语言学、逻辑学、外语、计算机等)和体育专业知识,还要有心理学知识、管理学知识、市场学知识、公共关系学知识、法律知识;还要具有多方面的能力,如社交能力、沟通能力、创造能力和谈判能力。如国际田联经纪人联合会秘书长詹宁斯认为,成功的体育经纪人应该具备职业能力、创造能力、适应能力和应变能力。

（六）国际性

由于体育的国际性特点,决定了体育经纪活动是可以超越国界,从而也就使体育经纪人具有了国际性特征。在一些职业体育发达和经纪人活跃的国家,它们的体育经纪人在繁荣本国市场经济的同时,已经将触角伸至其他国家和地区,无论是个人经纪人还是集团经纪公司,他们不断地向外国扩展业务,与外国优秀运动员、体育主办者及生产企业和商业公司联系订约,表现出显著的国际化特点。我国体育经纪人目前也表现出国际化的特点,主要表现在职业化的足球、篮球,此外还有拳击或散手、田径、乒乓球等少数项目;外国运动员转会到中国俱乐部、中国运动员转会到外国俱乐部;有到国外、也有国外到国内参加商业比赛,只是数量较少。

二、体育经纪人的作用

体育经纪人以其独特的市场"中介"和"桥梁"作用,以及对体育事业发展的影响,对体育事业健康快速发展无疑具有重要作用,其在体育市场中巨大的市场价值是显而易见的。从宏观上看,他们在流通领域促进了体育生产和消费,加速了体育竞技价值向商业价值的转变及业余体育向职业体育的转变,使体育市场日益繁荣,体育产业兴旺发达。从微观上看,体育经纪人以其特有的协调、组织、管理和投资功能,为运动员、体育组织、体育比赛主办者提供全方位的服务,使运动员在充分发挥运动潜力、保持较高运动水平的同时获得相当的经济收入;使体育组织的特殊标志得到推广;使体育比赛主办者获得充足的赛事经费。同时,体育经纪人以其敏锐的市场眼光和高超的营销技巧,使体育运动花样翻新、高潮不断,最大限度地满足不同层次、不同爱好、需求各异的体育消费者。

体育经纪人主要有以下作用:

1. 极大地方便了运动员。体育经纪人都需要国际各体育组织,如国际足联、田联等机构对其颁发正式的聘任证书,才可以正常运作经营。所以,运动员可以放心地将一切事务委托给经纪人。经纪人又大多在世界各地有很长的触角,他们不仅能够为运动员联系到足够多的比赛机会,而且还能把运动员的食宿都安排得妥当有序。比如为队员争得出场费、交通费,办好签证及把机票送到队员手里,安排到机场接送、拉广告、找赞助,并对队员进行包装宣传等,无所不及。正如我国著名的田径运动员李彤所说的那样:"对运动员而言,体育经纪人的作用,就如同拥有一位好教练一样的重要"。

2. 促进了体育职业化和商业化的进程。尽管奥林匹克倡导的是业余训练和比赛,但是从当今世界来看,各国体育的职业化和商业化已成为不可避免的现实。职业化的表现形式是联赛,有联赛就有转会问题;而商业化的表现形式是大奖赛、邀请赛,这些都必然需要经纪人为运动员办理转会、奖金分配和其他一些事务性工作;如果没有经纪人的参与,许多比赛都将会告吹。反过来,通过经纪人的运作,还可以创造很多商机、热点,并吸引广大民众的积极参与,如前年在我国成都成功举办了"世界女飞人"大赛,在美国举行的加拿大短跑名将贝利与美国著名运动员约翰逊之间的"世界飞人"大赛。这些带有浓厚商业色彩的非常规体育比赛,完全是体育经纪人一手创办出来的。

3. 促进了体育运动水平的提高。我国著名田径教练冯树勇同志早在几年前就认识到,中国田径想要真正走向世界,必须有好的经纪人在当中起桥梁作用。他认为,田径队员只有通过经纪人的运作,多到国际大赛上锤炼,才有可能获得好的比赛经验,提高比赛成绩。中国要成为世界体育强国,提高体育运动水平,建立高素质体育经纪人的队伍,是一个重要途径。比如通过经纪人的热心操办,在我国成都举办了"世界女飞人"大赛,国人得以目睹"女飞人"们的风采,从而在四川和全国掀起了短跑热。当前国内最活跃的是球类经纪人。他们一方面把国外的足球运动员引进中国，如大家所熟悉的前国安队的冈波斯、万达队的金斯等；另一方面又把国内足球运动员输出国外，如在英国踢球的范志毅和孙继海，到德国去踢球的杨晨。这些"引进"、"送出"对我国足球首次冲出亚洲打进世界杯决赛起着很大的作用。

4. 促进了体育产业化和市场经济的发展。体育经纪人是随着市场的发展应运而生并发展起来的，反过来体育经纪人又对体育产业化的发展和体育市场经济的繁荣起着重要的推动作用。体育经纪人是体育市场不可缺少的一个重要环节。从职业角度讲，体育经纪人的活动可以促进体育产业转向市场化和社会化。通过他们的运作，把过去由国家拨钱办比赛变成社会出资办、市场出资办，这就是体育产业化的重要表现形式。如我国现在的全国足球联赛、排球联赛、篮球联赛等大型职业化赛事，都是通过经纪人参与，才得以顺利进行。今后，不仅各类体育比赛，而且电视转播、广告策划、媒体宣传，甚至运动员和运动队的经营管理都离不开经纪人的参与。由此可见，经纪人在体育产业化和市场经济的发展中将会起着越来越重要的作用。就世界范围看，体育经纪人最成功的是1984年的第23届洛杉矶奥运会了。它是由美国商人尤伯罗斯个人企业承办的，改变了过去历届奥运会都是由各个国家政府筹办的惯例。尤伯罗斯就像经营个人企业那样经营奥运会的全部工作，最后把23届奥运会办成了一个空前成功的盛会，而且盈利2亿多美元，改写了奥运会的经济史，使世界体育领域中最神圣的奥运会，进入了市场经济的轨道。为此，国际奥委会特别授予他一枚奥林匹克金质勋章。国际奥委会主席萨马兰奇说，"没有商业的帮助，奥林匹克运动将走向死亡"。每年向体育界投资3 000万马克的奔驰公司得出的结论就是"对体育投入的越多，获得的利润就会越多"。可见，在世界范围内，体育界和经济界已经对双方共存共荣的发展规律达成一致的共识。

在看到体育经纪人的重要作用的同时，我们也应看到体育经纪活动中存在着不良现象和管理中的缺陷。如无照经纪行为、超越经营范围行为、签订虚假合同损害委托人或相对人利益的行为、采取威逼利诱等手段促成交易、明知委托人或相对人没有履行合同能力而为其进行中介的行为等。此类事件严重扰乱了体育市场的秩序，还有损体育经纪人的社会形象。所以，使体育经纪人走向规范化的理性轨道是使其健康发展的必要保证。

第三节　体育经纪人的职责和权利

一、体育经纪人的职责

体育经纪人的职责是指经纪人依照法律或与委托人的协议规定,应履行的必须为或禁止为一定行为的责任,以保护国家和委托人的权益。

经纪人的职责分为对国家的职责和对委托人的职责。对国家的职责是指按照国家的有关规定依法行纪和照章纳税;对委托人的职责是指依法或按照协议对委托人尽职尽责,其中包括法律规定的职责和由双方协商经合同确认的职责。经纪人的职责具有法律的约束力。如经纪人未履行或未完全履行其义务,权利人有权要求其履行或要求国家有关部门强制其履行。

体育经纪人的职责主要有如下七项。

1. 依法经纪。体育经纪人应该树立法制观念,严格依法办事。提供体育中介服务时,必须遵守国家有关的法律、法规和政策,遵守社会公德,不得损害社会公共利益。并且,体育经纪人的中介活动还必须在国家法律、法规许可的范围内进行,不得从事国家禁止的服务项目的经纪活动。在目前我国经济法规体系不完备的情况下,专门针对体育经纪人及经纪活动的法规很少、很不完善。经纪人应以现有的法律、法规为准则,如遵守民法、合同法、交易法等法律、法规及有关的体育规章制度、转会条例等,从事经纪或中介活动。

2. 诚实介绍。体育经纪人应当坦诚、忠实、实在。作为一名合格的体育经纪人,在进行体育经纪活动时,必须就其所知据实报告给各方当事人,忠实于委托人的利益。应抱着坦诚、忠实的态度, 及时、如实向当事人介绍有关的情况,提供有关文件,不得隐瞒与经纪事项有关的重要事项。如委托人提出疑问,应合理地解释或修正方案;如当事人隐瞒事实真相,有权拒绝或终止为其继续提供经纪服务。对双方所提出的问题和要求,应详细了解和考察,并如实交流沟通,才能促使双方交易达成。只有这样,才能获得信用和成功。因为体育经纪人的居间活动就是为委托人提供相关的体育信息,进而为委托人提供缔约机会。因此,体育经纪人提供的信息必须是真实的,只有这样,当事人双方在缔约过程中才能体现出各自的真实意思,合同才会真实有效。同时还应实事求是、实实在在,这就要求体育经纪人在从事经纪活动中,应设身处地为当事人双方考虑,减少交易过程中的困难和麻烦,从而达成共识,尽快交易成功。

体育经纪人不得以隐瞒与经纪活动有关的重要事项、虚构订约机会、提供不实的信息、夸大业绩的虚假宣传或者以胁迫、贿赂等手段促成交易。

3. 公平中介。体育经纪人在进行中介活动时，应当保持自己的中间人地位，这就要求体育经纪人在经纪活动中要公平对待当事人各方。对于任何一方提出的问题，都要如实介绍；对于任何一方提出的要求，都要如实转达；不能为了一方的利益而采用编造或隐瞒的手段，从而损害另一方的利益。如果有欺诈或有失公平的事情发生，委托人可依据相关法律拒绝支付体育经纪人的报酬，给委托人造成经济损失的，应当承担赔偿责任。

4. 履行协议。在体育经纪的过程中，体育经纪人应忠实履行合同条款，不得超越合同约定的范围和期限从事体育经纪活动；不仅要全面地、及时地履行已经在协议中明确约定的己方义务，对于那些在合同中虽然未作约定，但是根据诚实信用原则，要求自己应尽的协作义务，当事人也应该自觉地、善意地履行。体育经纪人在经纪活动中违反应当承担的义务，损害委托人利益的，不得要求委托人给付佣金及承担费用。体育经纪人是特殊行业，诚实信用是其生存的灵魂。一个体育经纪人要想站稳脚跟并谋求发展，必须守信用，必须诚实地履行义务。一般来说，在体育经纪人与当事人签订经纪合同后，应当亲自进行经纪，如果转委托他人代理，应当事先征得当事人同意，并不得增加服务费。

5. 保守秘密。根据诚实信用原则，即使双方在经纪合同中没有明确约定，体育经纪人对其委托人也同样负有保密义务。在合同履行过程中，体育经纪人可能会了解或已经实际了解到委托方的商业秘密等，在这种情况下，了解他人商业秘密的体育经纪人即负有为委托人保密的义务。体育经纪人应当积极维护委托人的利益，为委托人保守商业秘密，未经当事人许可不得泄露代理事务的内容和性质。该等保密义务往往不因合同的终止、解除而终止或解除。体育经纪人更应注意的是，不得利用委托人的商业秘密谋取不正当利益。

6. 依法纳税。纳税意识是一个经纪人素质水平高低的重要标志之一，也是其行为规范化和合法化的具体表现，是其应承担的经济义务。体育经纪人应当按照规定建立会计账册，编制财务报表，保存原始凭证、业务记录、账簿和经纪合同3年以上，并送交有关部门备查，接受工商、税务等部门的管理与监督；并依法缴纳有关税费。纳税意识在我国，由于市场经济尚不发达，经济立法不完善，经纪人制度还不健全，公民纳税意识较差，逃税漏税现象难免发生。根据我国税法规定，经纪人或经纪机构应缴纳的税种主要有营业税、所得税和个人收入调节税等。

7. 赔偿损失。体育经纪人违法进行经纪，给当事人造成经济损失的，应当依法承担相应的赔偿责任。体育经纪人在进行居间活动中不履行合同义务或者履行义务不符合约定时,即违反其应当承担的义务,损害委托人利益的,不仅不得要求委托人给付佣金及承担费用,而且应承担相应的违约责任。根据我国《合同法》的规定,违约责任的形式有继续履行、采取补救措施、赔偿损失等。由于体育活动的特殊性,很多情况下难以采取补救措施,因此,对于体育经纪行为,最主要的违约方式是赔偿损失。

二、体育经纪人的权利

经纪人的权利是在其开展经纪活动过程中,依照法律和双方协议规定享有的权利和利益。经纪人的权利受到国家法律的保护。

根据权利来源不同,经纪人的权利可划分为来自国家的权利和来自委托人的权利。来自国家的权利是受国家法律保护权;来自委托人的权利包括获得佣金权、请求支付成本费用权,以及在委托人有违约或欺诈行为时,终止服务的权利等。

1. 受国家法律保护权。受国家法律保护的含义,首先是指具有经纪资格的从业人员,依法注册为体育经纪人后,有权依据有关法规、规章在注册登记核准的经营范围内开展体育经纪业务,依法进行的体育经纪活动,受国家法律保护,任何单位和个人不得非法干预;其次是指经纪人有签订经纪合同的权利和依法享有经纪合同中双方约定的其他一些权利;第三是指体育经纪人在进行体育经纪的活动中,其合法权益受到侵害的,可以依法请求司法保护,民事活动中与他人发生争议时,有申请仲裁的权利和进行诉讼的权利。

2. 获取报酬的权利。依据等价有偿的原则,经纪人有为自己的劳动依法或者按合同约定,请求报酬的权利。体育经纪人获得的报酬,即佣金是合法收入。体育经纪人通过自己的劳动,完成经纪活动后,有权按照合同约定收取佣金;体育经纪活动双方可以约定按比例提取佣金,也可以按固定数额提取佣金。提取的佣金标准,由双方协商议定,但不得违反国家法律、法规和政策。

3. 请求支付成本费用的权利。根据我国合同法,受托人为处理委托事务垫付的必要费用,委托人应当偿还该费用及利息。但这个问题取决于双方的约定:如果体育经纪人与委托人在经纪合同中达成了费用约定,则体育经纪人有权要求委托人承担成本费用;如果未经约定,则不得要求委托人承担该费用。

4. 委托人有违约或欺诈行为时,终止服务的权利。体育经纪人有向委托人了解所委托事务真实情况的权利。委托人隐瞒与经纪业务有关的重要事项、提供不实信息或者要求提供违法服务的,或发现委托人不具有履约能力时,体育经纪人有中止经纪业务并建议终止经纪合同的权利。

5. 法律、法规和规章规定的其他权利。

[本章思考题]

1. 体育经纪人的组织形式有哪几种？它们各自的特点是什么？具有哪些共同点和不同点？

2. 体育经纪人有哪些权利和义务？

[相关链接]

体育经营活动审批疑难解答

一、体育经营分为哪几大类？

经营体育主要分为体育运动项目经营、体育用品销售、体育经纪、体育彩票销售四大类。

二、四大类体育经营各指什么？

体育运动项目经营指经营以体育运动项目为内容的体育技能培训、场馆开放等。

体育用品销售指批发或零售体育器材、体育服装、体育纪念品等体育用品。

体育经纪活动是指经纪人在各类体育活动中，为获取佣金而进行的居间、行纪、代理等活动。比如：以收取佣金为目的运动员转会、举办商业比赛等。

体育彩票销售是指销售即开式或电脑式等体育彩票。

三、体育运动项目分几类？各有哪些？

根据《北京市体育运动项目经营活动管理办法》的规定，体育运动项目分为危险性和非危险性两大类。

（一）非危险性体育运动项目有哪些？

篮球、足球、排球（含沙滩、软式排球）、乒乓球、羽毛球、网球（含软式网球）、棒球、垒球、橄榄球、高尔夫球、保龄球、藤球、毽球、曲棍球、手球、壁球、门球、地掷球、游泳（含跳水、花样游泳、潜水、蹼泳、水球）、皮划艇、帆船（含帆板）、钓鱼、龙舟、航海模型、自行车（含山地车）、车辆模型、北欧两项、冬季两项、雪车、雪橇、冰壶、拳击、击剑、柔道、摔跤、中国式摔跤、武术、散打、自由搏击、技巧、跆拳道、马术、飞镖、气功、航空模型、国际象棋、中国象棋、围棋、桥牌、田径、现代五项、举重、无线电、铁人三项、信鸽、舞龙、舞狮、风筝、体操（含艺术体操）、健美、健美操、体育舞蹈、舍宾、瑜珈。

（二）危险性体育运动项目有哪些？

赛艇、摩托艇、汽车（含卡丁车）、摩托车、射击、射箭、弓弩、跳伞、水上飞伞、动力伞、滑翔伞、滑翔（含悬挂滑翔）、热气球、滑冰（含冰球）、滑雪、滑水、滑板、滑道、轮滑、赛马、攀岩、登山、蹦级、漂流。

四、从事体育运动项目经营需要办哪些手续？

从事体育运动项目经营活动必须同时具有工商部门颁发的营业执照和体育部门颁发的《北京市体育运动项目经营资质证书》方可开展经营活动。其中经营危险性体育运动项目须经过北京市体育局的审核。

五、开办一家专门进行体育竞赛或者体育交流的公司需要办理《北京市体育运动项目经营资质证书》吗？

不用。开办体育竞赛或者体育交流的公司属于体育经纪活动，在领取营业执照后十五日内到相应的体育行政管理部门备案即可。但开办体育经纪公司，专营的需要拥有至少四个持有体育经纪人证书的人，兼营的需要拥有至少两个持有体育经纪人证书的人。

六、从事体育运动项目经营是先到工商行政管理部门办营业执照，还是先到体育局办体育运动项目经营资质证书？

在工商行政管理部门领取《工商执照》后 30 日内，到住所地区县体育行政部门申请办理体育运动项目经营资质证书。比如：企业住所地在西城区，则到西城区体育局办理，具体受理部门是体育市场管理科（西城区月坛南街甲 1 号），电话：68037393。或上 www.bjxch.gov.cn 的"网上办公"栏进行网上办理。

七、申请体育运动项目经营资质证书是否收费？

不收费。

八、体育运动项目经营资质证书审批总时限是多长？

经营危险性体育项目是 15 个工作日，非危险性体育项目是 7 个工作日。

九、申请体育运动项目经营资质证书需满足哪些条件？

（一）有必要的资金；

（二）有符合经营项目要求的场地；

（三）有符合技术标准的设施、器材；

（四）有与经营项目性质相适应的专业技术人员；

（五）经营内容有益于参加者的身心健康；

（六）符合法律、法规及国家其他有关规定。

十、申办人需在体育行政部门提交哪些申办材料？

（一）北京市体育运动项目经营资质证书申请表（体育行政部门领取或网

上下载 www. yuetansports. com）。

（二）营业执照或副本及复印件。

（三）公司法人代表身份证明及复印件。

（四）体育运动经营场地的使用权证明。须提交产权证或通过相互联系的租赁协议最终归结到产权证。场地具体情况包括地面材料、朝向、建筑物数量、楼层数等。

（五）所使用的器材或设备登记表（体育行政部门领取或网上下载 www. yuetansports. com 和 www. bjxch. gov. cn）、购货发票以及具体项目需要的相关证明材料等。

（六）专业技术人员登记表（体育行政部门领取或网上下载），聘用的专业技术人员的资质证明。资质证明包括：

1. 初级以上体育专业技术职称（教练员、场地工）；

2. 体育院校毕业证书（大学、大专、中专、职高）；

3. 社会体育指导员证书；

4. 救护员、救生员证书；

5. 裁判员证书；

6. 国家二级以上运动员证书；

7. 其他经市体育局市场处认定的专业技术证书。

（七）从事培训活动的须提交培训计划和教学大纲。应包括课时数、教授进度、每节课的教授内容、教法等内容。

（八）开展项目本身需要的相关部门的批准文件。

（除由经营单位或个人独立产生的留原件外，其他材料均需对原件审查，并留存复印件。）

十一、非危险性体育运动项目经营资质证书审批程序有哪些？

（一）受理。对材料进行形式审查，主要审查申办人提交的材料是否齐全。工作时限为 1 个工作日。

（二）审核。现场检查场地、器材、设施、人员情况是否符合开业条件，并与申办材料相一致。工作时限为 4 个工作日。

（三）复审发证。分别由科室负责人和主管局长对申办材料和检查的程序进行审核。符合要求的发给资质证书正本和副本。工作时限为 2 个工作日。

十二、经营危险性体育运动项目也是上面的程序吗？

（一）受理。危险性体育项目的审核在受理阶段和非危险性项目是一样的。

（二）审核。审核阶段，必须由北京市体育行政部门会同北京市公安部门和区县体育、公安部门联合进行现场检查验收。

（三）发证。验收合格后由受理的区县体育行政部门发给经营企业资质证书。总审批时限为 15 个工作日。

北京西城体育局网站提供

第三章

体育经纪人的素质要求

本章学习要点

- 体育经纪人必备的条件
- 我国体育经纪人发展的环境和条件
- 国外体育经纪人的成功秘诀
- 国外体育经纪人示例

体育经纪人在我国是一个新的领域,也是一个新的概念。过去,国外把处理经纪事务的人叫做"Agent",现在国际上发生了一个很大的变化,对于这一类人的称谓已经从"Agent"变成了"Manager"。换句话说,体育经纪人现在的真正含义是"体育经理人"。

体育经纪人是个职业要求较高的新兴行业,不是凭个人兴趣就能干好的。体育经纪活动涉及多种专业知识,如体育、经济、管理、法律、广告、营销、保险、旅游、公关、形象包装、理财和外语等方面,优秀经营者需要具备综合知识结构或身边团聚着拥有多种知识结构的顾问团。体育经纪人除了必须具备包括体育常识及与之相关的知识,更需要讲诚信、有耐心。相对于保险经纪、技术经纪、证券经纪而言,作为一名体育经纪人,在具备了必备的知识结构的同时,其能力结构也是重要的组成部分。除了智力因素以外,非智力因素对于一个人能否成为一个合格的体育经纪人也是至关重要的。有关专家和从业人员表示,如果在2008年奥运会之前能逐步提高体育经纪人的综合素质,不断改善其生存环境,中国的体育经纪人行业必将大有作为。

第一节　体育经纪人必须具备的条件

一、体育经纪人的知识结构和专业素养

体育经纪人的素质高低直接影响其行纪服务质量的高低。谁适合作体育经纪人? 有一个基本规律,体育经纪人无外乎从三种人当中挑选:第一是律师。在美国,律师出身而介入到体育行业中从事经纪活动的不乏其人。第二是搞体育的人。有体育背景的人,因为其对体育行业、对运动员非常了解,做体育经纪这方面的工作会有得天独厚的优势。第三种人就是学商业的。总而言之,作为活跃在体育领域的特殊经纪人,既懂体育,又懂一些法律,还懂一些商业知识的人作体育经纪人,是最理想的。具体来说,从事体育经纪业务活动的人员一般应具备以下五方面的知识。

(一) 经纪业务知识

这包括交割程序、经纪服务的项目及有关条件、经纪人的权利和义务等。

(二) 经济学知识

经济学知识是体育经纪人知识结构的重要组成部分,也是做好任何行业经纪人都必须掌握的基本知识。经济专业知识既包括基础理论知识,如政治

经济学、一般经济学、市场经济理论、人才学等,也包括实际应用知识,特别是市场营销学的有关知识,如市场观念、市场调研分析、目标市场、市场策略、产品与价格(佣金)策略、促销策略,以及更为实际的广告营销、电视转播权营销、赞助理论与方法等。市场学是研究市场规律的科学,体育经纪活动就是市场活动,所以从某种意义上说,体育经纪人的生存空间、活动场所、交易环境的统一舞台就是体育市场。不了解体育市场,他们就无法活动。因此,研究体育市场环境、供求规律、竞争形势、销售策略和体育市场的变化趋势对体育经纪人尤为重要。

随着体育改革的深化,一些群众喜闻乐见的运动项目,如足球、篮球、排球、乒乓球、围棋等都走上了职业化道路,人才、竞赛市场不断拓展,经济活动日益增多。由于这些领域的经济活动尚不够规范,如何在这种情况下运用好掌握的经济专业知识,也是对体育经纪人专业知识和实际能力的一种检验。

(三)体育知识

爱好体育,了解体育经纪市场是从事体育经纪的很重要的方面。体育知识包括熟悉体育的普遍规则,熟悉某个或某几个运动项目,如足球、篮球、田径等的发展历史、技术、规则、训练、比赛方法、该项目运动员的情况等。但一名成功的体育经纪人需要掌握的不仅仅是某一项或几项运动的专项知识,更需要了解的是所要从事的运动项目的当前发展情况和市场情况,以及对有关体育组织及其法规规定的熟悉。因此,体育经纪人应该熟知所经纪运动项目的技术特点、规格、水平、成绩、价格和社会影响等方面的知识;熟知体育产业与运动员经纪、赛事经纪等方面的知识;熟知所要从事的运动项目的当前发展情况和市场情况。业内人事关系熟也是做好体育经纪人的优势条件。

(四)法律知识

体育经纪人需要掌握的法律法规包括国家颁布的有关基本法规和体育行业的有关法规。国家颁布的有关法律法规包括中华人民共和国民法、税法、公司法、合同法、广告法、商标法、保险法、仲裁法,以及公司管理条例、企业法人登记管理条例、私营企业暂行条例、城乡个体工商户管理暂行条例、营业税暂行条例及其细则等。体育方面与经纪活动有关的法律法规包括国际和国内两部分。国际方面的法律法规主要是指国际体育组织出台的有关体育经纪人管理的规定,以及赛事推广、获取赞助等方面的规定。国内方面的法律法规主要是指这些年国家体育总局和有关项目管理中心陆续出台的体育赛事、运动员等方面的管理规定。

（五）辅助知识

辅助知识是在体育经纪活动中用到的基础知识和专业知识以外的其他知识。如网络知识、计算机知识，最好熟练掌握电脑及网络应用技能。由于体育经纪是一项国际性很强的业务活动，有语言的支持，可以更容易地拓展业务领域，使自己的交往和工作更为自如。因此熟练的英语听、说、读、写能力也非常重要。

体育经纪人合理的知识结构由基础知识（经纪业务知识、经济学知识）、专业知识（体育知识、法律知识）和辅助知识构成。具备以上三个领域的知识还不是最重要的，最重要的是在头脑中运用各种思维方式把这些知识包括某些领域的前沿知识整合起来，创造出新的结构。一个体育经纪人只有将这些知识整合成为符合体育发展规律的结构，才有可能开创一个好的运作模式。

目前，体育市场已由初起的区域市场发展到整个国家市场，乃至国际市场，经纪人应具备高深的专业知识、现代通讯操作技术、快速的信息处理能力、迅速阅读相关外文专业书籍、报刊的能力等。因而对经纪人文化水平和知识素养的要求也越来越高。体育经纪人必须有全面的知识储备，应该不断拓宽知识面，不断充实自己。可以说，每一个体育经纪人都在想方设法完善自己，以便获得更多的成功机会。朱建华曾深有体会地说："从事经纪人行业，不但要熟悉体育情况和业务，也要学好经济学、管理学，懂得经营管理，懂得市场规律。"

二、体育经纪人的各种能力和心理素质

经纪不仅是一门科学，更是一门艺术。要想成为一名合格的体育经纪人，除具备一定的文化知识和专业知识，掌握经纪活动的一般原理外，还应具有相应的各种能力和心理素质乃至技巧。

（一）体育经纪人应具备的技能素质

1. 公关能力。体育经纪人应该有强烈的公关意识，它是主动争取公众观念的反映。公共关系活动在体育经纪业务中具有举足轻重的地位，它比一般的企业要求更高，难度也更大。因为现代体育经济活动关系链复杂，人际关系、买卖双方关系、相关的组织关系以及各种业务关系，均需经纪人去组织、协调。较强的公关能力是体育经纪人的必备素质之一。因此，每个体育经纪人员应该既是经纪人又是公关工作者，有较强的公关活动能力及组织协调能力，具体地说，应注意以下四个方面：一是要有庄重大方的仪表风度；二是要具备良好的语言表达能力；三是要有一定的组织能力；四是要有良好的交际能力。只有这样，才能在纷繁复杂的市场中吸引客户，并为客户提供高质量的中介服务。而具有一定规模的体育经纪公司应设立公关部，有一支专业公关人员队伍，开展日常的公关活动。体育经纪人还需有敏捷的商业头脑和锐利的市场眼光,去把握广大消费者的心理偏好,有效进行中介服务。

2. 收集、分析和运用各种市场信息的能力。体育经纪人必须具有收集、分析和运用各种市场信息的能力。现代社会是一个信息社会,谁拥有信息谁就将拥有财富。体育经纪人从事中介服务所凭借的资本之一就是可靠的信息,在市场经济条件下从事体育经纪活动,信息的作用显得尤为突出,体育经纪人就是利用信息这一特点获取利润的,"信息就是金钱"甚至成为从业人员的座右铭。掌握信息的多少、获取信息的快慢以及信息质量的高低已成为决定经纪业务能否成功的关键。因此,一个出色的体育经纪人必须具备较强的信息意识,广泛收集、分析和运用各种市场信息,合理有效地作出判断,从而才能处理好各种市场问题。现代社会发展很快,各种新科学、新技术、新知识层出不穷,并很快以各种方式渗透在体育活动中。因此,体育经纪人不仅要了解体育市场的各种信息,还要广泛收集各种知识信息,如体育消费水平与趋势、国家经济政策、体育条例、法规等。只有各方面的知识、信息储备充足,方能面对瞬息万变的体育市场做出迅速准确的判断。同时,掌握不同居间中介方式的优缺点,运用双向沟通理论协调居间中介的各方利益,防止各种居间风险。要具有团队协作精神,善于沟通,能够承受较强的工作压力。

3. 语言表达能力和社交能力。体育经纪人必须具有很强的语言表达能力和社交能力,尤其在体育国际化趋势下,要求体育经纪人有很强的外语水平,特别是在口头表达方面。并且体育经纪人要善于与不同层次的人广交朋友,形成广泛的信息网络,为日后的活动打下良好的社会基础。

上述这几方面的能力,是体育经纪人的基本能力。在经纪实践中,体育经纪人应该充分展示他的说服力、亲和力、感召力和运筹力。这里所说的"说服力"实际就是"销售能力"。在当今中国,人们对于体育经纪的工作还了解不多的情况下,体育经纪人首先要把你的理念、你的服务"推销"给别人,让别人接受。亲和力是指在与人交往过程中,使对方对你产生真诚、信任、理解与交流的愿望,并乐意与你建立一种长期的关系,那样经纪人会觉得工作比较好做。感召力包括一个人的领袖风范、个人品格、决策能力、风度气质等,真正的经纪人应该参与并主持一个项目的策划与实施,直至最后产生一种新的运作模式。运筹能力是建立在对体育行业的认识基础上的,而且这是一种超前的认识,是对总体市场的一个把握,也就是通常所说的对市场机会的把握能力。一个出色的体育经纪人应该思维敏捷,分析和综合问题的速度要快,以便及时洞察体育市场的各种变化,并针对情况,采取相应对策。

（二）体育经纪人的心理素质

体育经纪人应具备良好的心理素质。体育经纪活动复杂繁琐,应对的情况千变万化,良好的心理素质是体育经纪人获取成功的重要保证。体育经纪人良好的心理素质主要在信心、决心、雄心、心境、心胸、心态等诸多方面。一个好的经纪人,应当自尊、自信、自重和豁达,善于控制自己的情绪;要不怕失败、坚忍不拔,对所有的事情充满热情,以一种积极的人生态度去感染周围的人;要积极进取,创新发展,不断提高体育经纪水平。从国外经纪业成功经验可以看出,经纪人心理素质的好坏决定着经纪活动是否可以成功。美国拳击经纪人——唐·金无疑是这方面的典范。有人这样评价他:唐·金胆大心细,颇具眼光,算得上是一个目光敏锐的心理学斗士。所以,经纪人应在日常行为中必须做到经常地自觉培养和锻炼心理素质。

可见,非智力因素对成为合格的经纪人也是十分重要的。非智力因素除心理状态、个性性格外,还包括阅历眼界、品质品格、价值观念、生活方式、信仰情操等。阅历眼界主要反映在对竞争的认识上,阅历深眼界宽,对竞争的理解就越透彻。品质品格讲的是责任。别人给你一个托付,你要尽一份责任。至于价值观念,指的是在进行商业运作时经常讲的一个非常重要的"附加值"理论,其含义就是所提供的产品、服务都能让客户觉得超值的满意。

三、体育经纪人的道德品质和行为准则

（一）体育经纪人的道德品质

体育经纪人的道德素质具体体现在遵守以下职业道德准则。

1. 诚实守信。诚实守信是社会主义市场经济条件下经营者应当具备的商业道德,这一点对体育经纪人尤为重要。由于体育经纪业务的特点是为市场交易双方提供服务,只有诚实守信才能赢得客户的信任,而赢得客户的信任也就赢得了业务。相反,失去了客户的信任也就失去了业务。体育经纪业务的特点决定经纪人的信誉对经纪业务的开展至关重要。良好的信誉是体育经纪人从事经纪业务的重要资产之一,是其事业发展的源泉和经营活动的立足之本。为此,体育经纪人必须以信为本,以信为重,公正、诚实、守信从事中介活动。在进行经纪活动时必须:

（1）一心为委托双方服务,待人热情主动、以诚相待、礼貌文明;时刻为客户着想,为客户创造方便;既要周到服务,又要有理有节。

（2）公正地对待客户各方,对委托双方一视同仁,公平中介,如实介绍情况,任何情况下,不能欺骗委托人;既要重友情,又不偏袒某一方。

（3）设身处地为当事人双方考虑,减少交易过程中的困难和麻烦,从而达成共识,尽快交易成功。对客户,信守合同,严格履约,随时注意维护商业信誉和自己的名誉。

（4）忠实于委托人的利益,恪守客户委托事项及其他有关商业秘密,事实求实地向客户介绍要了解的事项,不隐瞒、不夸大、不偏向、不决策,让客户选择和判断,绝对不能凭借隐瞒、欺骗、胡编乱造等手段,获取不义之财。特别重要的是,体育经纪人要终生为客户保密,即使解除了合同,也不得向外界透露当时谈判的内容和细节。

总之,体育经纪关系之所以得以延续,是基于双方的相互信任,双方的信任一旦消失,任何一方有权解除合同。因此,体育经纪人应全心全意为自己的委托人服务,在代理委托人事务时应尽经纪人的义务和必要的保密义务。但在某些情况下,体育经纪人又必须负有如实告知的义务,不允许其和委托人串通一气坑害第三人。如体育经纪人在代理运动员转会谈判时,应向第三人报告该运动员的技术特点和身体健康状况,特别是伤病情况,而不能隐匿或作虚假报告。若为之,体育经纪人和委托人要承担连带责任。

情节严重的,除了赔偿经济损失外,还可能被俱乐部送上法庭严惩。1996年,荷兰阿贾克斯俱乐部的经纪人在尼日利亚球星卡努转会国际米兰的过程中,未说出卡努有先天性心脏病的严重情节。幸好国际米兰俱乐部大度,才没有追究。但是该足球经纪人的信誉受到了严重影响。

由于足球经纪人这一职业收入甚丰,利润惊人,许多国家像意大利等,职业足联和审计部门、税务部门都对足球经纪人进行严格的审计和检查,一旦查处有违规的行为,就会对其严惩,决不姑息迁就。

2. 遵纪守法。体育经纪人必须正确处理好国家、客户和自己三者间的关系,维护各方面的根本利益,依法从事经纪活动,照章纳税。具体地说:

（1）合法经营。这包括几个重要环节的把握:熟悉有关商业活动的政策、制度和法规;通晓体育市场的中介业务知识、技能;具有一定人际关系能力和技巧;经过有关部门的考核合格,并取得合法证明和营业执照。

（2）收费合理。经纪人为当事人双方提供了服务,因此应收取一定的劳务费用。经纪人收取的费用通常包括佣金和成本。佣金（Commission）是指经纪人在完成经纪并促成交易后,由交易双方支付的劳动报酬。由于情况不尽相同,对于收费标准和办法无法统一规定,但其收费必须是合理的,应在当事人双方与经纪人之间协商解决。成本费用是经纪人从事中介活动所开支的费用。一般包括咨询费、差旅费、租借场地费等等。经纪人应以经纪成本为限,不能随意扩大或虚报成本,树立正确的义利观,努力做到非法收入一厘不取;而合法收入利润再多,则不仅不弃,还要积极地谋取。

(3)依章纳税。纳税意识是一个经纪人素质水平高低的重要标志之一,也是其行为规范化和合法化的具体表现,是其应承担的经济义务。在我国由于市场经济尚不发达,经济立法不完善,经纪人制度还不健全,公民纳税意识较差,逃税漏税现象难免发生。根据我国税法规定,经纪人或经纪机构应缴纳的税种主要有营业税、所得税和个人收入调节税等。

(4)依法办事。在目前我国经济法规体系不完备的情况下,专门针对经纪人及经纪活动的法规很少、很不完善。经纪人应以现有的法律、法规为准则,遵守如民法、经济合同法、交易法等法律、法规及有关的体育规章制度、转会条例等,从事经纪或中介活动。

3. 公平、公正服务。体育经纪人很重要的任务是为买卖双方服务,只有努力促成交易才能有自己的利益。因此,作为体育经纪人,在给自己定位的时候一定要讲忠诚程度,如果你服务于某一个单位或个人,一定要全心全意为他服务好。在工作中表现出公正服务的职业道德素质,是最起码的职业素质。

(二)体育经纪人的行为准则

体育经纪人的职责第二章已涉及,这里是从素质要求的角度提出若干准则。经纪人的行为准则,归纳地说,可以包括以下几个方面:

1. 廉价公道,为客户提供客观公正、准确高效的服务;

2. 签约和交易的实际情况如实、及时报告当事人;

3. 从业过程中妥善保管当事人的有关资料和物品;

4. 保守当事人的商业秘密;

5. 吸取佣金要开具发票,禁止私下交易;

6. 接受体育工商部门的监管。

明令禁止的行为包括:

1. 未经批准擅自从事体育经纪业务,或超范围经营;

2. 经营过程中,对当事人隐瞒重要事项;

3. 违反经纪人的有关规定,利用经纪人的有利地位,与当事人恶意串通,损害另一方当事人的利益,或者采取欺诈、胁迫等手段促成交易;

4. 收取和索要佣金以外的其他报酬。

体育产业是一个新兴的经济热点,具有巨大的市场潜力。体育经纪人对于开发体育服务产品、制定体育市场的营销战略,促进体育市场的合理有序、蓬勃发展起着十分重要的积极推动作用。随着我国市场经济的发展,体育市场将得到更大发展,体育经纪人将面临极大的机遇与挑战。抓住机遇,迎接挑战,体育经纪人必将有一个广阔的发展空间。

四、体育经纪人的技巧和策略

技能素质也是体育经纪人应具有的从业能力。一名成功的体育经纪人应当具有良好的社会交往能力、敏锐的商业头脑以及个人处理事务的能力。

（一）体育经纪人的谈判技巧

谈判技巧是体育经纪人的基本功。在经纪活动中,谈判是经常的事,例如,经营运动员经纪的人,为了共同的利益,通常要与大赛主办者、企业赞助商、电视新闻媒体等方面的商谈。业内人士认为,谈判不仅是一门技术,更是一门艺术与科学。体育经纪人的谈判技巧因内容而异,但一般有以下这些:

1. 知己知彼,掌握节奏;

2. 掌握主动,适时进退;

3. 适度沉默,求稳求妥;

4. 劝说比较,方式合理;

5. 有理有节,把握机遇。

（二）体育经纪人的谋略

谋略,是人们十分熟悉而又神秘的字眼。其实,谋略是一种思维方法,尤其在当代是一种在重大决策和行动中行之有效的思维方法。体育经纪人的谋略一般来说从两个主要方面进行考虑:一是如何使双方成交;二是在双方成交前、成交中和成交后不被双方甩掉,拿到属于自己的报酬,维护自己的正当权益。常用的具体谋略有:

1. 虚虚实实。这是指在谈判中,根据内容、时间、地点、人物以及自己的不同处境,或虚或实,让对方摸不准你的底细,不敢轻易地作最后摊牌。

2. 欲擒故纵。这是指摊牌时,故意显得漫不经心、成不成无所谓的样子,这样反而使对方不能端着架子,以抬高自己讨价还价的资本,从而获取最大的利益。

3. 营造气氛。这是指把客户的情绪置于好像生意已经谈妥的气氛之中,把握客户的情绪变化,一鼓作气,突破对方的防线,达到预期的目标。

4. 使用叫停。叫停是借用球类比赛的术语,也叫暂停。教练员通过这种方式,重新调整部署,布置兵力,改变战术,征求同事的意见。体育经纪人可根据情况运用这种方法。一般来说,叫停的方法有:预先安排客人登门拜访或在紧要关头电话插进来;上厕所或者身体不舒服是一个借口;请对方澄清立场;声称自己口渴或肚子饿,请求暂停一下;说自己手上缺乏有关材料和文件需要核实数据;有些情况不明需要请示委托的客户;声称自己没有最后决定权等等。

5. 逐渐让步。这一条必须把握好,因为谈判协议往往都是在双方让步中达成的。如果是平等的谈判,在条件允许范围内,可以通过一定的让步去进行。当然,让步时要考虑让步的速度、让步的负担、让步的目的、让步的内容是否关键等多方面因素。

供与求是市场经济规律的核心。但无论是供过于求还是供不应求都是对市场经济发展不利的。体育市场也是一种市场,体育经营者应面向市场。体育经纪人应根据市场需求,以商业的眼光投资各种经纪活动,从而创造价值,获得收益。不过,不是说每一种投资都可以从中获益的,这也与其他的经济投资一样,经纪人的信誉和人才、物力、财力水平都是与其生存和发展息息相关。因此,体育经纪人的策略与技巧没有固定不变的模式,他们在实践中的组合是灵活多变的。

总之,体育经纪是一项要求综合性知识和技能的行业。它既需要一般经纪活动必备的经济和法律方面的知识,也需要经纪人熟知体育知识,甚至最好有从事体育工作或活动的经历和背景,以利于从深层次了解委托人和合作方的需求,寻找更多商机。体育经纪人的职业特点对其职业素质的特殊要求归纳起来就是:合理的知识结构;较强的信息意识和对市场机会的把握能力;自觉的法律观念;诚实守信;具有公关能力;良好的心理素质。

体育经纪人的知识积累程度和职业素质的完备程度直接影响到体育经纪服务质量,关系到体育经纪人行业的整体素质,当然这一方面有赖于个人的积累和实践,另一方面也有赖于一个高效畅通的培训渠道。目前体育经纪业出现的种种问题,一部分原因在于从业人员的专业性不强,职业道德素质不高。专业性不强会出现体育经纪人面对复杂的市场环境,心有余而力不足的情况;而职业道德素质不高则会出现体育经纪人蓄意隐瞒欺骗委托人,损害委托人利益的情况。不管出现上述哪种情况,都会从不同程度上降低社会公众对体育经纪业的信任度,这对于尚在萌芽起步的我国体育经纪业而言是相当不利的。维护体育经纪业的整体形象,将使每一个个体从业者成为受益者,这应成为从业人员的共识,从而"慎其言,敏其行",共同提高体育经纪服务质量,赢得社会公众的信任,最终为体育经纪业的良性发展赢得良好的舆论环境。

第二节　规范经纪活动，提高整体素质

随着我国体育事业的不断发展，特别是体育的社会化与产业化的推进，规范体育商业运作已成当务之急。2000 年底，我国的首批正式体育经纪人在北京产生，市场有待更多的体育经纪人出现。体育经纪人职业会是未来几年内又一新型热门职业。

一、我国体育经纪人现状及特点

（一）我国体育经纪人发展环境和条件分析

我国经纪人的发展经历了一个比较曲折的过程。二十多年的发展道路经历了一个从打击限制，到探索发展，到逐步规范化的过程。中国体育经纪人发展道路之所以充满坎坷和艰辛。首先，我国体育经纪人的生存环境、大的体育氛围并不乐观。由于历史、传统、教育理念等原因，体育要想在中国成为主流文化比较难。一项调查显示，美国的大学生毕业以后想成为职业运动员的比例相当高，而在我国，即使有的孩子拥有体育的天赋，想成为职业运动员，由于家庭、学校、社会等外部环境的干扰，很难成功。其次，中国体育经纪活动的运作水平还很低下。体育经纪活动常涉及多种专业知识，如体育、经济、法律、广告、营销、公关等方面，优秀经营者需要具备综合知识结构或身边团聚着拥有多种知识结构的顾问团，由于市场起步较晚，短期的人员上岗培训时间有限，长期的专业人才培养还未见效（机会较少），且少有资本进入推动，因此体育经纪市场中优秀经营人才较为匮乏；同时目前的体育经纪机构大多规模较小，基本都没有建立起有效的营销队伍。稀缺的经营人才、弱小的营销队伍，直接导致体育经纪活动的策划、包装、运作水平低下，并难以发挥应有的作用。另外整个队伍还未建立起一定的信誉基础，难以让体育组织放心授权，因此也影响了体育经纪业务的拓展。此外，体育经纪人管理制度不健全也是主要问题之一。目前对体育经纪人还未实行全国统一管理，各地的相关管理还不很完善，没有建立起体育经纪人协会这样的自律组织，这使得无论是在规范体育经纪人的行为方面，还是在保护体育经纪人的利益方面，都难以有法可依。

（二）我国体育经纪人的数量及存在的主要形式

我国体育经纪人的数量不多，主要集中在北京、上海、广州等经济比较发达、体育市场行情较好的几个大城市。在对客户群体进行的有关所接触的体育经纪类型的调查中发现,我国体育经纪人的组织形式多为广告公司,其次为攻关公司,接下来按顺序依次为文化传播公司、咨询公司、体育经纪公司和个体体育经纪人。由以上的资料可说明,我国现阶段专业的体育经纪人较少,大部分为兼营体育经纪业务的广告公司和攻关公司。就国外的体育经纪市场而言,存在最多的是专业的体育经纪公司,其次是攻关公司,接下来是广告公司、文化传播公司、咨询公司。由此对比可看出,由于我国的体育经纪业起步较晚,整个市场相对混乱,体育经纪事务的市场开发依然肤浅,仅仅依靠体育经纪生存的组织形式会因为业务量的不够而存在一定的风险,因此目前存在多种类型的组织形式和其他类型组织形式业务量较大的现象。就单纯的体育经纪人组织形式来看,公司法人是我国体育经纪人的主要组织形式,个体经纪人的组织形式次之,合伙经纪人的组织形式相对较少。而公司法人性质的体育经纪人组织形式绝大部分是由国有经济或集体经济投资设立的,如北京市老队员体育经纪有限责任公司、中体经纪公司、北京星运赛事体育经纪有限公司等。相对于个体体育经纪人和合伙体育经纪人而言,公司性质的体育经纪人从竞争实力、人力资源等方面都要更胜一筹。

目前我国体育经纪人按不同的标准分类主要有以下几种存在方式:一是以组织形式存在的体育个体经济人和体育经纪公司以及一批兼营机构;二是以职业特征存在的专营体育经纪人和兼营体育经纪人;三是以客户性质存在的运动员经纪人、体育组织经纪人和体育竞赛经纪人等。

(三)我国体育经纪人的业务内容

目前我国体育经纪人的经营业务主要有以下几个方面:一是体育竞技表演业的筹划咨询与代理;二是运动员的转会及其他运动员事宜的办理;三是体育广告的策划与代理;四是体育赞助电视转播的代理等。

(四)我国体育经纪人的素质与分布

根据调查,我国体育经纪人目前绝大多数是体育工作者或以前从事体育工作的人,文化程度基本在本科(含)以下,对有关经济和法律知识的掌握程度相对较高,但具体操作上不太熟练,他们基本分布在经济发达地区和体育产业较为活跃的地区,特别是北京、上海和广东。

必须承认,目前我国体育经纪业的发展还存在很多问题。例如大多数的公司以体育经纪为兼营业务,经营范围过于杂乱;体育经纪人还缺乏专门的经纪知识与技巧;体育经纪人的培训还无统一规范的渠道。究其原因,这些问题无不与我国现行的体育体制有很大的关联。加之体育市场的不够成熟,市场体系尚未健全,体育要素市场没有完全放开,使得体育经纪人的活动受到限制,尤其在体育体制改革中出现的不同程度的行业垄断、项目垄断,造成体育市场各主体竞争外部环境的不公平,都抑制了我国体育经纪人的发展和发挥积极性的作用。

二、体育经纪人的规范服务

体育经纪人的出现,能够有效地解决很多难题,找到体育与商业的最佳结合点。我国的体育经纪人虽然出现较晚,但毕竟已产生。相应的管理制度的建立,既可以提高体育经纪人的整体素质,又可以规范其经营行为,防止欺诈、恶性竞争等情况的发生。随着经纪人队伍的日益壮大,依法规范经纪业,加强对经纪人的监管,已刻不容缓。组织管理经纪人和中介组织,是工商行政管理机关的基本职能之一。国家工商行政管理局于1995年制定公布了《经纪人管理办法》,这是我国第一部规范经纪人活动的行政规章。国家体育行政管理部门和国家工商行政管理部门又共同制定了《体育经纪人管理办法》,对体育经纪人的发展和监管已有法可依,有章可循。第一,要严格把好准入关,即把好经纪从业人员资格认定关。国家赋予工商部门实行的对经纪从业人员资格的认定工作,包括对从业人员的身份审查和相关法律及业务知识的培训、考核,颁发《经纪资格证书》等内容。它代表了国家承认的经纪从业人员应具备的最低标准和法律条件。需要强调的是,并不是参加了培训都能拿到这张"证"的,必须认真学习,达到与其相应的水平,考试过关,才能取得资格。第二,把好注册登记关。第三,把好监管关。工商部门对持有经纪资格证书的人员实行从业记录制度,加强其档案管理,以便于查询和监管。对持有经纪资格证书者连续两年未进行从业记录的,将由工商部门吊销其经纪资格证书。

（一）实行许可证制度

许可证制度是促使体育经纪人依法办事的一个重要手段。体育经纪人资格认证制度,主要有以下几个环节。

1. 从事体育经纪的专业人员必须取得体育经纪证书。申请取得体育经纪资格的人员应具备以下条件:具有完全民事行为能力;有固定的住所;具有大专(含)以上文化程度;申请体育经纪资格之前连续三年没有犯罪和经济违法行为;掌握国家有关法律法规和政策,具有从事体育经纪活动所需要的基本技能和一定的体育专业知识。

所在市工商局和市体委对申请取得体育经纪资格的人员统一进行法律法规知识、体育专业知识的培训和考核。对经考核合格者共同颁发《体育经纪资格证书》。并对《体育经纪资格证书》实行年度审验制度。年审时间为:每年12月1日至次年1月31日。年审的内容:一是对持证而未有从业单位的人员,审验

《证书》有效期限；有无犯罪行为。对有犯罪行为人员的证书和过期证书予以收回。二是对持证有从业单位的人员，审验《证书》有效期限；从业记录情况；有无犯罪行为。对期满证书予以换发；对有犯罪行为人员的证书予以收回。三是对体育经纪组织的持证人数进行审核。四是在《体育经纪资格证书》中填写从业记录。

许多体育组织和经纪人联合会在举行经纪资格考试前，要组织申请人进行相应的培训。比利时、西班牙、德国等欧洲国家都有培养体育经纪人的高等院校，法国的贝尔纳大学和荷兰的欧洲体育管理学院还设立了专门的体育经纪人专业，课程设置分基础课程、学位课程和实践操作三个层次，十分规范。

另外，从事球员转会的经纪人还需具备以下条件：转会经纪人员对体育项目应有相当深入的了解，最好本人具备这个项目的运动经历。经纪人要对自己所代理的球员的技术特点有深刻的洞察和准确的预测，成功地为自己所代理的球员寻找到适合其特点、有利于发挥其水平的俱乐部。当然，从事转会中介的经纪人还要尽量了解买卖双方俱乐部或球队各方面的情况，这些都是促成球员转会成功的先决条件。

2. 成立体育经纪机构。体育经济机构有个体、合伙和公司。个体就是城乡个体工商户以自己的名义从事体育经纪活动，以个人的或者家庭的全部财产承担无限责任；体育经纪事务所是由两个以上的合伙人共同投资、共同经营、共享收益、共担风险，对企业债务承担连带的无限责任；公司主要指的是有限责任公司。个人独资的经纪机构将来可能成为一种形态，它以自己的财产对企业的债务承担风险。目前，我国的经纪机构主要的形态有：独资、个人独资、合伙和公司。经纪机构就是由一定数量获得体育经纪资格证书的人员，经过法定程序注册登记并从业的经纪实体。

持有《体育经纪资格证书》的人员，必须在某一体育经纪事务所、体育经纪公司、兼营体育经纪公司从业，以该单位的名义开展经纪活动，不得以个人的名义开展经纪活动。持有《体育经纪资格证书》的人员，不得同时在两个或两个以上体育经纪事务所、体育经纪公司、兼营体育经纪公司从事经纪活动。专门从事体育经纪业务的组织，必须有四名（含）以上取得《体育经纪资格证书》的专职人员。兼营体育经纪业务的组织，必须有两名（含）以上取得《体育经纪资格证书》的专职人员。体育经纪组织设立的其他条件，依据《公司法》、国家工商行政管理局《经纪人管理办法》的规定。体育经纪事务所、体育经纪公司、兼营体育经纪公司的登记手续，由市工商局办理，并在领取营业执照后 15 日内到相应的体育行政管理部门备案。对体育经纪人、体育经纪活动的日常监管，实行属地管辖原则,由所在区县体委和工商分局协同进行。

在我国,由于体育经纪人产生较晚,各项法规制度体系并不健全,缺乏对体育经纪人的有效的监督与管理。在体育市场发育不完善的今天,尽管我国开始对体育经纪人进行了教育培训和任职资格的认定,但从某种程度上讲,他们的素质仍存在着良莠不齐的状况,主要表现在对各种法律法规的掌握和运用程度及经纪行为表现等方面。由于我国体育经纪人的整体素质不高,没有造就良好的市场声誉,相对制约了它的发展。

（二）实行信誉考评制度

建立体育经纪人信誉考评制度,制定权利和义务、责任与利益相制衡的约束机制,并定期进行检查、考评。这样,既可以防范化解各种经济风险,又可以提高体育经纪人自我控制、自我约束和自我管理的能力。

（三）加强宏观管理

经纪行业是委托人与第三人之间从事中介活动的一手托两家式的经济活动,这一经纪活动行为如不依法规范地进行,势必造成秩序的混乱。针对目前体育经纪人发展中存在的问题,我们的出发点首先是扶持经纪人,然后规范经纪人的管理。

1. 体育经纪人的管理原则。

（1）符合中国国情又要参照国际惯例。比如说足球,国际足联对经纪人有一系列规定,但是在我国首先要符合我国的利益和我国的法律,这是不能讨价还价的。但是有一些东西有道理,技术上可以借鉴,我们是要吸收进来的,就是说是可以协调的。

（2）既要国家统一立法又要体现体育特色。现在国家工商行政管理局有一些经纪人管理的法规,是针对普通经纪人的,但是体育经纪人管理办法要多一些体现体育的东西。

（3）政府管理和行业自律管理相结合。将来经纪人队伍相对壮大、条件成熟的时候,要适时成立体育经纪人协会,由协会加强自律管理,政府主要是依法管理,对一些具体事务不过多介入。

（4）全面推进和重点扶持相结合。试点目前已经完成了,应该说出台全国统一的体育经纪人管理办法,进行统一管理,不会有太大问题。

2. 体育经纪人管理的目的。

（1）规范市场,保护竞争。目前我国的体育经纪活动中,很多球员转会和赛事活动经纪人,处于一种自发、地下的状态,有些国外的经纪人（有的也不见得是经纪人）在我国境内从事非法交易,没有履行任何法律程序,造成了市场的混乱。制定体育经纪人管理办法，保护公开的、正当的竞争，规范体育市场是非常有必要的。而且通过培训和考核合格的经纪人应该说都是了解市场和法律的经纪人，他们依靠自己的专业素质会给体育经纪市场带来一些新的东西，使体育经纪市场在比较规范的环境中去运作。

（2）促进分工，提高效益。目前体育管理存在许多政企不分、政事不分的情况，一些体育组织既有行政职能、自己又在运作经济活动，前店后厂，自产自销，表面上看，肥水不流外人田，却很不利于提高整体效益。让体育管理者去做生意、搞经济活动，非其所长，力不从心。有些单位成立了自身的经营开发机构，专门做本单位的经营开发，但由于其隶属关系，它也不能完全从企业的角度、从市场的规律出发来进行运作。有些单位办起了公司，无论是从注册资本还是登记手续上看，它都是名正言顺的，是合法的公司，但从公司自负盈亏、自担风险、自主经营、自我约束的特点看，它并不纯粹，它完全仰仗行业管理部门生存，或高枕无忧，或勉强为继，没有市场风险，也缺乏自我发展的可能。经纪人以一种独立的姿态进入体育经营活动，应当在促进分工、提高效益方面发挥积极作用。

（3）推动改革，转变职能。这个推动是双向的。经纪人的介入依赖于我们体育改革的推进；其次它也可以推进体育体制改革。经纪人利用自己的力量，把自己的观念渗透到行政管理工作当中去，这种力量是不能忽视的。

（4）面向市场，满足大众。经营者要面向大众，面向市场，而只有面向市场才能面向大众，市场是平民百姓的市场，从这个角度来讲，以商业的眼光来运作体育，去发展体育，与为人民服务并不违背，同样能很好地为人民服务。通过商业运作盈利的目的和满足群众的需求是不谋而合的。

可见，体育经纪人的出现不仅仅是一种单纯的经济现象，还是政府部门改变职能、市场经济走向成熟的重要标志。市场经济是商品经济发展到一定阶段的经济形式，与自然经济、商品经济相比，它呈现出了各种不同的特点。它不仅仅是一种自主性经济、商业性经济、开放性经济，更是一种代理性经济、规范性经济。代理性对于市场经济至关重要，对于体育经济同样如此，因为体育资产最具价值的还是无形资产。开发无形资产、充分利用无形资产要靠中介机构来完成，以实现资源的优化配置，提高资本使用效率，才能打破在社会经济生活中存在的财产权利和财产管理能力不平衡的"权能结构"。实现这种功能的前提是要规范体育经纪市场，使中介按市场经济规律办事。

三、国外体育经纪人的管理制度和内容

（一）美国体育经纪人的特点和作用

美国和欧洲是体育经纪人产生比较早的国家,也是当今体育经纪活动最发达的两个地区,尤其以美国最为典型。美国的体育经纪人即职业体育经纪人,大约在20世纪20年代就已经出现了,美国体育经纪人以运动员自由转会制度为起点,随体育职业化、商业化、市场化而发展,是繁荣美国体育产业的催化剂。美国体育经纪人制度日臻完善,到现在为止已形成一套以法规条例为核心的比较完整的管理体制和科学有序的运作方式和运作体制。其特点主要有:

1. 多样化。在现代市场竞争的条件下,随着美国体育产业化、社会化、职业化、商业化的发展,美国体育经纪人为生存和发展、为适应新的市场需求,在许多方面呈现出多样化的特点。从经营范围上看,有谈判、咨询、研究、服务、电视、赞助、推广等;从服务对象上看,有运动员、体育组织、体育比赛主办者、生产企业、商业公司等;从组织形式上看,小到个体、合伙,大到公司、集团等。

2. 国际化。美国体育经纪人在立足本国体育市场的同时,已经将触角伸及其他国家和地区,表现出显著的国际化特点。从小范围、独立行事的个体经纪人到大规模、集团作业的经纪公司,无一不努力向国外拓展业务,竞相与国外优秀运动员、体育组织、体育比赛主办者及一些著名生产企业联系订约。他们以丰富的实践经验和积极的开拓精神在本土之外不断建立新的市场,在世界体育经纪活动中占据了主导地位。

3. 规范化。由于体育经纪人在美国产生得比较早,而且美国又是世界上法制最健全的国家,美国体育经纪人的活动具有明显的规范化特点。美国现已形成以有关法律法规为核心的体育经纪人管理监督体制。美国体育经纪人在这样一种法制化经营环境和公平合理的经济秩序中,大多能守法经营,通过规范的经纪活动获取应得利益。

美国体育经纪人在繁荣本国体育事业中起到了非常积极的作用。从宏观上看,他们在流通领域促进了体育生产和消费,加速了体育竞技价值向商业价值的转变及业余体育向职业体育的转变,使美国的体育市场空前繁荣,体育产业兴旺发达。从微观上看,体育经纪人以其特有的协调、组织、管理和投资功能,为运动员、体育组织、体育比赛主办者等提供全方位的服务,使运动员在充分发挥运动潜力,保持较高运动水平的同时获得相当的经济收入;使体育组织的特殊标志得到推广;使体育比赛主办者获得充足的赛事经费。同时,体育经纪人以其敏锐的市场眼光和高超的营销技巧,使体育运动花样翻新,高潮不断,最大限度地

满足了不同层次、不同爱好、需求各异的体育消费者,在一定程度上改变了美国人民的消费观念和消费结构,充分拓展了大众对体育运动的消费需求。虽然美国体育经纪人对体育的无形资源和有形资源都进行了充分的挖掘和利用,在很大程度上推进了美国体育产业的发展,但由于过分追求商业利益,越权现象日趋严重,甚至出现经纪公司操纵比赛,经纪人控制运动员的现象。此类事件严重扰乱了体育市场的秩序,还有损体育经纪人的社会形象。

（二）促进体育经纪人大发展的五大因素

美国的第一位体育经纪人出现于 1925 年,他就是戏剧推销商 C·C·帕莱,但在其后的几十年里,体育经纪人并没有得到很大发展,直到 20 世纪 50 年代这种状况才有所改变。1977 年美国体育产业的方方面面开始意识到经纪人对职业体育所起的作用。美国学者索伯尔指出体育经纪人的发展需要五大因素,分别是保留条款的废除、职业联盟之间竞争的加剧、球员工会的成立、对体育经纪人的市场需求以及体育的商业化。

1. 保留条款的废除。保留条款的废除使球员得到解放,能够自主地选择中意的俱乐部,并为之效力。在职业体育联盟建立的初期,为了保持职业运动员的相对稳定,美国联邦最高法院作出了一系列有利于职业体育联盟的决定。1922 年,美国最高法院在全国联盟和联邦棒球的案件中,裁定职业棒球运动不受反垄断法的限制,即给予所谓的"反垄断法豁免"。裁定书认为棒球可能是一种商业活动,但并不参与州际间的商业运作,因此不在谢尔曼反垄断法的管辖范围之内。这么一来,其他职业体育项目也按这一原则进行处理。自 1870 年以来,球员合同中就含有保留条款,即不管是否有合同,运动员始终是俱乐部的财产,而各俱乐部之间也达成"君子协议"——保证不向列入保留球员名单的球员提供"跳槽"机会。由于上述司法决定和保留条款的限制,完全由职业体育联盟决定运动员的分配和流动,从而垄断了球员转会市场,使得职业运动员成为体育联盟的财产,不能从自己所属的球队自由到转会到另一支球队。运动员可以被出售,也可以用来交换其他球员。1946 年,美国棒球协会曾取消了 18 名运动员的比赛资格,因为他们未经球队同意就"跳槽"墨西哥棒球协会打球。1951 年又相继出现了八起类似的官司,美国职业棒球联盟一直游说国会,希望国会通过"棒球运动反垄断豁免"的立法,但国会最终没有接受这一立法建议。而联邦最高法院于 1953 年公开表示支持棒球运动免受反垄断法的管辖,1972 年又再次重申这一立场。虽然美国也成立了运动员工会,但职业体育联盟对工会采取分化措施,运动员工会的作用远远比不上俱乐部之间的争议,仲裁官认为,两人已经过了保留条款的期限,完全可以自由地与联盟中任何俱乐部谈判。由此,保留条款被废除了,运动员开始享有自由转会的权利了。随后,球员工资开始迅速提高,开始需要体育经纪人为其谈判雇佣及转会合同。各俱乐部为争取好的比赛成绩,纷纷招兵买马。他们为吸引优秀运动员加盟,放宽政策给运动员更大的谈判权力和更优厚的条件,使体育经纪人的服务对象和服务领域进一步扩展。

2. 职业联盟之间竞争的加剧。美国是最早建立和完善职业体育联盟体制的国家。所谓联盟体制,就是职业队的业主们为追求利益最大化,把经营权委托给一些专家,让他们代表自己的利益来对联盟进行经营和管理的一种制度。它的实质是通过垄断经营来获取最大利益,所以美国商界一直把体育联盟称为"体育卡特尔"。20世纪60年代美国出现了一批富有竞争性的新兴联盟,成为促进体育经纪人大发展的第二个因素。这些新兴联盟主要有1982—1986年的美国橄榄球联盟(AFL)、1967—1976年的美国篮球联盟(ABL)、1972—1978年的世界冰球联盟(WHL)和1982—1986年美利坚橄榄球联盟(USFL)。虽然这些联盟如同昙花一现,生存的时间都比较短暂,最终都被合并或解散了。但在出现之初,他们向球员提供高薪以吸引他们跳槽,结果跳槽的球员工资增加了,而老牌联盟也不得不同时增加球员工资以免他们再被"挖"走。体育经纪人借此机会帮助新兴联盟寻找感兴趣的球员,在球员的薪资谈判中发挥了至关重要的作用。

3. 球员工会的成立。棒球联盟运动员工会率先于1954年成立,先于其他几个职业运动项目(篮球联盟运动员工会于当年晚些时候成立;NFL和NHL分别于2年、3年后成立)。棒球运动员工会首先争取到了劳工仲裁的权利,该仲裁具有最终效力,并对劳资双方具有约束力。1975年棒球球员通过运动员工会的仲裁决定取得了由经纪人代理的权利。球员工会制定条例对本项目的体育经纪人进行管理,两者虽然都是运动员利益的代表,但仍存在差异:运动员工会是运动员集体利益的代表,而经纪人代表的只是某一位球员的个人利益。球员工会通过与联盟董事会的谈判,确定球员的最低工资,而经纪人则通过谈判确定球员高出最低工资的那一部分。球员工会与经纪人有时需要互相合作,共同维护球员利益,当然有时也会产生利益冲突。

4. 对体育经纪人的市场需求。对于运动员而言,需要有人帮助他们在有限时间内发挥体育潜能,利用知名度获取最大利益及为他们规划退役后的生活;对于体育组织而言,需要有人为他们的比赛寻求赞助,利用其特殊标志获取各方面的收益及最大限度地开发该组织的市场;对于体育投资者和赞助商而言,需要有人为他们联系合适的投资对象及最大限度地回收赞助效益。由于自身能力和精力的限制,这些市场主体不得不借助外力来满足这些需求,因此雇佣体育经纪人成为既省力又省钱的有效途径。

5. 体育的商业化。以电视为主体的大众传媒将体育比赛送入千家万户,使观众人数迅速上升。同时,体育对观众的吸引又使各大电视机构不惜以高价购买体育比赛的转播权,从而加速了体育商业化的进程,使体育经纪人拥有更多的商业开发机会。随着运动员及体育组织的影响力和知名度空前提高,投资商和赞助商纷至沓来,或在体育比赛中占据广告和赞助之席,或与运动员签订产品代言合同,或为体育组织慷慨投资。体育就像一块巨大的磁铁,使各种人群对它产生兴趣,体育市场主体日益广泛,给体育经纪人提供越来越多的中介机会。发展至今,体育经纪人已成为国际体育界缺之不可和令人羡慕的职业。

体育经纪人的产生是体育职业化、市场化的结果。由此出发,中国体育经纪人的未来前景取决于几个重要因素,首先,取决于体育改革的进程和市场发育的程度;其次,将面临各方面的挑战,包括体制方面的挑战。另外还有国内外一些大公司的挑战。我国经纪业刚刚开始就已经落在国外大公司后面了,国外大公司利用自己的市场、资金、品牌优势已经进入了中国的市场。在这种情况下,怎样面对这样的挑战,取决于国内经纪人、国内经纪机构自身的素质。随着市场体制的不断完善和体育改革的不断深入,中国的经纪人在将来会有一个广阔的前景。当然这个时间不可能是一两年,可能是三五年或更长的时间。

第三节　国外体育经纪人示范

尽管"体育经纪人"这一职业在国内尚处萌芽阶段,其实它由来已久。"体育经纪人"最早在美国产生并得到迅速发展。

一、美国拳击经纪人——唐·金

唐·金先生是当今全球最成功最有影响的职业拳击推广人。到目前为止他已在全球成功地推广了 500 余场拳王争霸赛,其中包括阿里、福尔曼、泰森、霍利菲尔德及鲁伊兹等世界著名的拳王。据报道,他目前的家产为 5 亿多美元。多年来,由于他在职业拳击推广及反对种族歧视等方面的卓越贡献,他不仅多次荣获国际各个拳击组织"年度推广人"和"终身荣誉奖",而且先后受到蒙伯托、乔治·布什、纳尔逊·曼德拉、克林顿等国家元首的接见。

他先后作过下列世界著名选手的推广人:默哈穆德·阿里、琼·弗雷泽、乔治·福尔曼、拉瑞·霍姆斯、迈克·泰森、苏格·雷·莱昂纳多、罗伯特·杜兰、德里奥·塞萨尔·切瓦兹、伊万德·霍利菲尔德和菲利克斯·特立尼达德。

他推广了近 500 场世界拳王争霸赛，近 100 位个体拳手从唐·金产业公司推广的拳赛中挣到 100 万美元以上。唐·金产业公司拥有下列荣誉纪录，即在历史上 10 场最多付费电视用户收看的比赛中，7 场是该公司所推广的，包括用户最多的 4 场：

（1）1997 年 6 月霍利菲尔德—泰森 195 万用户；

（2）1996 年 11 月泰森—霍利菲尔德 160 万用户；

（3）1995 年 8 月泰森—麦克尼利 158 万用户；

（4）1996 年 3 月布鲁诺—泰森 140 万用户。

唐·金产业公司拥有下列荣誉，即推广或协助推广了内华达州历史上电视转播毛利最高的 20 场拳赛中的 12 场，包括排名最前的 6 场：

（1）霍利菲尔德—刘易斯（第 Th 场拳赛），付费观众：17 078 人，毛利 1 686 万美元，时间：1999 年 11 月 13 日（这也是世界拳击史上最高的毛利纪录）；

（2）霍利菲尔德—泰森（第 H 场决战），付费观众 16 279 人，毛利 1 427.7 万美元，时间：1997 年 6 月 28 日；

（3）霍利菲尔德—泰森（第一场决战），付费观众 16 103 人，毛利 145 万美元，时间：1996 年 11 月 9 日；

（4）泰森—麦克尼利，付费观众 16 113 人，毛利 1 139.65 万美元，时间：1995 年 8 月 19 日；

（5）德·拉·霍亚—特立尼达德，付费观众 11 184 人，毛利 1 294.9 万美元，时间：1999 年 9 月 18 日；

（6）泰森—布鲁诺（第 3 场），付费观众 16 143 人，毛利 1 067.3 万美元，时间：1996 年 3 月 16 日。

唐·金经办了美国职业拳击史上最伟大的比赛，他在美国拳击界和新闻界是一位大亨级的人物；他又是一位国际上知名度很高的人，他能够在菲律宾、日本等国组织拳王争霸赛，充分证明了他的市场价值有多大、国际关系有多深。

唐·金是世界上最成功的体育推广人之一，但又是一位颇具争议的人物。有人称他为"老狐狸"、"吸血鬼"，通过控制最著名的拳手，在比赛中渔利。但一切指责，都被他用法律手段一一化解。

其实，唐·金是依靠个人奋斗取得成功的"典型"。他生于 1931 年，在七个兄弟姊妹中排行老五，父亲早亡，母亲带着他们卖花生米、自制烤饼谋生。1966 年，唐·金失手杀人被判刑，坐了 3 年零 11 个月大牢。出狱后，他说服了素不相识的拳坛巨星阿里，参加了一家专为黑人服务的医院募捐的社区拳击比赛，并从此开始了他的拳击推广生涯。

有人说："唐·金只要有两个拳手和一个拳台,就能吸引全世界的眼球"。当被人问及"如何成为一名好的体育经纪人"时,唐·金的回答是:"爱护别人,要乐于与人相处。"唐·金非常了解他的拳手,他会在运动员因成功而飘飘然的时候,予以适当提醒;而在运动员陷入低潮时,他又会调动自己全部的激情鼓励运动员。即便在面对运动员的抱怨时,他仍坚持"永远不要把个人的不良情绪带给运动员"。

唐·金获得了巨大的成功。从个人素养的角度分析,我们可以归纳出以下几条。一是他有聪明的头脑,而且善于学习。他曾先后到过美国好几所名牌大学讲课,从中也学到了不少理论知识。二是他的应变能力,而且有一套对付人的、多种多样的办法。有人说,唐·金是一条变色龙,有时善言规劝,有时高声恫吓,有时风度翩翩,有时暴怒无常。不过目标只有一个,让你屈从他的想法。三是他的工作干劲,而且永不认输。与唐·金打了十几年交道的亚伯约翰说:"唐·金睡着的时候也是一头狮子,他工作努力的程度超过任何人。他最伟大的资本就是人们低估了他,他恰恰利用了这一点战胜了很多对手。"唐·金自己坦言:从事拳击经纪人活动已成为我的爱好和使命,我要一直干下去,矢志不渝。这三点,既是唐·金品行、素质的反映,也值得中国体育经纪人学习。

二、国际管理集团

美国最大的体育经纪公司有三家:它们是国际管理集团、帕罗梭夫公司和国际优势公司。在这三家公司中规模最大、影响最大、效益最好的是国际管理集团。该公司因为代理经营我国的甲 A 足球联赛和甲 A 全国篮球联赛而被中国人所熟悉。所以,谈体育经纪就不能不提到国际管理集团。

国际管理集团是由美国人马克·H·麦考梅斯创办的。20 世纪 60 年代他在克利夫兰以 500 美元注册了一家名叫国际管理集团的体育经纪人公司,为当时的体育明星帕尔默、普莱尔、尼克劳斯作代理。经过三十多年的艰苦创业,国际管理集团目前已经成为一个能够开展各种经营业务的大型跨国集团公司。

国际管理集团全球战略的实施计划是相当原始的,它先与各国最好的运动员签约,然后利用这些雇员,去打开他们各自国家的大门。这方面做得比较出色的运动员有苏格兰的杰凯·斯图瓦尔特、南非的加里·普赖伊尔、英国的托尼·杰克林、法国的让—可劳德·凯利和瑞典的博格,他们都使国际管理集团在各自的国家站稳了脚跟。国际管理集团代理过的著名运动员已超过千名,几乎包括各代著名的体育明星。

控制了大批优秀运动员后,国际管理集团开始谋求成为有重要影响比赛的经纪人。1968 年,国际管理集团成为温布尔登高尔夫球赛的代理人。随后美国高尔夫球公开赛和英国高尔夫球公开赛的经纪权也落到了国际管理集团手里。再后来,全球所有的高尔夫球比赛都成了国际管理集团的囊中之物。同时,国际管理集团还把自己的触角伸向网球,意大利网球公开赛、澳大利亚网球公开赛、美国网球公开赛及欧洲 PGA 巡回赛,都先后由国际管理集团经纪。国际管理团的电视业务遍布全球。它的全球国际传播公司代理着奥运会、世界杯足球赛和欧洲杯花样滑冰锦标赛、全美橄榄球联赛、全世界所有重要的网球和高尔夫球比赛的电视转播权。国际管理集团的市场顾问部门受聘于全世界 50 家以上的大公司,同时它也为成百上千个企业的高级主管提供个人的财务规划和管理服务,此外,国际管理集团还拥有三个模特经纪公司。

近年来,国际管理集团还成为一些古典音乐家和歌唱家的经纪人,如伊泽克·佩尔蒙、詹姆斯·加尔韦和内维尔·马瑞纳等。国际管理集团发起并管理各种体育文化艺术活动,从温特沃斯的丰田杯世界高尔夫球比赛到新加坡的约瑟·卡瑞斯音乐会,从底特律摩托车大赛到悉尼的耶稣基督超级明星演唱会,再到阿联酋迪拜的台球大赛,无不闪现着国际管理集团的身影。

正是 30 年前国际管理集团创始人马克·H·麦考梅斯与一名年青高尔夫球手阿诺·帕尔默简单握手,开拓了体育运动的管理和营销事业。如今,国际管理集团在全球拥有超过 60 个办事处,2 000 多名雇员,无疑称得上是业内世界之首。

国际管理集团始终坚持"为客户获取更多利益"的宗旨。由于上好的信誉和专业的服务,该集团的客户群体不断扩大,客户种类不断增加,有:

1. 公司客户;
2. 商标营销客户;
3. 金融策划客户;
4. 团体与机构客户;
5. 娱乐产业客户;
6. 电视客户。

目前,国际管理集团对中国体育赞助和赛事营销的分析是:

1. 对中国体育历史和现实进行考察,尤其是一些重大的体育事件;
2. 中国体育赞助和营销的发展过程;
3. 对赞助中国体育赛事优势的分析;
4. 在中国选择合适赛事进行赞助的标准;

5. 在中国取得赞助赛事的公式：推广＋娱乐＋广告＋交流。

三、英国最有权势的五大经纪公司

（一）SFX 体育集团

有 7 位经纪人，其中包括著名的赫尔梅斯，有 72 位被代理的球员，包括贝克汉姆、欧文、希勒等大腕。公司的创始人是斯蒂芬，他的第一位客户是布拉特。1998 年他与赫尔梅斯的公司合并，后来又被美国的 SFX 集团收购。

（二）体育娱乐与传媒集团

有 3 位经纪人，其中的知名人士有安德森和西加，有 129 位球员，包括亨利、维埃拉及斯蒂芬·卡尔。

（三）第一艺术家公司

有 4 位经纪人，其中以乔·史密斯和莫尔·史密斯兄弟最有名，手中握有 375 位球员，包括菲利普斯、加扎。史密斯兄弟 1986 年开始创业，那时他们为英国队的戈尔巴切夫及特雷萨服务，去年又合并了意大利的 FIMO 公司。

（四）心理前提公司

有两位经纪人，斯崔德福德和斯坦格，手中握手 328 名球员，最有名的是安迪·科尔和舒梅尔。斯崔德福德 1987 年创建公司，目前在全球拥有 10 个工作室，他第一个客户是斯坦普雷顿。

（五）恒星公司

有 3 位经纪人，知名的是巴内特和马纳瑟，代理 350 名球员，著名的有戴尔、W·布里奇。巴内特与马纳瑟 1993 年合伙办了公司，该公司的业务还涉及高尔夫球、板球和赛马。

［本章思考题］

1. 体育经纪人是个职业要求较高的新兴产业，随着体育产业的进一步发展，体育经纪人应主要从哪些方面提高素质？

2. 从国外体育经纪人成功的经纪运作中我们可以得到什么启发？

[相关链接]

美国人的谈判风格

美国人谈判风格上的特点主要有:

1. 自信心强,自我感觉良好。美国是世界上经济技术最发达的国家之一。国民经济实力也最为雄厚,不论是美国人所讲的语言,还是美国人所使用的货币,都在世界经济中占有重要的地位。英语几乎是国际谈判的通用语言,世界贸易有50%以上用美元结算。所有这些,都使美国人对自己的国家深感自豪,对自己的民族具有强烈的自尊感与荣誉感。这种心理在他们的贸易活动中充分表现出来。他们在谈判中,自信心和自尊感都比较强,加之他们所信奉的自我奋斗的信条,常使与他们打交道的外国谈判者感到美国人有自我优越感。

美国人的自信还表现在他们坚持公平合理的原则上。他们认为双方进行交易,双方都要有利可图。在这一原则下,他们会提出一个"合理"方案,并认为是十分公平合理的。他们的谈判方式是喜欢在双方接触的初始就阐明自己的立场、观点,推出自己的方案,以争取主动。在双方的洽商中充满自信,语言明确肯定,计算也科学准确。如果双方出现分歧,他们只会怀疑对方的分析、计算,而坚持自己的看法。

美国人的自信,还表现在对本国产品的品质优越、技术先进性毫不掩饰的称赞上。他们认为,如果你有十分能力,就要表现出十分来,千万不要遮掩、谦虚,否则很可能被看作是无能。如果你的产品质量过硬,性能优越,就要让购买你产品的人认识到,那种到实践中才检验的想法,美国人认为是不妥的。

美国人的自信与傲慢还表现在他们喜欢批评别人,指责别人。当谈判不能按照他们的意愿进展时,他们常常直率地批评或抱怨。这是因为,他们往往认为自己做的一切都是合理的,缺少对别人的宽容与理解。

美国人的谈判方式往往让人觉得美国人傲慢、自信。他们说话声音大、频率快,办事讲究效率,而且很少讲对不起。他们喜欢别人按他们的意愿行事,喜欢以自我为中心。"想让美国人显得谦卑、暴露自己的不足,承认自己的无知实在太困难了。"总之,美国人的自信让他们赢得了许多生意,但是也让东方人感到他们咄咄逼人、傲慢、自大或粗鲁。

2. 讲究实际,注重利益。美国人做交易,往往以获取经济利益作为最终目标。所以,他们有时对日本人、中国人在谈判中要考虑其他方面的因素,如由政治关系所形成的利益共同体等表示不可理解。尽管他们注重实际利益,但他们一般不漫天要价,也不喜欢别人漫天要价。他们认为,做买卖要双方都获利,不管哪一方提出的方案都要公平合理。所以,美国人对于日本人、中国人习惯的注重友情和看在老朋友的面子上,可以随意通融的做法很不适应。

美国人注重实际利益,还表现在他们一旦签订了合同,非常重视合同的法律性,合同履约率较高。在他们看来,如果签订合同不能履约,那么就要严格按照合同的违约条款支付赔偿金和违约金,没有再协商的余地。所以,他们也十分注重违约条款的洽商与执行。

美国人做生意时更多考虑的是做生意所能带来的实际利益,而不是生意人之间的私人交情。所以亚洲国家和拉美国家的人都有这种感觉:美国人谈生意就是直接谈生意。不注意在洽商中培养双方的友谊感情,而且还力图把生意和友谊清楚地分开。所以显得比较生硬。但从美国人的角度看,他们对友谊与生意的看法却与我们大相径庭。一位美国专家指出:美国人感到,在中国,像是到朋友家做客,而不做生意。同中国人谈判,是"客人"与"主人"对话。中国人的地主之谊、客气和热情,常使美国的"客人"为顾全情面做出慷慨大方的决策。

美国人注重实际利益,还表现在他们一旦签订了合同,非常重视合同的法律性,合同履约率较高。在他们看来,如果签订合同不能履约,那么就要严格按照合同的违约条款支付赔偿金和违约金,没有再协商的余地。所以,他们也十分注重违约条款的洽商与执行。

3. 热情坦率,性格外向。美国人属于性格外向的民族。他们的喜怒哀乐大多通过他们的言行举止表现出来。在谈判中,他们精力充沛,感情洋溢,不论在陈述己方观点,还是表明对对方的立场态度上,都比较直接坦率。如果对方提出的建议他们不能接受,也是毫不隐讳地直言相告,甚至唯恐对方误会了。所以,他们对日本人和中国人的表达方式表示了明显的异议。美国人常对中国人在谈判中的迂回曲折、兜圈子感到莫名其妙。对于中国人在谈判中用微妙的暗示来提出实质性的要求,美国人感到十分不习惯。他们常常惋惜,不少美国厂商因不善于品味中国人的暗示,失去了不少极好的交易机会。

谈判中的直率也好,暗示也好,看起来是谈判风格的不同,实际上是文化差异的问题。东方人认为直接地拒绝对方,表明自己的要求,会损害对方的面子,僵化关系,像美国人那样感情爆发、直率、激烈的言辞是缺乏修养的表现。同样,东方人所推崇的谦虚、有耐性、涵养,可能会被美国人认为是虚伪、客套、耍花招。

4. 重合同,法律观念强。美国是一个高度法制的国家。据有关资料披露:平均450名美国人就有一名律师,这与美国人解决矛盾纠纷习惯于诉诸法律有直接的关系。他们这种法律观念在商业交易中也表现得十分明显。美国人认为，交易最重要的是经济利益。为了保证自己的利益，最公正、最妥善的解决办法就是依靠法律，依靠合同，而其他的都是靠不住的。因此，他们特别看重合同。十分认真讨论合同条款，而且特别重视合同违约的赔偿条款。一旦双方在执行合同条款中出现意外情况，就按双方事先同意的责任条款处理。因此，美国人在商业谈判中对于合同的讨论特别详细、具体，也关心合同适用的法律，以便在执行合同中能顺利地解决各种问题。

美国人的这种法律意识与中国人的传统观念反差较大，这也反映在中美谈判人员的洽商中。中国人重视协议的"精神"，而美国人重视协议本身的条文。一遇矛盾，中国人就喜欢提醒美国伙伴注重协议的精神，而不是按协议的条款办。与中国人签约，本身就是一种"精神的象征"。

美国人重合同、重法律，还表现在他们认为商业合同就是商业合同，朋友归朋友，两者之间不能混淆起来。私交再好，甚至是父子关系，在经济利益上也是绝对分明的。因此，美国人对中国人的传统观念，既然是老朋友，就可以理所当然地要对方提供比别人的优惠待遇，出让更大的利益，表示难以理解。这一点也值得我们认真考虑，并在谈判中加以注意。

5. 注重时间效率。美国是一个高度发达的国家，生活节奏比较快。这使得美国人特别重视、珍惜时间，注重活动的效率。所以在商务谈判中，美国人常抱怨其他国家的谈判对手拖延，缺乏工作效率，而这些国家的人也埋怨美国人缺少耐心。

在美国国人的企业，各级部门职责分明，分工具体。因此，谈判的信息收集、决策都比较快速、高效率。加之他们个性外向、坦率，所以，他们一般谈判的特点是开门见山，报价及提出的具体条件也比较客观，水分较少。他们也喜欢对方这样做，几经磋商后，两方意见很快趋于一致。但如果对方的谈判特点与他们不一致或正相反，那么他们就会感到十分不适用，而且常常把他们的不满直接表示出来，就更显得他们缺乏耐心。人们也就常常利用美国人夸夸其谈，准备不够充分，缺乏必要的耐心的弱点，谋取最大利益。当然，美国人的干脆利落，如果谈判对手也是这种风格，确实很有工作效率。

美国商人重视时间，还表现在做事要一切井然有序，有一定的计划性。不喜欢事先没安排妥当的不速之客来访。与美国人约会，早到或迟到都是不礼貌的。

信息来源：中律网

第四章

体育经纪人的活动要素

本章学习要点

- 体育经纪人的宗旨
- 体育经纪人的资格认定
- 体育经纪合同
- 体育经纪人的运作

目前我国发展较快的体育市场主要包括：健身娱乐、竞赛表演、体育无形资产经营、体育用品等四大市场，另外，体育彩票、体育旅游、体育保险市场也在持续发展之中。今后体育市场凸显的巨大商机很大程度将通过体育经纪人来实现，因此经纪人的经纪活动也会日益增多。

第一节　体育经纪人宗旨和收入

一、体育经纪人的宗旨

（一）体育经纪人的基本活动和宗旨

体育经纪人的基本活动是：

1. 为买卖双方提供咨询服务，策划具体的计划和活动；

2. 为买卖双方物色合适的合作对象，为他们牵线搭桥，或直接充当双方的代理；

3. 为赞助活动进行炒作，提高其知名度和魅力。参与或具体组织和操作与赞助有关的各项活动，其中特别是赞助者最为关心的各项广告、促销和公关活动。

由于体育经纪人很重要的任务是为买卖双方服务，是同企业、媒体、体育管理部门打交道的，因此，加强行业自律，提高经纪人业务水平，调解经纪业务纠纷，维护经纪人的合法权益，规范经纪活动是体育经纪人的宗旨。

在成立国际体育经纪公司后，朱建华对经纪人公司的服务宗旨曾做过这样的界定：树立专业先锋现象，分享客户成功喜悦，提供全面经纪服务，促进体育产业发展。一言以蔽之，服务到位，规范经纪是体育经纪人的宗旨。这与上述的归纳是一致的。

（二）体育经纪活动的作用

在市场经济条件下，体育经纪活动的作用主要表现在以下三个方面。

（1）经纪体育比赛活动。体育经纪人信息灵、有经验、懂管理并具有较多的法律知识，且它们都是经过登记注册的法人机构，受政府承认及法律保障，可信度高，能独立筹划体育比赛活动并具有较强的组织能力，经纪体育比赛成功率高。

（2）经纪体育明星。体育经纪人负责管理体育明星庞大经济收支，安排运动员的社会活动，使运动员专心致志地训练比赛。在国外，几乎所有的体育明星

（如马拉多纳、霍利菲尔德、穆勒等）都有自己的经纪人，随着我国体育事业改革的不断深入，各体育项目职业化进程的加快以及运动员收入的大幅度增长，体育明星经纪活动的作用也必将越来越受到人们的广泛关注。

（3）协调及处理纠纷作用。无论俱乐部、体育明星在训练及比赛中均要与各方面打交道，难免产生各种纠纷，这样，协调及处理纠纷作用在体育面向市场且竞争不断加剧的今天尤为重要。

体育经纪人的中介活动是商品性的服务活动，是一种必要的社会分工和必要劳动。国外的实践已证明，职业体育以及与之不可脱离的体育经纪业、体育经纪人，在激励体育浪费、繁荣和规范体育市场以及推动体育产业成为国民经济新增长点等方面的作用越来越明显。

二、体育经纪人的收入和管理

经纪是一种交易中介行为，或者说是一种交易中介活动，在市场活动中为交易双方沟通信息、撮合成交，为交易双方提供有关服务的行为和活动。体育经纪人在完成其经纪活动后有权得到合理的报酬，即佣金。因为在体育经纪活动中，体育经纪人不直接占有体育商品或劳务，而是通过中介服务促成他人交易以获得相应报酬。因此，佣金是体育经纪人获得收入的唯一来源。

（一）佣金的概念和性质

1. 佣金的概念。体育经纪人通过体育经纪活动而获得的收入，简称为"佣金"，也称经纪收入。在不大了解体育经纪人的中国人眼里，对这个角色的理解就是赚大钱的，要是给一个大牌球星当经纪人，那可就发大财了。这么理解也不算错，经纪人不赚钱谁还来做？但是，经纪人这个钱不好赚。体育运动的未来是全球化，体育经纪工作前途无量。但是，又必须找准自己的定位，关键是你的经纪公司能否为客户提供创造性的服务。

2. 佣金的性质。佣金是经纪收入的唯一来源，其性质是劳动收入、经营收入和风险收入的综合体。它是对经纪人开展经纪活动花费的资金和承担的风险的总的回报。国家保护经纪人从事合法经纪活动并取得佣金的权利。佣金在体育经纪实践中，常有人将佣金与回扣、信息费等相混淆，对体育经纪人所获佣金的合法性缺乏正确认识。佣金和回扣有很多相似之处，他们都是商品经济的产物，都能起到促进商品流通，加剧市场竞争的作用，给对方一定的回扣都是企业的促销手段，但两者之间有着本质的区别。佣金是由买方、或卖方、或买卖双方按规定或协议支付给中介人的报酬，反映的是三方之间的经济联系。而回扣则是卖方以某种方式支付给买方或有关当事人的现金或实物，反映的是买卖双方的经济联系。体育经纪人获得的佣金含有经营收入、劳动收入和风险收入,在经纪活动中产生了新的价值。而回扣只是一种价值转移,没有产生新的价值,是卖方无条件转让商品价值的一部分。暗中收受回扣则属于违法犯罪活动。占有信息是体育经纪人从事经纪业务的首要条件,体育经纪人也因此常常被视作信息的提供者,其获得的佣金也被等同于信息费。在多数情况下,佣金和信息费都是用户为获取某种信息而支付的费用,是收集、加工信息所耗费的人力、物力的一种报酬。但两者也有着明显的区别。首先,两者的性质不同。信息生产活动的目的是提供给客户需要的信息产品,信息费是因有价值的信息而对信息提供者支付的报酬,是信息商品的销售收入。信息提供者在收集、加工、整理信息中所花费的人力、物力由信息费得到补偿。而体育经纪佣金则是因围绕着交易目的展开一系列活动而对经纪人支付的报酬,是从事经纪活动的收入。体育经纪人所面对的是特定市场中的交易双方,通过信息、调研、代办手续、鉴证、公关和谈判等多种服务达到促成交易的目的。其次,两者作用的效果也不同。支付信息费满足了买方获取信息的需要,及时达到加速信息传播的效果。而支付佣金则是为了实现双方的某一具体目的,它作用的效果是有利于各种资源的合理配置,而不是仅仅提供信息。

体育经纪人所获得的佣金是委托人依照法律规定或者双方约定,从事体育经纪业务而支付给体育经纪人的报酬。国家法律承认体育经纪人在体育经纪活动中收取佣金为合法行为,同时也保护体育经纪人收取佣金的权利。体育经纪人在开展体育经纪业务时需投入资金、付出劳动,同时承担一定的风险。因此,体育经纪佣金就其性质而言,具有劳动性、风险性和经营性。

(二) 佣金的类型和支付

1. 佣金的类型。佣金主要分为法定佣金和自由佣金。法定佣金是指经纪人从事特定经纪业务时按照国家对待特定经纪业务规定的佣金标准获得的佣金。法定佣金具有强制效力,当事人各方都必须接受,不能高于或低于法定佣金。目前我国只在证券、期货和保险市场对经纪人佣金的收付标准制定了法规、规章及规范性文件。比如按经纪人中介成效金额的一定比例提取佣金。成交金额越大,佣金比例越低。

自由佣金是经纪人按照经纪人与委托人协商确定的佣金标准获得的佣金。自由佣金也称协议佣金,一经确定即对当事人双方都产生约束力,违约者要承担违约责任。在国家法规、规章及规范性文件没有明确规定佣金收付标准的市场上,佣金标准一般都采取协商制,由当事人各方协商确定,并写入委托合同中。

针对我国的体育市场,国家法规、规章及规范性文件没有明确规定佣金收付的标准,因此全部为自由佣金。自由佣金就和商品的市场价格一样,由供求双方协商确定。自由佣金按中介成交额的一定比例收取,数量标准相差很大。一般中介的交易额越大,提取的比例也就越低。比例可以分段确定,逐段递减。如果交易额非常大也可以采用封顶的办法,明确规定最多只能收取多少佣金。如果交易额较小,也可以采取保底的做法,明确规定最低应支付多少佣金。此外,还可以采取包价的形式确定佣金,经纪人代理委托人进行交易时必须满足委托人规定的最低价,超出最低价的部分,才可以作为佣金。

2. 佣金的支付和获取。佣金的支付人是经纪业务的委托方。体育经纪合同中规定的体育经纪业务委托方有义务支付佣金。除法律法规另有规定外,佣金的支付时间有经纪人与委托人自行约定,可以经纪成功后支付,也可提前支付。签订经纪合同时,应将佣金的数量、支付期限及中介不成功时的中介费用的负担等明确写入合同。经纪人收取佣金并依法交纳税收和行政管理费。佣金可以采用现金、转账结算或其他方式来支付。

体育经纪人收取佣金以上述的基本点为原则。必须强调:

(1)体育经纪人收取佣金必须开具发票,并缴纳税收和行政管理费。

(2)除法律、法规、规章另有规定外,支付佣金的时间应按照经纪人与委托人共同签订的合同确定。比如,运动员经纪收入,根据不同的代理事务和运动项目,佣金有不同的支付标准和方式,其中最常用的收费方式是经纪人按事先谈好的比例从运动员收入中提成。一般情况下,佣金往往是在经纪活动成功后由委托人支付给体育经纪人,但有时委托人会提前支付经纪人部分佣金,待中介成功、买卖双方签订合同后,再支付剩余部分佣金。比如,因经纪活动费用需要大量的前期投入,或佣金数额较大,或者委托人认为经纪业务的难度太大,需要提前支付部分佣金以激励经纪人等。

(3)为避免在支付佣金上与委托人发生纠纷,体育经纪人在签订经纪合同时,应将佣金的数量、支付方式、支付期限及中介不成功时中介费用的负担等方面明确写入经纪合同中。

在体育经纪实践当中,体育经纪人被甩的现象时有发生,尤其是在法制不健全、管理不完善的情况下被甩现象更为严重。体育经纪人通过自己的劳动为交易双方达成协议,理应获得正当合法的收入。为有效维护自身的合法权益,体育经纪人在事前应采以相应的办法和措施,防止"劳而无获"的被甩后果。防止被甩现象发生的措施主要有:

① 预收费用。这是指体育经纪人向委托人预先收取费用,作为定金或作为开展体育经纪业务所用的费用。体育经纪人只在收到费用后才开始运作。而且

这个费用一经收取,不论中介是否成功不再归还给委托人。对于体育经纪人来说,这确实是一种减少风险的办法,但委托人往往会因此大大降低佣金的标准。

② 预收佣金。这是指体育经纪人按约定从委托方先行取得一部分或全部的佣金。在完成经纪业务后,这部分佣金自然归经纪人所有,不足部分由委托人补齐;如体育经纪人未能完成经纪业务,应将部分或全部佣金退还给委托人。对于一般的体育经纪人来说,委托人不会轻易这样做。只有资信度高,声誉良好的体育经纪人才能获得如此条件。

为保证双方的权益,也可把预收的佣金交给第三方(如公证机关、律师事务所、金融机构等)保管。

③ 签订"专有经纪权合同"。即明确规定体育经纪人享有某业务独占或排他的经纪权利,只要委托人在某区域某时期发生该项委托业务,就要按合同支付佣金。这样做可以防止委托人与交易方直接成交。

④ 公证或到工商行政管理机关进行合同鉴证。目前我国工商行政管理机关已经确立了经纪合同的可鉴证制度。体育经纪人在与委托人签订合同后可以去鉴证,或到公证处去公证,以确保获得佣金的权利。

需要注意的是,体育经纪人本身必须有合法的经纪资格,这样才能在任何情况下保护自身的合法权益不受到伤害。

（三）佣金的限制和管理

体育经纪活动的佣金由协议双方协商确定,没有法定佣金的限制。但是,由于体育经纪人所经纪的对象具有特殊性,如比赛、运动员、体育组织、俱乐部等等,其价值的估计远比商品困难得多,因而佣金标准的制定也更为复杂。如果没有一定的体育无形资产评估作为基础,就很可能出现哄抬和狂跌现象,形成价格和价值的倒挂,从而扰乱了体育市场的正常秩序。因此,体育经纪佣金的限制和管理是必不可少的。目前我国还没有出现体育经纪佣金方面的规章和管理规定。随着我国体育经纪活动的逐步开展和繁荣,体育经纪人管理制度的日益完善,体育经纪佣金的限制和管理必然会越来越受到重视。它将成为我国体育经纪行业机制的重要部分。

在国外,一些体育经纪活动发展较早、较成熟的国家,体育经纪佣金已经形成了一定的标准,但也是在不断的体育经纪实践中约定俗成的。按比例收取佣金的方式最为常见。由于体育经纪业务的对象不同,如社会团体、公司法人、个人等各类经济组织;经纪的内容不同,如电视转播权、广告赞助权、个人形象开发权,以及代理体育组织举办比赛、代理运动员转会等;经纪的体育项目不同,如集体项目篮球、足球、排球,个人项目田径、网球、拳击、滑冰等,体育经纪人收

取佣金的比例标准也会有所不同。通常情况下,各类体育经纪活动的佣金比例为:

(1) 代理运动员与俱乐部或职业体育组织进行劳资谈判的佣金比例较低,通常为运动员收入的 0.5%—5.0%;

(2) 负责运动员的财务管理一般收取总额的 5%;

(3) 比赛奖金提取 10%;

(4) 代理运动员与体育组织以外的自然人或法人进行运动员名字或形象的商业开发,包括广告、赞助和电视转播合同等,佣金比例较高,足球经纪人这方面的佣金可达 5%—15%,网球经纪人是 10%—25%,田径经纪人是 15%—30%。

据了解,国际上体育经纪人的佣金差异很大。收取佣金从 0.5% 至 30% 不等。国内现在没有具体规定,一般是通过完善合同交给当事人自己处理。例如,某位球员转会费为 100 万元,也许他会从中得到 10% 的佣金,但这要事先在合法的合同中注明。在我国,体育经纪人的报酬一般为运动员工资的 4%—6%;商业推广报酬可高达 15%—30%;单项运动如网球,以运动员奖金的 10% 为回报;其他商业活动的回报在 20%—25%。随着我国体育经纪活动的逐步开展和繁荣,体育经纪人管理制度的日益完善,体育经纪佣金的限制和管理必然会越来越受到重视。合法的经纪人应严格按照国家规定的结算和支付方式进行佣金的支付工作,并依法照章纳税。从目标来讲,应是双赢的概念。在体育经纪活动中,经理人应以"服务"为核心,使被服务对象获得利益,而在这个过程中你付出了劳动,最终你应该得到一定的报酬。

不同的经纪业务采用不同的佣金标准,一方面有助于建立职业体育中较为稳定的劳资关系,保护运动员和职业体育组织的利益,另一方面也能鼓励经纪人积极开发运动员的商业价值。近年来,在足球经纪人的实际操作中,越来越多的运动员与经纪人经过协商,根据获益情况,确定基本佣金和激励佣金两个不同标准,以调动经纪人进行商业操作的积极性。如果由经纪人公司代理,佣金提成比例则更大。一些田径经纪人公司代理运动员劳资谈判会收取运动员收入的 40%— 45%,国际管理集团代理网球运动员谈判出场费和奖金的佣金标准是 25%。

在美国除按比例收费外,还有其他的体育经纪佣金收费方式,如按时间收费。这是由于美国有许多律师在从事体育经纪人的业务,从而保留了律师收费的习惯。还有将比例收费与时间收费结合起来计算的综合收费方式,以及不计谈判耗费的时间及合同款数额,按事先谈好费用收取的固定收费方式。

为了更好地监督和管理体育经纪人的佣金收取,有些体育管理机构甚至制定出适用于自身的佣金限制。比如,美国橄榄球运动员工会规定:橄榄球经纪人前三年只能拿劳资协议所定最低薪金的 5% ,小时收费不超过 125 美元,合同固定收费不超过 2 000 美元。篮球运动员工会则实行了篮球经纪人收费记账管理制度,要求各篮球经纪人将全年的收费记录在册,以备运动员工会随时检查。

三、体育经纪人的税收与法规

（一）体育经纪人税收

体育经纪服务业所涉及的主要税种有:营业税、集体或私人企业所得税、个人所得税以及其他对财产和行为课征的税。同时,体育经纪机构可能还要承担教育附加、城建附加等税。

1. 体育经纪人与营业税、个人所得税和企业所得税。营业税、个人所得税和企业所得税是与经纪人相关的三个主要税种。这里主要介绍营业税。体育经纪人所从事的业务是中介劳务,并非生产性的经营活动,因此无需缴纳增值税,而是视情况缴纳营业税。营业税属于流转税的范畴,是对在我国境内提供应税劳务、转让无形资产或者销售不动产的单位和个人,就其营业收入征收的一个税种。

营业税实行比例税率,文化体育事业为 3% 。计算公式为

$$应纳税额 = 营业额 \times 税率$$

公式中的营业额是营业税的计税依据,其范围和数额的确定是计算的关键。营业额的界定因不同的行业情况而有所不同。如单位或个人进行演出,以全部票价收入或包场收入减去付给提供演出场所的单位、演出公司或经纪人的费用后的余额为营业额。

除以上三个与经纪人相关的主要税种外,还有其他一些税种对经纪人的活动也产生一定的影响,比如车船税、印花税、耕地占用税、土地使用税、遗产税等等。为保证体育经纪活动的合法性,体育经纪人必须学习和掌握这些税种的具体内容和征收规定。一旦发生税务违法行为,依据我国税收征管法的规定,将负有法律责任,并将受到相应处罚。

2. 体育经纪人与法规。体育经纪人必须在国家现有法律法规及行业主管部门有关规章制度下依法开展体育经纪活动。体育经纪活动规范主要包括两个方面的内容:一是体育经纪人经营对象的规范;二是体育经纪行为的规范。

（1）体育经纪人的经营对象。国家工商行政管理局颁布的《经纪人管理办法》规定,凡国家允许进入市场流通的商品和服务项目,经纪人均可进行经纪活动;凡国家限制自由买卖的商品和服务,经纪人应当遵守国家有关规定在核准

的经营范围内进行经纪人活动；凡国家禁止流通的商品和服务，经纪人不得进行经纪活动。这三条基本规定非常重要。对目前活跃在各类体育市场中的体育经纪人来说，熟悉国家有关经纪人经营对象的划定，尤其是熟悉业务主管部门对经纪人经营对象的有关规定是非常必要的，这将有助于在合法范围内顺利开展体育经纪活动。

（2）体育经纪人的经纪行为。国家工商行政管理局颁布的《经纪人管理办法》规定，经纪人在经纪活动中，应遵守以下规则：提供客观、公正、准确、高效的服务；将定约机会和交易情况如实、及时报告当事人各方；妥善保管当事人的样品、保证金、预付款等财物；按照约定为当事人保守商业秘密；记录经纪业务成交情况，并保存三年以上；收取当事人佣金应当开具发票，并依法缴纳税收和行政管理费。同时对于违反上述有关规定的经纪人，《经纪人管理办法》中亦明确规定，要依照有关法律法规处理，法律法规没有规定的，由工商行政管理机关根据情节处以警告、没收非法所得、罚款等处罚。此外，该办法还规定经纪人不得从事下列行为：超越其核准的经纪业务范围；隐瞒与经纪活动有关的重要事项；签订虚假合同；采取胁迫、欺诈、贿赂和恶意串通等手段促成交易；伪造、涂改、买卖各种商业交易文件和凭证；向当事人索取佣金以外的酬劳；参与国家明确规定的违禁物品、专控商品及其他不允许经纪人从事经纪业务的经纪活动；兼职经纪人员接受与所在单位有竞争关系的当事人委托，促成交易等等。对于从事上述违法行为的经纪人，《经纪人管理办法》明确规定，法律、法规已有规定的，按有关规定处理；法律法规没有规定的，由工商行政管理机关根据情节处以警告、没收违法所得、罚款、责令停业整顿、吊销执照等处罚，并可吊销直接责任人员的经纪资格证书。

以上是我国国家工商行政管理部门对规范经纪人行为的规定，以及对经纪人违法时的处罚办法。体育经纪人作为经纪人中的一个种类，当属该管理办法管辖之内。除此之外，体育经纪人还应该了解并遵守我国体育事业的业务主管部门国家体育总局的有关规定。如，《中国足球协会足球经纪人管理办法》、《上海市体育经纪人管理试行办法》及其他省市的《体育经纪人管理办法》，这对规范体育经纪人的行为可以起到积极作用。然而，最主要的还是应出台全国性的《体育经纪人管理办法》，这将有助于我国体育经纪人健康发展。

第二节　体育经纪人的活动

一、体育经纪人的活动内容

体育经纪人最初是随着体育职业化的发展而出现的。从理论上讲,至少应当包括以下几个要素才成为体育经纪人:以收取佣金为目的;为收取佣金,充当委托人与第三人之间的订约媒介或为委托人提供与第三人订约的机会,保证委托合同的实施;其代理内容为体育。随着国家改革开放的进程以及体育的普及性、体育竞赛市场的开阔性、体育职业化和商业化的不断发展,体育经纪业务的范围在不断扩大,体育经纪活动的内容和范围十分广阔。

体育经纪活动内容主要包括:运动员经纪、体育赛事经纪、体育组织经纪,以及体育保险经纪、体育旅游经纪等其他体育经纪活动。近年来,在传统的运动员代理事务基础上,又增加了运动员无形资产开发、代理运动员投资和帮助运动员解决纠纷等事务。包装和代理运动队俱乐部,参与俱乐部经营,代理体育组织等也都成为体育经纪人积极进入的领域,体育赛事已经成为重要而广泛的经纪内容,特别是商业性比赛,更是体育经纪人的用武之地。体育经纪活动的内容大大拓宽。这样体育经纪可以作为体育组织的代理,帮助其协调或解决有关的问题、争端,为其获取有关信息,提供订约机会,以及进行商业方面的开发等,也可参与解决体育活动和交往中出现的经济、法律等方面的问题,或提供有关咨询。

可见,现代体育经纪活动已不仅限于竞技体育,而正在逐步渗透到大众体育、体育经济等各个方面。

(一)代理运动员

包括代理运动员的工作合同;帮助明星运动员管理其繁杂的比赛日程、赛事收入、转会谈判、财务收支、社会活动、运动员形象开发、广告制作等事务。

1. 代理运动员转会。体育经纪人代理运动员转会的主要内容是介入运动员与俱乐部间的谈判。试想在没有经纪人的情况下,劳资谈判通常会出现这样的情形:一方是血气方刚、缺乏经验的二十几岁的年轻人,另一方面却是经验丰富的五十几岁的生意人。这些年轻的运动员们不了解运动员工资的基本结构,不熟悉要与之签约的球队的基本情况,甚至不知道各队制定的工资标准。而俱乐部经理们掌握这些信息,在谈判中他们会占据主动,其结果是运动员的收入通常大大低于他们的实际价值。有时即使运动员对商业方面的事务比较熟悉,他们也往往有碍于面子而不愿意自己出面与资方就这些问题进行谈判,因为大多数的年轻运动员在首次涉足职业体育圈时,都希望得到雇主的认同和好感,这种想法也往往妨碍运动员最终得到一份公正的合同。

通常情况是,年轻的运动员对从事职业体育运动充满了热情,他们不去过多考虑后果和相应的待遇,很容易就接受了雇主方面的条件。因此,没有第三方介入的运动员转会谈判对运动员是不利的。通过经纪人介入谈判,运动员可以更精确地表达自己的目的。经纪人还能在劳资谈判中起到缓冲作用,帮助运动员表达自己不好意思表达的一些想法。经纪人对横向情况了解比较多,通过对比的薪金和对某球队的全面调查,代理人可以主动出击,改变谈判中的不平等现象。

经纪人在制定合同时应要求俱乐部在支付薪金方面尽量体现运动员的利益,例如避免延期支付、要求有保障的年薪制、避免过多的税赋等,获得更大的经济效益

2. 代理运动员参赛。

3. 管理运动员日常事务。帮助运动员安排比赛巡回间歇的训练和生活,这不仅要同比赛的组织者打交道,而且要与有关体育组织和训练基地搞好关系。管理运动员繁杂的日常事务,如管理赛事收入和财务收支、安排社会活动等。

4. 运动员无形资产开发。近年来,运动员形象开发、广告制作等也已成为体育经纪人开拓的领域。他们通过各种媒介的宣传,对运动员进行形象设计,上电视,上广告,最大限度地提高运动员的知名度,赢得市场,再利用运动员的知名度作更大的文章,从而获取更大的利益。

5. 代理运动员投资。随着体育的商业化,运动员一方面参加比赛,一方面利用自己的资本积累或社会地位和名气,开始体育投资。这在国外已非常普遍,既有退役运动员,也有在役运动员。对运动员的投资给予咨询甚至代为管理正在成为体育经纪人新的服务领域。

6. 运动员职业和素质培养。保护运动员的经济利益只是经纪人职责的一个方面。经纪人另一个突出的作用在于向运动员提供个人生活和职业方面的建议,帮助他们作为社会成熟分子发挥自己的作用。体育经纪人要善于发现运动员的需求、目标、价值和个人情感,在确定合同时能充分包容其独特的个性。与教练员不同,经纪人在提供个性化服务时,通常以非正式的方式与运动员接触。他们与运动员一起旅行,长时间讨论谈判战略,充分了解运动员的性格。因此,经纪人应能及时预测运动员可能陷入的各种困境,提醒他们可能会遇到的各种伤害,告诉他们如何预防和防止可能发生的各种困境和伤害,学会怎样与俱乐部和职业联盟打交道等。体育经纪人还应要求运动员严肃地履行义务,维持良好

的公众形象,鼓励他们涉足体育以外的领域,为运动生涯结束后的生活作准备。

此外,还有帮助运动员解决纠纷,上法庭打官司。近年来,一个频繁出现的现象是一些运动员因服用兴奋剂遭到处罚或因经济纠纷而引起的各类官司,这不仅需要律师的介入,也需要作为运动员代理的体育经纪人从中百般斡旋,以使运动员的名誉和经济损失都降低到最低程度。

(二)推广体育比赛

包括体育比赛和体育表演的筹划、组织、宣传、推广;电视转播权开发;广告代理、冠名权等特许使用权开发;纪念品开发等。

1. 推广已有体育赛事。体育经纪人可以全部或部分买断国际或国内体育组织举办的正规赛事,然后通过电视转播、广告推销、争取赞助等多种渠道开发、推广,成功举办比赛并最后达到盈利的目的。如国际管理集团推广经纪我国的足球和篮球甲A联赛,香港精英公司曾经推广过的世界女排大奖赛等。

2. 策划组织新的赛事。依靠自己(公司)的经济实力和社会交往能力,同时征得有关体育组织的许可,自己筹划推出非体育组织举办的新的赛事,如ATP网球系列大奖赛等,这样将会获得更大的社会影响和经济效益。事实上,很多比赛就是这样推出,后来得到国际体育组织认可的。

3. 举办商业性比赛。这是比较灵活,相对需要较少运作经费的赛事推广。通过中介作用,介绍和安排某个职业球队进行商业性比赛,并通常与旅游结合起来。这方面,国际上相当普遍,已经成为一种很常见的运作方式,如"明星赛"、"飞人赛"等,我国的经纪人也已成功地完成过多次,欧洲、南美的不少优秀职业俱乐部球队都已来过。最近的有为庆祝中俄建交50周年莫斯科"鱼雷队"与北京国安队进行的"国安杯"足球赛等。

(三)包装和代理运动队

1. 为运动队争取赞助。这是近年来新出现的体育经纪业务,也是经纪个体运动员的延伸,但工作的内容和方式不同。经纪人通过与赞助商家联系,获得运动队的冠名权,使运动队以某个商家的名义参加比赛,或在比赛服装上打广告。这样,提高了商家的社会影响,又包装了运动队,使运动队获得了赞助。此外,运动队其他无形资产的开发,如比赛转播权、纪念品开发等也是体育经纪人不应放过的领域。

2. 参与俱乐部资产重组。在商品流动的大潮中,由于俱乐部的经营管理和运动队的成绩等因素,运动队和俱乐部经常面临着更名易帜、资产重组、资金注入等问题。虽然目前我国的俱乐部或运动队在产权确定和资产评估方面还有相当的难度,但这方面的研究、代理、谈判,甚至设计、整合等也正是体育经纪人可以有所作为的,而且已有人开始尝试。

（四）体育组织经纪

体育组织经纪包括包装、代理运动队、俱乐部等（包括对其进行资产评估、重组咨询等业务）体育组织。作为体育组织的代理,帮助其协调或解决有关的问题、争端,为其获取有关信息,提供订约机会,以及进行商业方面的开发等。

此外,体育经纪人还可以参与解决体育活动和交往中出现的经济、法律等方面的问题,或提供有关咨询服务。例如:

1. 帮助体育组织开展宣传,树立品牌和形象,对体育组织进行商业包装,提高其行业地位,增加其商业谈判筹码,为其大规模的商业推广做准备;

2. 帮助体育组织开展市场调查研究,为其获取有关信息,提供订约和合作机会;

3. 争取公司企业赞助,与赛事推广商或电视台谈判出售赛事电视转播权,开发特许使用权等无形资产,纪念品开发与销售等;

4. 帮助体育组织处理日常事务,协调或解决有关的问题、争端,提供法律、政策、金融等方面的咨询等。

近年来,从国际奥委会到地方体育俱乐部,越来越多的体育组织认识到聘请有信誉的体育经纪公司作为合作伙伴帮助其树立形象,进行市场开发,代理日常事务的重要性,而且大多数都获得了成功。如国际组织中有国际田联、国际羽毛球联合会、国际滑冰联合会等与 IMG 体育经纪公司的合作,国家单项协会有英国田联与英国快车道体育公司的合作,美国棒球大联盟、高尔夫球协会与 IMG 的合作等,俱乐部层次的合作则更多。

（五）代理公司企业介入体育事务

许多公司企业希望通过体育比赛或运动员对自己的企业或产品品牌进行宣传,但初期他们因情况不熟,或对"行情"不够了解,不知如何运作。这时,熟知"行情"的体育经纪人便有了用武之地。很多大的公司企业即使在长期赞助体育的过程中熟悉了情况,但仍然希望有市场信誉良好的体育经纪公司作为其代理,以进一步提高赞助效果和公司的声誉地位。著名的美国 IMG 体育经纪公司目前是美国百事可乐、3COM、康柏等多家大型公司企业的体育事务代理。除了代理这些公司企业参与国际奥委会等体育组织的事务、赞助奥运会等大型赛事外,IMG 就连这些公司在赞助大型活动时的形象也帮助设计,如百事可乐易拉罐在赞助赛事阶段图案的设计等。体育经纪公司代理公司企业介入体育的主要内容有:

1. 帮助公司企业进行宣传,形象设计;

2. 开展市场调查,帮助企业寻求市场定位,寻找赛事市场赞助机会,制定赞助计划;

3. 代理企业与体育组织、媒体、社会有关部门的合作,就赛事举办、赞助、广告、电视转播权等方面进行谈判。监督赛事的推广宣传工作,保证赛场、赛事转播等对企业的广告宣传 T 恤,赛后进行赞助和广告效果的调查,并反馈给赞助企业;

4. 帮助企业寻找体育明星代言人,并洽谈合作条件。

（六）其他体育经纪活动

现代体育经纪活动已不仅限于竞技体育,而正在逐步渗透到大众体育、体育经济等各个方面。特别是在体育产业开发过程中,如体育赞助、体育保险、体育旅游等等,都需要体育经纪人和体育中介发挥作用,这也为有志从事体育经纪活动者提供了更为广阔的活动空间和业务领域。

以体育保险来说,在一幕幕扣人心弦的赛事背后,都有着巨额保险的支持。比赛项目技术性越强,风险越大,保险金额也就越高。例如,被称之为民族英雄的已故巴西车手赛纳,他生前所投保的金额就高达 2 000 万英镑。其他一些著名车手的投保金额也在 1 000 万—1 100 万英镑,大约相当于他们 1—3 年的年收入。至于那些世界级的职业足球队员和其他项目的体坛巨星,也都有巨额保险做后盾。体育保险作为一项技术性很强的业务,对帮助主办者安排各种活动和贯彻奖金计划起着中坚作用。从运动员的个人意外事故到主办者因取消比赛而遭受的损失,都可以从保险中寻求补偿。目前,伦敦是世界体育保险的中心。在那里,为体育运动提供的保险项目可说是应有尽有,品种齐全。无论是体育俱乐部,还是运动员个人,都能得到令人满意的服务。例如,足球协会可以为它的全体运动员购买职业团体基本保险。然后再由各俱乐部在此基础上附加投保,而运动员个人,也可以购买个人保险,如意外伤害和疾病保险等。此外,俱乐部还可以投保各种责任保险,运动场地保险和其他财产保险,电视广播收入保险,奖金损失保险,乃至球队的升、降级保险等等。对于世人瞩目的比赛活动,保险项目更是五花八门。

在世界网球赛上,国际管理集团就通过经纪人为绝大部分运动员安排了伤残、收入损失、临场缺席、奖励赔偿等一系列的保障。对赛车这种专业性很强的运动,保险也开发了不少服务项目,如对正式资格考试、训练、比赛乃至拉力赛过程中在跑道上发生的起火或意外事故等,都可以提供保障。在此基础上,还可加保试车保险,参赛车辆存放和运输过程的备件、工具及装置的损失保险等。总之,从单个事件到比赛全过程,从产品损失到雇主责任,各种保险项目一应俱全。

除了对这些产生广泛影响的职业性体育活动之外,伦敦保险界也为日益增长的业余比赛的保险需求设计了许多项目,如对象橄榄球这种接触性剧烈性运动项目,保险公司为运动员因比赛而造成正常职业收入受损而设计了收入损失保险,还有医疗费用及其他损失保险等。体育保险离不开经纪人,伦敦的体育保险之所以如此发达,体育保险经纪人发挥着非常重要的作用。他们大都既懂得保险业务,又内行于体育;既了解客户的需求,又熟知承保人的承保能力。在这支体育保险经纪人的生力军中,有过体育经历的并不鲜见。他们之中,甚至有参加过车赛的车手和板球俱乐部的队长。所以他们才能在体育保险这块领地上游刃有余,并引入许多诸如奖励补偿保险和提高奖金保险这类的技术性很强的保险方案,掌握着从职业体育协会到业余俱乐部乃至运动员个人这一系列的保险计划。而随着体育保险技术的不断精深,他们的业务范围又进一步扩大到了体育风险管理这一新的领域,对涉及球赛场地、看台、观众人数控制及防火措施这类安全问题提供更为周到的服务。

二、我国体育经纪活动内容

（一）体育经纪人的活动范围

1. 个体体育经纪人的活动范围。个体体育经纪人可接受运动员的个人委托,从事以下的业务:

（1）代理运动员与体育组织以及其他交易单位进行交易;

（2）代办运动员的财务管理、日常安排以及保险等业务;

（3）运动员的形象设计与开发;

（4）运动员的表演与比赛安排;

（5）运动员所要求的其他事务。

个体体育经纪人不得从事有关体育竞赛和体育表演的经纪活动。

2. 体育经纪人事务所、体育经纪公司的活动范围。

（1）接受运动员个人委托的体育经纪活动;

（2）接受体育组织委托的体育经纪活动;

（3）接受委托从事有关体育竞赛和体育表演的体育经纪活动;

（4）其他的体育经纪事务。

此外,体育经纪人事务所的业务人员不得以个人名义对外接受委托的体育经纪活动,只能以事务所或公司的名义出现在经纪活动中。

（二）体育经纪人的类型

一般来说,我国的体育经纪人分三类,即赛事经纪人、运动员经纪人和体育组织经纪人,其中赛事经纪人占了绝大部分。

赛事经纪人——推广体育比赛是他们最驾轻就熟的工作,他们可以全部或部分买断国际或国内体育组织举办的正规赛事,然后通过电视转播、广告推销、争取赞助等多种渠道开发、推广,成功举办比赛并最后达到盈利的目的。如国际管理集团推广我国的足球和篮球甲A联赛,香港精英公司曾经推广过的世界女排大奖赛等。依靠自己(公司)的经济实力和社会交往能力,经纪人还可自己筹划推出非体育组织举办的新的赛事,如ATP网球系列大奖赛等,以获得更大的社会影响和经济效益。

举办商业比赛是运作经费相对较少的赛事推广。通过中介作用,介绍和安排某个职业球队进行商业性比赛,并通常与旅游结合起来。这方面,我国的经纪人已有经验,欧洲、南美的不少优秀职业俱乐部队来华访问比赛便是例子。

运动员经纪人——为运动员作代理,甚至延伸至整支运动队。具体来说,运动员经纪人的工作主要包括以下四方面:一是运动员的工作合同,包括运动员的转会谈判、报酬确定、合同签订等,经纪人需深谙各俱乐部的需求,以及各明星球员和有潜质的后备球员的特点和情况,为俱乐部与运动员牵线搭桥。二是安排运动员参加比赛,包括选择比赛、制定行程、筹措资金、参赛服务等,其中合理地选择和安排比赛至关重要,应既有利于运动员水平的提高,又能为运动员带来更大的经济效益。三是帮助运动员安排比赛间歇的训练和生活。四是管理运动员繁杂的日常事务,如管理赛事收入和财务收支、安排社会活动等。

近年来,运动员的形象开发、广告制作等也已成为体育经纪人开拓的领域。通过各种媒介的宣传,对运动员进行形象整体包装设计,提高运动员的知名度,赢得市场,再利用运动员的知名度做更大的文章,从而获取更大的利益。此外,包装运动队是近年来新出现的经纪业务,它实际上是经纪个体运动员的延伸。经纪人可以让赞助商取得运动队的冠名权(如康威中国女子举重队),或在比赛服装上打广告,一方面提高了商家的社会影响,一方面也使运动队获得赞助。而运动队其他无形资产的开发,如比赛转播权、纪念品开发等也是体育经纪人不会放过的领域。

体育组织经纪人——现代体育经纪活动已不仅限于竞技体育,而正在逐步渗透到大众体育、体育经济等各个方面,如体育赞助、体育保险、体育旅游等,这样体育经纪可以作为体育组织的代理,帮助其协调或解决有关的问题、争端,为其获取有关信息,提供订约机会,以及进行商业方面的开发等,也可参与解决体育活动和交往中出现的经济、法律等方面的问题,或提供有关咨询。如中国足协属下的"福特宝"公司就属此类。

（三）我国体育保险经纪的现状与发展对策

1. 现状分析。目前,我国的保险经纪公司数量较少,从事体育保险的经纪公司仅有一家,那就是不久前在京成立的中体保险经纪有限公司。中体产业北京分公司,于2001年4月份就获得保险兼业代理资格,是保监会批准的唯一体育系统的保险产品代理机构,他们已经为两家客户进行了体育保险服务。先是上海站的世界七人制橄榄球比赛。虽然这是个非奥运会项目,但在某些地区非常受欢迎,共有40多个国家参加比赛。由于该项目有较大的危险性,赛事主办者要求中方负责保险事宜,主要是赛事责任险,从运动员入境到离境,比赛中发生创伤,以及官员或观众在看比赛过程中有可能发生伤害意外。最后,该比赛的中国推广商某香港公司经协商,向保险公司投保100 000元人民币,保证运动员、裁判、官员和观众的人身安全。这次比赛没有涉及电视转播的保险问题,因为就举办方而言,橄榄球在我国还没有市场,比赛的主要目的是宣传和普及该运动项目。此外,比赛赞助商多为协会固定的合作伙伴,与协会有长期的赞助合约。比赛直播由国外电视台完成,保证了海外赞助商的利益。赞助商与协会签订的是系列合同,我国是其中一站,电视转播保险包括在全部比赛的合约当中,因而在我国不涉及电视转播和赞助商的保险。另一个客户是世界射箭锦标赛。虽然项目本身没有什么危险,但比赛主办者规定投保,特别是伤害险、器材等,但这一次仍然不涉及电视转播的保险。

由此可见,作为国际惯例,世界各运动项目协会在举办比赛时都要求上保险。当然,赛事举办方可以直接找保险公司投保。但由于双方的专业性强,沟通时间较长,需要保险代理公司或保险经纪公司从中协调,并根据项目特点在部分条款上做一些修改。国外的保险经纪公司通常在内部有专业的精算师,因而能够在全面了解客户需求的基础上代理起草保险条款,与保险公司询价、谈判、签约。目前,国内的保险代理或经纪公司还不具备这种专业能力,业务水平处在初级阶段。保险经纪公司的利益由佣金体现。就目前的状况而言,经纪人一般是去保险公司拿佣金,而不是向客户直接提取。这是因为我国还不太接受中介提取佣金的消费观念。但在发达国家,保险经纪发展了几十年,进入到成熟期。中介服务被普遍认可,客户认为这个钱花得值,从而保证了经纪人正当的佣金收入。因此保险经纪的生存空间和盈利方式与人们的保险意识、生活观念、经济收入有着直接的关系。

体育保险的出现是我国体育产业发展到一定阶段的必然产物。随着我国体育运动的进一步发展,通过商业性体育保险转移相关风险日显必要。虽然,目前我国只有一家体育保险经纪公司,但是,以运动员保险、赛事保险、体育保险咨询为主要业务的经纪公司会越来越多。

2. 开展我国体育保险经纪的对策与建议。

第一,加强体育保险经纪强制性立法。随着我国体育事业的发展,大量的体育赛事引进了商业性的运作方式,赛事的组织者负担着赛事准备和进行过程中可能发生的一切经济损失。如果组织者仅从利润的角度出发,不购买保险,不进行风险的转移和分摊,那么一旦发生人员的意外伤亡,或赛事的意外中断所造成的经济后果是组织者难以承担的,其恶劣的社会影响也是不堪设想的。另外,无论是竞技体育、学校体育、还是大众体育,在其进行过程中都存在一定的风险,特别是以奥运会为最高层次的竞技体育,更是一项高风险事业,保险赔付高,更加需要保险的保障。国家体育总局应尽快拟定、建设体育保险法律体系。法律具有权威性、规范性、普遍性、长效性,这样可以使体育保险有法可循,以更好地保障我国体育事业健康有序地发展。

第二,完善体育保险经纪中介机构服务体系。随着我国加入,市场经济的脚步进一步加快,各行业的中介组织蓬勃发展。经纪人作为中介行业的主体是推动我国中介行业发展的根本动力。体育保险经纪人是体育经纪人队伍中的一支生力军,尤其我国面临 2004 年和 2008 年奥运会,体育保险经纪人有巨大的市场容量和无数的商业机会。在体育保险的经营运作模式里,一个能够提供完善服务的中介机构把体育保险需求和保险公司的承包能力、险种产品联系在一起。首先设立体育保险经纪公司,可以有效地组织和利用体育保险资源,培养一支精通体育和保险的经纪队伍,加强对体育保险经济业的规范管理,对已有的体育保险经纪人进行资格证书审定,只有合格的人员才能上岗执业。

第三,加快我国体育保险金融人才的培养。长期以来,由于我们忽视了体育的经济问题,对培养体育产业的人才重视不够,在高等院校几乎没有体育经济、体育产业、体育市场的专门学科、专业。因此,我们十分缺乏体育产业的专门人才,既缺一般的管理人才,更缺特殊的专门人才,如体育保险经纪方面的人才。为了弥补这一严重不足,当务之急就是要从根本上解决体育保险经纪人才匮乏的问题。目前,应在体育院校和综合性大学的经济院系开设与体育保险经纪业相关的课程、专业,以及设立高层次的体育保险经纪学位点,吸引社会的优秀人才选择体育保险经纪专业,加速培养体育保险经纪产业所需的专业经营和管理人才。尽快建立"全国体育保险研究中心",集中体育界、保险界及金融界和其他领域的专家重点研究体育产业中的保险保障问题,对全民健身活动和竞技体育中的保险保障问题和有关金融问题进行综合研究,培养一批体育保险经纪金融人才,推动我国体育产业和体育保险事业的共同发展。

第三节　体育经纪合同

经纪合同是经纪行为的具体表现,也是经纪活动的核心。合同应包括以下内容:委托人和经纪人的名称和姓名、住所;经纪的事项、完成的期限和具体要求;经纪人的权限范围;佣金的数额及支付的时间、方式;违约责任、纠纷解决方式以及双方认为应当约定的其他事项。体育经纪合同的内容大致也包括这些。必须强调的是,体育经纪合同是诺成性的合同,一经双方达成协议,即可成立。由此也提醒体育经纪人,在签订合同前,必须对委托人的能力、资信和履约资格进行认真的审查。

一、体育经纪合同的种类和形式

(一) 体育经纪合同的种类

体育经纪合同一般可以分为委托合同、行纪合同和居间合同。委托合同是委托人和受托人约定,由受托人按委托人指示亲自处理委托人事务,委托人支付报酬的合同,合同的当事人是委托人和受托人。委托合同也叫委任合同,是一种古老的合同类型,早在古巴比伦汉谟拉比法典中就有"委托合同"的专门规定。行纪合同是指行纪人以自己的名义为委托人从事经纪活动,委托人支付报酬的合同,合同的当事人是委托人和经纪人。居间合同是指居间人向委托人报告订立合同机会或者订立合同的媒介服务,委托人支付报酬的合同,合同的当事人是委托人和居间人。在这三种服务类合同中,当事人的权利、义务以及进行民事行为的法律后果的归属都有所不同。从目前国际及国内体育经纪活动的状况来看,委托合同最为常见。我国目前的体育经纪合同基本为协议双方自行选定。

从目前世界各国体育经纪的发展现状看,当前体育经纪活动主要包括运动员经纪、教练员经纪、赛事经纪和体育组织经纪等。由于各种体育经纪活动的内容不同,体育经纪的形式也呈现出差异,但体育经纪存在的基础却是相同的。根据我国现行有关经纪人的法律规定,各种经纪活动必须依双方主体(委托人与经纪人)自由协商一致的委托合同为产生和存在依据。法律认定双方经纪关系是否成立的唯一标准也只能是委托合同。其实体育经纪人是从事居间还是从事委托代理,产生和存在的基础都是委托。因此,委托合同是体育经纪活动存在的基础。委托合同作为体育经纪产生的基础,在其成立以后作为一种客观存在,将贯穿于体育经纪活动的始终,决定着体育经纪的产生、发展、变更和终止。

　　具体来说,体育经纪人在日常运动员经纪活动中接触的合同主要有:经纪人与委托人之间签订的委托办理转会事务的委托合同;体育经纪人受运动员委托为运动员签订的与俱乐部之间的工作合同,其中包括运动员与原属俱乐部之间的工作合同和运动员与接受俱乐部之间的工作合同;为顺利实现转会,经纪人代理的原属俱乐部与转入俱乐部间的转会合同。如果是赛事经纪,则需要签订多种经济合同,如经纪体育比赛、表演等的项目合同,经纪电视转播权、广告赞助权、特许标志经营权等的权利转让合同等。

　　在实际运作过程中,体育经纪人与委托人之间,往往要明确有关推广项目的责、权、利关系,特别是作为运动项目管理协会的代理人,双方有着长期的合作关系,而非仅仅是一时一事的合作,更应就有关事项加以明确。这种合作合同通常包括独售权独享合同、独售权共享合同、独售权众事合同、底价净卖合同、联合经营合同。

　　以下对体育经纪合同涉及的五个基本概念逐一解释。

　　销售权独享是指代理人与卖主即委托人之间是长期的合作关系,因此有时即使卖主自己把项目卖出去了,代理人也应该得到相应的佣金,这是因为代理人是委托人的唯一代理商,他们之间是长期的契约合同,而不论在某一单买卖上是谁卖出的。

　　销售权共享是指代理人和卖主即委托人之间共同享有这种销售权,但如果是卖主自己销售出去的,代理人就不拿佣金。

　　销售权众享是指一个体育组织可以有若干个推广机构,他们可以去推广同一个项目,也可以推广该体育组织不同的项目,即有多家代理人或公司为同一个雇主或委托人服务。

　　底价净卖是指卖主希望将赛事卖出 100 万元,而代理人卖出了 200 万元,那么多出的 100 万元就是属于代理人的。

　　联合经营是一种比较高级的合作方式,人家把所有的资源都拿到一个共同的信息网络中来,如一个此地的赛事如果要到彼地去推广,就会委托一个彼地的代理人帮助做这件事,异地做成之后,根据各自贡献的大小给付佣金;再如做不同经纪领域的体育经纪人,一个做足球经纪,一个做篮球经纪,一个做排球经纪,当做足球经纪的经纪人遇到一宗篮球的委托时,他会让篮球经纪人去做,当做篮球经纪的经纪人遇到一宗排球的委托时,他会让排球经纪人去做,这也是联合经营。联合就会使机会增多,因此联合经营已经成为目前经纪人发展的一种趋势。

　　(二) 体育经纪合同的形式

　　体育经纪合同的形式是指合同的各方当事人之间相互明确权利义务关系的

方式,是当事人意思表示一致的外在表现,即当事人所达成的协议的表现形式。根据我国的经济生活实践和法律的规定,合同的形式分为口头形式和书面形式两种。其中书面形式又可分为普通书面形式和特殊书面形式。凡法律要求必须采用某种形式的,当事人必须采用该形式,否则合同无效。

就我国目前的体育经纪活动而言,体育经纪合同多为普通书面形式。这样可以加强合同各方当事人的责任心,督促其全面认真履行合同,也便于合同管理机关的监督检查。一般不要求采用固定的格式,但应当写明当事人的全部权利和义务,并由当事人签名盖章。法人订立书面合同,应加盖法人的公章或合同专用章,并由法定代表人或代理人签名盖章。

值得一提的是合同建立后,必要时,还应由公证机构进行公证,以获得其真实性和合法性;或由有关管理部门鉴证或审批。

国际上也有些体育组织将订立书面形式的体育经纪合同明文写入体育经纪人管理规定,并且要求使用该组织的标准合同文本。如国际田联等国际性单项体育组织,意大利足协、美国篮球运动员工会等全国性体育项目管理机构,都根据本组织的有关规定,将经纪合同的必备条款以表格和文本形式固定下来,作为标准格式合同,供当事人填写使用。

二、体育经纪合同的订立和必要条款

合同的订立是各方商谈某一事项,从而达成协议的过程。从某种角度说,意见一致是关键;内容齐全是核心;体现特点是重点。因此,体育经纪合同的订立过程就是当事人之间进行协商,使各方的意思表示趋于一致并达成协议的过程。其一般程序从法律上可以分为要约和承诺两个阶段。

(一)要约

要约即订约提议,是合同一方当事人向对方发出的订立合同建议和要求。要约的形式可以分为口头要约和书面要约两种。

(二)承诺

承诺即接受提议,是指受要约人对要约人发出的要约表示完全同意的答复。承诺的方式一般应与要约的方式相同。如当事人有特别约定,或要约人预先有特殊要求,则应按其约定或要求办理。

体育经纪合同属于经纪合同类别,必须包含经纪合同所规定的必要条款。但在标的和标的定价方面有其特殊性。标的是体育经纪合同当事人权利义务共同指向的对象。没有标的或标的不明确,权利义务就无法确定,合同就不能成立。因此,标的是一切合同必备的首要条款。但是体育经纪合同的标的不同于一般商品,而是体育比赛、俱乐部、运动员劳务等。不同种类合同的标的各不相同。比如劳务合同,标的可以是俱乐部、运动队、运动员等等;如项目合同,标的可以是体育比赛、表演、体育会议、体育旅游、体育考察等;再如权利转让合同,标的可以是电视转播权、广告赞助权、特许标志经营权等等。

值得一提的是在对体育经纪合同的标的进行定价中,很难用一般商品的数量和质量形式来进行描述。因为体育经纪合同的标的多为无形资源,如比赛。俱乐部、运动队或运动员,无法通过一定的计算公式获得标的的数量和质量,因此,应通过特殊的无形资产评估方法,以及比照市场行情,获得对标的价值的大致描述。

以上这部分内容是对体育经纪合同的特殊性规定作的补充。

三、无效合同及合同履行

无效合同是指因不符合或违反法律的要求,从订立时起就没有法律约束力的合同。一般认为,有以下情况者,被视为无效的体育经纪合同:

——违反法律和行政法规的合同,原因有主体不合格、内容不合法、形式不完备;

——采取欺诈、胁迫等手段所签订的合同;

——代理人超越代理权限签订的合同,或以被代理人的名义同自己或同自己所代理的其他人签订的合同;

——违反国家利益或社会公共利益的合同。

体育经纪合同被确认无效后,尚未履行的不得履行,正在履行的应立即终止履行。对于已履行的部分,应分不同情况进行处理,返还、赔偿、收归国库、自行负责等。如体育经纪合同依法成立,确认为有效合同,即具有法律约束力,当事人则必须全面履行合同规定的义务。合同履行的各方面当事人应该按照合同规定的条款,全面地、适当地完成各自承担的义务,从而使各自的权利也得到完全的实现。

如前所说,经纪合同是经纪行为的具体体现,也是经纪活动的核心。为保证经纪合同的履行,各级工商行政管理机关负责经纪合同的监督管理,制定统一的经纪合同文本,并负责经纪合同的鉴证工作。体育经纪合同也应该接受国家各级工商行政管理机关的管理和监督。

第四节　体育经纪人的运作

一、体育经纪人的运作程序

体育经纪人一般属于代理经纪人范畴,它不属于一般商业经纪人。代理经纪人的运作程序为建立委托代理关系,签订协议书。

（一）建立委托代理关系

1. 建立委托代理关系。经纪人与委托人的关系,在法律行为上是一种委托代理关系。理解委托代理关系涉及代理、被代理人以及代理所体现的法律关系三个基本问题。

代理就是代理人根据代理权,以被代理人的名义,与对方当事人实施法律行为,由此产生的权利义务直接由被代理人享受或承担的法律制度。我国《民法通则》第 63 条第 2 款规定:"代理人在代理权限内,以被代理人的名义实施民事法律行为。被代理人对代理人的代理行为,承担民事责任"。这就从法律上规定了代理人与被代理人的基本关系。

被代理人是指根据代理权,由他人代自己实施法律行为,由此产生的法律后果直接归属于他人的公民或者法人。体育经纪人就是这样的一种代理人。代理权是根据被代理人授予、法律规定或者人民法院指定,代理人享有的、以被代理人名义实施法律行为,而其后果由被代理人享受或承担的法律资格、法律地位。

显然代理是被代理人、代理人和对方当事人三方之间的法律关系,即一种是被代理人与代理人之间的法律关系,一种是被代理人通过代理人与对方当事人之间的法律关系。这是两种法律关系的交叉与结合。代理权的行使,是通过代理人实施的被代理人与对方当事人之间的外部法律关系。

体育经纪人所从事的代理行为是一种委托代理,即根据委托人的授权而产生的代理关系,一般是建立在委托合同关系之上的。在体育经纪机构内部,各个单独的经纪人或推销员是在职务关系基础上作为委托代理人进行经纪活动的。经纪人作为一种委托代理人,应随时向委托人汇报代理业务情况,接受委托人的监督和指令。经纪人欺骗委托人的行为是违法的。

如前所说,委托人向代理人授予代理权,可以是口头方式,也可以是书面形式。口头授权虽然简便易行,但易引起纠纷,难以分辨是非。书面授权准确可靠,发生纠纷有据可查。因此,体育经纪人在接受大的委托代理业务时,一般都要求签订书面委托协议。

一般来说,已经成名的委托人,特别是那些世界级的体坛巨星,都已经拥有自己的体育经纪人,即委托代理人,而对于刚涉足于此行的经纪人来说,发现和培养新星并成为其委托代理人甚为重要。

必须指出,委托代理是根据委托人的委托授权而产生的一种代理关系。这种代理关系不是永恒的,而是随着形成这种代理关系的各种条件的变化可被终止的。通常委托代理的终止有以下几种情况:因为委托代理期满或代理事项完成而终止;因委托人和代理人双方同意或其中某一方取消或辞去委托而终止委托代理;因代理人死亡或者丧失民事行为能力使委托代理关系终止;作为被代理人或代理人的法人终止(破产)也直接导致委托代理关系的终止。

2. 体育经纪人与委托人的权利与义务。体育经纪人的一般权利有三项:一是根据委托协议规定,在完成委托代理业务后向委托人收取相应的佣金作为经纪服务的劳动报酬;二是从委托人那里了解与委托代理业务有关的一些情况,以便更好地完成代理业务;三是体育经纪人有权拒绝执行委托人有可能造成侵权或违法的指令。

体育经纪人对委托人的一般义务有五项:一是接受合理的指示;二是及时通告经纪过程中的有关情况和信息;三是进行恰当的照管;四是显示会计责任,即对委托人的钱财负责的法律义务;五是忠诚。

委托人最重要的义务就是根据委托协议规定向体育经纪人支付佣金。只要体育经纪人完成了委托协议规定的代理业务,委托人就不得以其他任何理由拒绝支付佣金。即便是由于经纪人的责任使委托代理业务未能完成,委托人也不得拒付佣金。委托人也有义务向体育经纪人提供有关委托代理业务的完整准确的信息。并且委托人对体育经纪人在委托授权范围内签订的所有协议和合同负有责任。大多数情况下,委托协议都说明了体育经纪人的代理权限,通常这种授权都不包括交易的最终决定权。委托人一般都将交易的最终决定权保留给自己。总之,委托人应履行其委托经纪人在其委托授权范围内代表其利益签订的一切合同和达成的交易。

当然委托人对体育经纪人在授权范围内的代理活动所产生的后果承担其责任的同时也享受其利益。包括:委托人在委托代理有效期内,有随时听取体育经纪人对代理业务进展情况的汇报,了解情况的权利,体育经纪人不得对委托人隐瞒代理业务的真实情况;委托人在委托代理有效期内,可以根据需要取消协议,但应对体育经纪人已进行的工作或由于取消协议给体育经纪人所造成的经济损失给予必要的补偿。

（二）签订委托协议书

委托协议书是由委托人（或其代理人）与体育经纪人双方采用书面文件形式达成的委托协议。尽管不同的体育项目或内容可能有不同的协议格式和具体要求，但一般都包括对于委托事项的一些基本要求，如委托代理销售或购买体育商品的品种、数量、价格、时间、地点、佣金以及双方的权利与义务，授权代理的范围等等。

由于委托协议书对委托事项的要求、授权代理范围以及双方的权利与义务作了具体明确的规定，从而为体育经纪人正常开展委托代理业务、佣金的合理计算和获取、合法利益的保障经济纠纷的合理解决提供了依据或证据。因此，委托协议书的签订对于减少或避免体育经纪业务中可能出现的经济纠纷，保护委托人和代理人双方的正当权益，保证体育经纪业务的正常进行具有十分重要的意义。

一般认为，体育委托协议书中的关键性问题有以下几个方面。

1. 委托价格问题。通常体育卖方委托人为了其自身利益都希望把委托价格定得高一些，受托经纪人通常更愿意开价低一些，以便尽快成交，将委托内容卖出；而买方委托人则希望把委托价格定得低一些，受托买进的经纪人通常愿意出价高一些，以便尽快找到卖主成交。

2. 成交（基价）决定权的保留。许多体育经纪人都希望获得最终成交的决定权，这对于开展经纪工作确有好处。但许多有经验的委托人常常不愿意轻易放弃成交决定权。例如，一些著名运动员为创办某项事业要拍卖自己的金牌，他们通常要找经纪人来促成此事，但对金牌的拍卖底价的决定权往往是运动员自己定。有时由于底价定得太高而不能成交。

3. 经纪人的报酬。经纪人的服务报酬通常是按成交额的一定百分比提成的佣金。若交易失败，是否获取佣金、怎样计算等都应协商规定。佣金支付标准和方法一般由委托人与经纪人在国家有关法规允许的范围内协商决定，并写进委托协议书中。

4. 委托协议书的有效期和终止。委托协议一般应对其有效期做出规定。在委托协议有效期内，协议对签约双方产生法律约束力。委托协议可以由双方的行为或法律实施而终止。我国《民法通则》第 69 条规定，有下列情形之一的，委托代理终止。代理期间届满或者代理事务完成；被代理人取消委托或者代理人辞去委托；代理人死亡；代理人丧失民事能力；作为被代理人或者代理人的法人终止。

除此之外，还有违约责任、纠纷解决方式等其他问题。

二、美国体育经纪人的运作方式

体育经纪,在今天的职业竞技体育中占有举足轻重的地位,它是许多国家职业竞技体育市场能够公平、规范、高效率运转的一个重要因素。如果没有各种体育经纪人或公司在职业竞技体育中所承担的各类中介活动和代理、管理职能,职业体育就不会得到如此普遍、健康的发展。

美国是体育市场最为发达、体育职业化程度最高、体育经纪兴起最早也发展最快的国家。20 世纪是体育经纪兴起与飞速发展的世纪。分析与研究 20 世纪美国体育经纪的兴起与发展过程,发现可以借鉴和学习之处,有助于我国竞技体育的市场化。经纪体育比赛,尤其是大型综合性体育赛事,是一项复杂的系统工程,需要考虑方方面面的问题,才能使整个赛事运作起来有条不紊、井然有序,使比赛取得圆满成功。因此,经纪体育比赛不仅要把握全局,也要将细小问题做得严谨到位。与之相比,经纪运动员是一项细致而具有个性的业务。运动员成千上万,经纪人必须具备挑选有潜力的运动员的独特眼光,以及挖掘其运动天赋和商业价值的能力才能取得成功。因此,经纪运动员更需要有战略眼光,及对所从事项目的深刻理解。无论是经纪体育比赛还是运动员,都有一定的运作程序。

（一）对体育比赛的经纪

1. 取得比赛代理权:首先要与举办比赛的有关体育组织及地方组委会协商,进行实质性内容的谈判;然后签订合同,明确电视转播协议、现场广告及特殊标志的登记与保护。

2. 赛前策划:召开策划研讨会及工作会议;征召赞助商;召开新闻发布会进行宣传;发布各项标准的图解指南;开展产品促销;发布日常新闻和公告;负责比赛场馆的设计、检测和验收;电视转播的销售与分布;赛前形势分析预测等。

3. 赛时实施:保证一切按计划实施,解决现场问题;鉴定有关人员资格及合理安排门票;做好接待工作;负责电视节目的制作,包括现场编辑,直播比赛实况;监督标志产品使用权的情况等。

4. 赛后处理:做好赛事评估;赛后将有关文件和录像归档;组织电视、电影和图片展览等。

（二）对运动员的经纪

1. 取得代理权:包括寻找目标运动员;进行协商和谈判;签订委托合同。

2. 做好一揽子服务:包括为运动员寻找合适的加盟运动队或俱乐部;为运动员寻找赞助商;为运动员设计媒体形象及安排演讲机会;为运动员管理财

务、税收、投资等。

进入 20 世纪 90 年代,美国的体育经纪业开始向多功能和国际化的方向发展。由于竞技体育全球转播的普及,使职业体育在全球市场上变得炙手可热。一批大型的跨国经纪公司如国际管理集团等纷纷把自己的业务范围由传统的运动员、教练员代理扩大到了提供体育市场开发、国际体育竞赛的策划与组织、体育法律咨询、体育广告、体育制片及转播等全方位服务上来。这些公司还在大力开发涉外市场方面做了不少努力。以世界上最大的体育经纪公司国际管理集团为例。近十几年来该公司在全球各地包括中国设立了六十几家办事处,代理着世界各国优秀运动员教练员 2 000 多名。除此之外,它还在全球各地策划和组织网球、高尔夫球国际比赛并控制着高尔夫球全球球员电子排名系统。像 IMG 这样跨国跨洲、多功能、全方位的体育经纪公司正是未来体育经纪公司的代表。

三、国外体育经纪人运作的发展趋势

随着奥林匹克选手的逐渐职业化,亚洲、非洲等新兴体育市场的开发以及电视转播的发展使越来越多的竞技体育项目受到公众的欢迎,将使世界各国竞技体育市场对体育经纪人的需求不断增长。虽然各国所面对的政治、经济及社会背景不同,其体育市场及体育经纪业的发展应有自己的特点,但体育经纪在体育市场发展中的积极作用是毫无疑问的。体育经纪业也将在许多国家成为一个新兴的行业。

（一）由全面委托向单项委托代理发展

20 世纪六七十年代体育经纪人刚刚开始兴旺时,经纪人往往为委托人的训练、比赛、商业财务、社会事务及法律咨询提供一揽子服务。这种形式的优点是目的明确、形式简练而便于管理,委托代理双方的利益高度一致,相互依存。缺点是委托人需支付的费用十分庞大,而且一旦关系破裂,对双方的打击都很大。

进入 80 年代,单项委托代理的形式逐渐增多。其特点是经纪人不再全面代理委托人的事务,而只接一两项委托事务,如只代理薪资谈判或只代理形象开发等。这种形式一方面降低了经纪人的准入门槛,不一定掌握全面知识和信息,只是某一方面的专家也可以成为经纪人;另一方面,加强了体育经纪服务的专业化和权威性,并相应降低了委托成本。这样一个经纪人可以同时为数名委托人作同一项目的代理,而一名运动员也可同时拥有多名体育经纪人,负责自己不同方面的事务。

（二）由代理运动员向组织体育赛事发展

体育经纪人利用与运动员建立起来的良好关系,与体育组织合作,积极开拓

新的业务领域,特别是赛事推广。如荷兰著名的体育经纪人赫曼斯就在每年6月举行亨格洛田径大奖赛。1997年举行的约翰逊与贝利150米飞人大赛和男子中长跑超级对抗赛都是在经纪人的组织下进行的。国际管理集团于1988年推出男子网球职业巡回赛,使男子网球项目的商业化进程迅速加快,目前已成为美国职业运动中组织最为完善、利润最高的项目之一。

（三）由自发的行业竞争向规范化管理发展

随着体育经纪人队伍的不断壮大,他们之间的竞争日益激烈。这其中既有靠优质服务取胜者,也不乏不择手段者。因此,无论是国际还是国家体育组织都越来越重视体育经纪人的法制化和规范化管理,纷纷制定相应法律法规。美国现已形成一套以法律法规为核心的体育经纪人管理监督机制,经纪人在这样一种法制化的经营环境和公平合理的经济秩序中,通过规范的经纪活动获取合法利益。

（四）由国内运作向跨国运作发展

在全球经济一体化的大背景下,体育交流的范围不断扩大,体育经纪人的业务范围也不再局限于本国的体育市场,表现出显著的国际化特点。无论是个体经纪人还是经纪公司,无一不在努力拓展国外市场,在他们的演绎之下,国际化的大流动、大循环使得世界体育充满生机和活力。

面对21世纪,我国将进行国际商贸接轨,体育作为一种文化交流形式活跃在国际舞台上。为加速体育竞技价值向商业价值的转变,促进体育产业的发展,我国建立体育经纪人制度势在必行。

1. 建立健全政府和社会团体对体育经纪人的管理体制。制定相应的法律法规,对体育经纪人管理以法律为依据,采用法制手段对经纪人进行调控和管理。

2. 体育经纪人必须具备较高的政治素质、业务水准和竞争能力,具有高度的责任感和经纪意识。通过严格的培训和考试,获取体育经纪人资格证书,才能持证上岗。

3. 制定体育经纪人的管理内容程序：资格审定、合同管理、佣金管理和违法处罚等,并对各程序有明确具体的要求和规定。

4. 体育经纪人的业务对象主要是对运动员和体育比赛经纪。无论对象是谁,都应获取有关机关审查批准,登记注册,才能从事经纪活动。由于体育比赛的形式不同,体育经纪人应根据比赛的性质和规模向国家合法纳税和向服务对象获取应得的报酬。另应设立职业咨询小组或仲裁委员会,对经纪过程中出现的问题能及时解决,对违反管理条例的体育经纪人应给予民事、刑事或经济处罚。

总之,有序的体育中介组织有利于体育商业信息的传播、传导、流通,促进体坛资金的流动和体育市场的繁荣与发展。"十五"期间我国体育市场发展重点在于体育用品、健身娱乐、竞赛表演和体育中介市场。国内体育发达省份在培训体育中介市场方面均走在了前面。因此,在市场经济条件下,应将体育中介市场作为发展重点,下大力气培养更多更好的体育经纪人和中介机构,通过他们的牵线搭桥,来吸引更多经济界的投资,开发体育资源,培育体育市场,促进我国体育产业化进程

[本章思考题]

1. 体育经纪人分哪几种类型? 在市场经济条件下,体育经纪活动的作用主要表现在哪些方面?

2. 现代体育经纪活动不仅限于竞技体育,而且正在逐步渗透到大众体育、体育产业等各个方面,试问体育经纪活动的主要内容有哪些? 如何运作?

[相关链接一]

我国现行体育保险的由来

1995 年 3 月,11 位全国政协委员向全国政协八届五次会议递交了议案,要求为那些曾经为我国体育事业作出贡献的优秀运动员、教练员建立伤残保险和养老保险制度。

1996 年,香港南华体育会主席洪祖杭先生在中华体育基金会秘书长吴振绵的提议下,先后向基金会捐款 1 200 万元用于建立专项保险基金,为所有国家队运动员进行投保。

1997 年,国家体育总局党组授权,由体育局人事司牵头,财务司协助,体育保险的建立交由中华全国体育基金会负责具体筹办。

1998 年上半年,中华全国体育基金会保险部邀请国家体育总局训练局医务处的几位资深大夫和体育医疗专家学者,围绕国家队运动员伤残保险这一新课题,区别不同项目,到各运动队做了大量的前期摸底和调研工作,与保险公司的医疗专家一道,已经制定了《国家队运动员伤残事故程度分级标准》、《国家队运动员伤残事故程度分级标准定义细则》、《国家队运动员伤残保险试行办法》等涉及"国家队运动员伤残保险"这一崭新险项的关键性文件。这就是国内体育

保险（关于运动员保障）的雏形（正式运行在"桑兰事件"之后）。

信息来源：南方体育 2002—11—26

［相关链接二］

我国运动保险始于桑兰

1. 投保资金最初来自捐款。体育保险第一次受到国人关注是始于著名体操运动员桑兰 1998 年 7 月在美国友好运动会上意外摔伤致残之时。由于友好运动会为她提供了 1 000 万美元的医疗保险保障，使得她可以得到最好的治疗，不用为高昂的治疗费用和下半生的保障发愁。

桑兰的不幸，使得国家体育总局主管部门下定决心实施关于运动员人身保险的一揽子计划，开始了我国体育保险商业化的尝试。隶属于国家体育总局的中华全国体育基金会先后向国内两家保险公司投保两期的运动员伤残保险，参保人为 1 400 名国家队运动员。基金会每年交费 100 万元，运动员交少量保费；运动员在死亡和伤残时最高可得到 30 万元的赔偿。投保的资金，来源于香港南华体育会主席洪祖杭先生的 1 200 万元的捐款。

1998 年 10 月 28 日上午，中国自行车队山地车组正在南京进行亚运备战，然而 10 点 40 分左右，当训练车队行至 312 国道 309 公里岔路口时，一辆由湖州开往合肥的大客车突然失控，冲向正在慢车道上训练的自行车队。王泽秀躲避不及不幸身亡。26 岁的王泽秀曾获得过八运会和亚锦赛冠军，是中国自行车队冲击曼谷亚运会金牌的主力队员。悲剧发生后引起了各有关部门的重视，其家属得到了中华体育基金会 30 万元保险金的赔偿。

无独有偶，2001 年 1 月 4 日，前中国男排副攻手朱刚在训练中因心血管疾病突发不治身亡。这件事的处理过程引发了我们对现行体育保险的全面思考。隶属于四川男排的朱刚不幸猝死，但由于当时他已经离开了国家队，而他的保险期限是到 2000 年 9 月 28 日止，因此他猝死时并无任何保障。虽然最终他的家属得到了由中华体育基金会运动员伤残保险基金出资的 20 万元补助，但这并不是保险金，实际上只是一种特殊的抚恤金。同样，董芳霄在受伤后也得到了中华体育基金会赔付的 1 万元现金和体操中心给予的 5 万元补助，而这些实际上也并非真正的保险赔偿金，更多的是体现了社会各界对这些为国家作过突出贡献的运动员的一种关心。即使是桑兰，虽然友好运动会为她投保了价值 1 000 万美元的意外伤害保险，但根据规定，理赔范围只限于医疗费并且规定在美国境内使用,其他费用如桑兰父母在美期间的生活费等,都是由友好运动会组委会的专用基金来提供。而桑兰回到国内后就不再享受这种待遇,但由于桑兰事件影响范围很大,她后来不但得到了国家体育总局的高度重视,还得到了一些民间基金会组织的帮助。

2. 运动员对国内保险望而却步。目前国内对体育保险的需求,大致可分为两类:一是体育产业的保险。我国每年举办的传统竞技和商业性的国内外大型赛事有数百场之多,与此相关的意外保险、医疗保险、责任保险、财产保险是一个可观的数目。二是运动员的保险,主要是伤残保险。目前国家体育总局为国家队的运动员都进行了投保。但还有为数更多的地方队运动员,他们目前的各种保障制度并不健全,有些甚至是很不健全。这种现象的出现并不完全是由于各省市体育主管部门资金不足造成的。以前,地方俱乐部和运动队保险意识不强,许多单位并未给俱乐部内的运动员上保险。但接二连三的运动员伤残甚至死亡事件的发生已经引起了各地方体育主管部门的高度重视,记者在河北省体育局就曾亲眼目睹了体操中心领导与平安保险的业务代理人关于投保运动员医疗险的谈判。目前的问题在于国内的体育保险还处于起步阶段,市场上缺乏代表运动员利益的相应中介机构(如体育保险经纪公司),同时保险公司对运动员的特殊需求缺乏足够的研究和重视。由于缺乏明确的数据,保险公司在费率的制定上有一定的困难。费率偏高、险种偏少、条款不明确、理赔不及时等问题,使得运动员和体育界对国内体育保险望而却步。

运动员对于保险的需求相对于普通人而言更为特殊,也更为复杂,这就要求在险种范围的划定上要更加细致,比如像董芳霄,她所患的股骨头坏死严格地讲属于病的范畴,并不在中华全国体育基金会的《优秀运动员运动伤残等级标准》的界定和赔付范围之内,但这种职业病又是从事体操运动的女运动员比较多发的。诸如此类的问题都有待真正得到解决。同时由于运动员出现伤病的概率明显高于普通人,大多数保险公司对于长期接受此类投保都有一定的顾虑,所以也就更谈不上制定相对完善的保险条款了。这些矛盾的出现就需要体育保险经纪公司来解决了。

3. 运动保险制度亟待完善。某记者近期走访了中国第一家保险经纪公司——江泰保险经纪公司。该公司客户部的一位经理李女士非常热情地接待了记者。记者介绍了关于运动员伤残及死亡的几个案例和自己了解到的关于运动员投保的情况后,李女士证实了目前国内几家保险公司都还没有能够建立相对应的险种,能够满足运动员需要的方式只能是“量身定制”,而这正是保险经纪公司的专长。通过保险经纪公司的介入,可以为客户方,也就是各运动队的运动员们设计一种特殊的保险,针对各不同项目的运动员,囊括所有可能的伤病,它可以集运动伤残保险和养老保险等险种为一体,给运动员提供长期的保障,彻底解决伤残标准界定模糊等问题带来的后顾之忧。更为重要的是,由保险经纪公司代表运动员方与保险公司谈判,可以避免运动员方由于保险知识欠缺所造成的被动,完善投保和理赔机制,争取在尽可能低的保费下获得尽可能高的保额。据李女士介绍,目前可以肯定不止一家保险经纪公司看到了运动员保险这一待开发的广阔领域,但真正运作起来绝非轻而易举。首先,保险经纪公司需要"国家体育总局和地方体育主管部门有所意向",授权经纪公司代为处理相关事宜,保险经纪公司才能介入。目前最容易接受的方式是由中华全国体育基金会委托经纪公司与保险公司进行谈判,为运动员量体裁衣设立条款。国家队运动员统归国家体育总局直接管理,所有的人都通过中华全国体育基金会投保,但保障并不完善。而且还有为数众多的地方队运动员需要有人为他们提供保障。

据记者了解到的情况,和董芳霄情况类似的一位从未入选国家集训队的女子体操运动员,目前因伤病退役而且仍在卧床,她所得到的补偿只是每月 1 000元的现金,就这 1 000 元现金还是地方体操队领导为她奔走了很长时间才得到的。当记者和董芳霄的母亲谈起此事时,董妈妈也是不住地叹息,并说道:"我也知道,比较起来我们家霄霄已经是很幸运了。"其次,即使假设这种可能存在,被委托的经纪公司与保险公司之间就险种条款、保费以及伤残界定等问题的谈判也将是十分复杂和漫长的过程。但最重要的还是要"主管部门有所意向"。

信息来源:南方体育 2002—10—21

第五章

体育经纪人的制度管理

本章学习要点

- 体育经纪人的自我管理
- 体育经纪人的组织管理
- 国外体育经纪人管理制度

尽管体育经纪人在我国已经有一定的发展,但由于各方面对体育经纪人这一事物缺乏认识,因而疏于管理,致使体育经纪人行业无法可依,管理不到位。再加上一些经纪人由于自身素质不高,在利益的驱使下,违法违纪进行经纪活动,致使运动员和俱乐部上当受骗,遭受严重损失,同时侵害了体育消费者的权益。此类情况若得不到有效控制,将造成不良的社会影响,甚至严重制约体育事业的发展;而且助长和纵容了经纪人危害社会的逆向反动,滋生出一系列社会问题。这都标志着我国体育经纪人制度的不成熟,其实质是经纪制度的规范化程度不高。因此,很有必要建立和完善体育经纪人的管理制度。

第一节　体育经纪人的自我管理

一、体育经纪人自律

强化对体育经纪人的自我管理,不仅符合我国建立市场经济体制的目标,也符合当前政府职能转变的要求,并且对于体育经纪业的健康和有序发展也具有十分积极和重要的作用和意义。体育经纪人的自我管理包括体育经纪机构的内部管理和个人的自我管理两个方面。在体育经纪人个人的自我管理方面,首先体育经纪人在从事体育经纪活动中要遵守经纪人行为准则。在国家工商行政管理局发布的《经纪人管理办法》中规定经纪人的行为准则包括以下几个方面:

1. 诚实守信,为客户提供客观公正、准确高效的服务;
2. 把订约和交易的实际情况如实、及时报告当事人;
3. 从业过程中妥善保管当事人的有关资料和物品;
4. 保守当事人的商业秘密;
5. 吸取佣金要开具发票,禁止私下交易;
6. 接受体育工商部门的监管。

其次,经纪人不得从事下列禁止性行为:

1. 超越其核准的经纪业务范围;
2. 在经营过程中,对当事人隐瞒重要事项;
3. 违反经纪人的有关规定,利用经纪人的有利地位与一方当事人恶意串通,损害另一方当事人的利益,或者采取欺诈、胁迫等手段促成交易;
4. 收取和索要佣金以外的其他报酬。

在体育经纪机构的内部管理方面,经纪机构内部的经纪人除须遵守上述经纪人行为准则和不得从事的禁止性行为外,体育经纪机构还要依照相关法律(如《公司法》、《合伙企业法》、《经纪人管理办法》等)加强对其自身内部的管理。

二、体育经纪人资格认定

体育经纪人的资格认定制度包括从业人员的申请条件资格审查、行业考试、资格有效时期推定和必要说明等。如体育经纪人必须是脱离公职的专业人员,要有固定的营业场所,要照章纳税。根据国家工商行政管理局颁布的《经纪人管理办法》规定:公民或组织要成为合法经纪人,首先必须获得经纪人从业资格。但获得体育经纪人资格,必须接受资格审查、考核、取证等几个必要的程序,还必须取得经纪人营业证、资格证"两证"和经过税务、交易市场"两登记"。

(一)资格审查

资格审查即从申请人的自然条件方面考察其是否具有成为经纪人的资格。根据《经纪人管理办法》第六条规定:申请从事经纪活动人员必须具备以下条件:

1. 具有完全民事行为能力;
2. 具有从事经纪活动所需要的知识和技能;
3. 有固定的住所;
4. 掌握国家有关的法律、法规和政策;
5. 申请经纪资格之前连续三年以上没有犯罪和经济违法行为。

具备以上条件的人员,经工商行政管理机关考核批准,取得经纪资格证书后,方可申请从事经纪活动。

(二)考核

考核主要是对申请人的欲从事的经纪专业知识与能力两方面进行考察。对于专业知识与能力方面,根据国家工商行政管理局发布的《经纪人管理办法》第七条的规定,从事金融、保险、证券、期货和国家有专项规定的其他特殊行为经纪业务的,还应当具备相应的专业经纪资格证书。而体育经纪属于特殊经纪业务,因此,要想成为一名体育经纪人必须通过特定的经纪人行业考试。考试或考察的内容主要有申请人对该项目及其管理规定的熟悉程度、对有关法律的掌握和运用以及为委托人提供咨询服务的能力等。

根据国家工商行政管理局发布的《经纪人管理办法》和有关省市的具体规定,经纪人培训考核由县以上工商行政管理机关组织实施,也可以委托有关单位进行。培训考核的内容为从事经纪活动所需要的知识和技能以及相关法律、法规和职业道德等。经培训考核合格发给证明,凭考核合格证明,向发照的工商行政管理机关申请,经核准后发给《经纪人资格证书》。如《上海市体育经纪人管理试行办法》规定:体育经纪资格培训和考试工作由上海市工商局和上海市体委共同组织实施,经培训并考试合格,由上海市工商局和上海市体委联合颁发《体育经纪资格证书》。

（三）获得资格证书

通过考试后,还要经过体育管理部门的资格审定。如《上海市体育经纪人管理试行办法》第六条（资格证书）规定:体育经纪活动的执业人员必须具有《体育经纪资格证书》。申请《体育经纪资格证书》人员必须具备的条件有:（1）有固定的住所;（2）具有大专以上文化程度;（3）具有完全民事行为能力;（4）申请经纪资格前连续三年内没有犯罪和经济违法行为记录;（5）参加体育经纪资格培训,并经考试合格。

体育经纪人资格认证制度,主要有以下几个环节。

首先,欲从事体育经纪业务的自然人必须参加由特定机构组织实施的体育经纪资格培训和考试工作,经培训并考试合格后,取得由特定有权机构颁发的《经纪资格证书》。

其次成立体育经纪机构。取得《经纪资格证书》后,并不能开展体育经纪活动,还须依法成立一个体育经纪机构。目前体育经纪机构可以存在的组织形式有个体体育经纪人、体育经纪人事务所、体育经纪公司和兼营体育经纪业务的其他公司。按照有关规定具备相应条件,持相应材料和证明文件到工商局资格认定登记注册,领取营业执照并到体委备案后,通过体育经纪人资格认证,此时方可对外开展体育经纪业务。然后,成立体育经纪机构。经纪机构就是由一定数量获得体育经纪资格证书的人员,经过法定程序注册登记并从业的经纪实体。如《上海市体育经纪人管理试行办法》第三章主体经营资格中规定的体育经纪机构有个体经纪人、体育经纪人事务所和体育经纪公司三种形式。详见第二章第一节。

申请个体体育经纪人、体育经纪人事务所、体育经纪公司及兼营体育经纪业务的公司,在符合有关规定后,持相应材料和证明文件到市工商局资格认定登记注册,领取营业执照后15天内须到上海市体委备案,方可对外开展体育经纪业务。

另外,从事球员转会的经纪人还需具备以下条件:首先,转会经纪人员对体育项目有相当深入的了解,最好本人具备这个项目的运动经历。其次,经纪人要对自己所代理的球员的技术特点有深刻的洞察和准确的预测。成功地为自己所代理的球员寻找到适合其特点、有利于发挥其水平的俱乐部。当然,从事转会中介的经纪人还要尽量了解买卖双方俱乐部或球队各方面的情况,这些都是促成球员转会成功的先决条件。

在中国要想成为国际足联足球经纪人,中国足协根据国际足联的有关要求,制定了以下标准:

1. 申报者必须经过工作所在地体育和工商部门联合举办的体育经纪资格培训,获得《体育经纪资格证书》,从事体育经纪活动一年以上时间,并经当地主管部门年检。

2. 具有工商管理部门颁发的从事体育经纪活动公司的《营业执照》。在2002年参加中国足协国际足联足球经纪人考试中,要求申报者必须是该体育经纪公司的法人代表,但是从2003年开始,中国足协放宽了这个条款,取消了"法人代表"的要求。

3. 申报者必须具备大专以上学历,并具有国家教育部门颁发的学历证书和学位证书。

三、体育经纪人的培训

为了使体育经纪人稳定持续良性发展,充分发挥其繁荣体育市场的作用,提高其业务能力,须对经纪人进行科学有效的专业培训。培训内容应包括一般经纪人常识、体育经纪人概论、市场营销、管理以及相关法律法规(如合同法、反不正当竞争法、公司法等)。

目前有许多体育组织和经纪人联合会在举行经纪资格考试前,要组织申请人进行相应的培训,培训内容集中在相关法律法规、市场营销、合同、公共关系和行业规范等多个方面,使得申请人初步具备从事经纪活动所需要的知识和技能。尽管我国经纪业有悠久的历史,但我国体育领域经纪行为的出现只有短短几年。随着我国体育商业化、职业化的不断深入,体育经济和体育产业正飞速发展,而活跃于我国体育领域屈指可数的经纪人已不能满足快速发展的体育市场的需求。因此,为适应体育经济发展,我国急需培养专业的体育经纪人才。

(一)国内外体育经纪人培养的现状

要成为一名出色的体育经纪人,必须具备一定的能力,如职业能力、创造能力、适应能力和应变能力等。因此,要造就高素质的经纪人才,必须对经纪人实施正规的教育,从而系统地培养其经纪行为能力。像NBA头号经纪人戴维德·福克尔之所以能在经纪人业如此成功,这是与他在华盛顿大学受过良好的高等教育分不开的。

1. 国外体育经纪人的培养。欧美许多体育产业较发达的国家都十分重视体育经纪人的培养和继续教育。在比利时、西班牙、荷兰、德国和法国等国家,均有培养体育经纪人的高等院校。如法国的贝尔纳大学和荷兰的欧洲体育管理学院,都设立了体育经纪人专业来培养高素质的体育经纪人才。其中贝尔纳大学的经纪人培养制度最为完善,它的培养方案包括三个层次:第一层次是基础教育,包括基础课、辅助课、语言和社会交往课以及专业常识四类教学课程,共要进行两年时间;第二层次的教学是培养有学士和硕士学位的未来体育经纪人的专业教育;第三层次为体育经纪人的深入专业教育,强调实践性。通过这种体制,法国培养了许多世界一流的体育经纪人。

2. 我国体育经纪人培养现状。随着体育领域经纪人的兴起,国家体育总局在北京、上海、江苏、广东等地进行了体育经纪人的教育、培训和考核的试点,并取得成效。其他的部分省市也进行了地方性的体育经纪人培训,如湖北省、山东省等。但就整体而言,我国对体育经纪人的培养仍存在以下的不足:(1)形式上,各地经纪人的培养都是以短训班的形式出现,这种短训班很难全面系统地培养出高素质的体育经纪人才;(2)时间上,各地的培训都是临时地、不定期地举办,这样很难持续地满足不断增长的体育市场对体育经纪人才的需求;(3)内容上,各地的培训多以教授体育经纪人有关的理论知识和国外体育经纪人制度及管理规定为主。这种单一的培训内容只能让被培训者了解体育经纪人有关的理论常识,难以培养其实际的经纪能力。

(二) 我国设置体育经纪人专业的紧迫性

1. 体育市场的快速发展呼唤高素质的体育经纪人。体育经纪人作为体育市场发展的行为主体之一,直接参与体育比赛、体育经济活动及运动员的流动等。同时作为体育中介,它可以有效地发挥服务、沟通、推广等作用,有利于体育商业信息的传播、传导、流通。目前,我国经济已步入市场轨道,体育市场已开始启动,像足球等项目已开始实行职业改革,体育产业日渐红火。因此,为推动体育经济快速增长,创造更多体育商机,开发巨大的体育无形资产,都需要大量高素质体育经纪人才。

2. 体育事业的转轨改革需要体育经纪人来牵线搭桥。我国传统的体育事业是由国家投资兴办,体育事业是一种社会公益事业。随着我国改革的深入,体育事业也开始转轨换形,过去的公益性体育逐渐走上产业化道路。各项目的管理中心已脱颖而出,成为体育产业独立的经济实体。然而,体育界与商业界连接起来,使体育真正带来经济效益,就必须由体育经纪人这座桥梁来沟通。

3. 体育经纪业企盼专业经纪人才的培养。体育经纪业在我国还是新生事物。由于缺乏专业的经纪人才,致使年幼的我国经纪人行业历经了辛酸的发展历程。1994年3月,北京星华实业公司总裁李伟策划了一场世界级高水平的拳击赛,由于策划的不规范,导致美国单方毁约,差点使李伟倾家荡产。这类吃亏的事在中国还有许多。像中国足球刚开始职业化时,不少俱乐部为和世界一流球星练脚,花巨资请大牌球队,结果由于缺乏专业的体育经纪人的运作,使得到场的高手全是一帮"水货"。1996年6月,上海申花就遭遇过:他们决定与欧洲一流水平的西班牙马德里竞技队进行一次交流比赛,由于没有专业经纪人的联系,对方派了一大批冒牌货,幸亏赛前市足协和申花俱乐部谨慎地核对了来华球员的名单,及时拒签了这支名不副实的"大牌球队"的入境签证。总之,由于我国没有进行体育经纪人的正规培训,使得高素质体育经纪人才缺乏,导致在经纪过程中时常出现"吃哑巴亏"的窘境。我国经纪业的艰辛历程也反映出正规培养高素质体育经纪人才的紧迫性。

4. 体育经纪界与国际接轨急需建立高素质队伍。体育本身就是一个国际性交流活动,我国体育要与国际接轨,体育经纪界自然会遇到许多新的机遇与挑战。按国际惯例,体育经纪公司必须是处于政府主管部门、运动队或俱乐部之外的民间经济实体,而且对体育经纪人也有严格的要求,即体育经纪人必须熟悉各项法律知识,特别是体育方面的法规、经济方面的基本知识(包括经济谈判、合同签约),还需懂外语。正是由于我国目前还没有成熟的体育经纪人或体育经纪公司,以致国外体育经纪公司乘虚而入,轻而易举地占领了我们巨大的体育市场,连中国国内的比赛,也由外商中介公司来操办,赚光了我们应得的钱。我国加入WTO后,国际的经纪业竞争将会更加残酷,我们的经纪行业要想在世界市场上有一席之地,必须加快培养自己高素质经纪人队伍。

第二节　体育经纪人的组织管理

一、注册登记管理

注册登记制度包括注册登记的管理程序说明、注册费的缴纳办法和期限、所在国家或地区相关注册管理机构组织的组成和工作办法,以及注册制度、注册方式的选择等。对从事工商业经营活动的主体进行注册登记管理,是国内外通行的做法。国际上通行的做法是,申请人经资格认定后,须到相应的体育组织或经纪人联合会注册,并同时交纳注册费。有些项目还实行年度注册制度,经纪人须接受年审,并交纳年度注册费。为了保护自身及其成员的利益,许多体育组织规定体育经纪人只有在取得其承认的经营许可证后,方可组织其名下的比赛或代理其名下的运动员。

在我国现阶段,登记管理是登记主管机关依法确认市场经营主体资格和法律地位的法定程序。我国的登记主管机关是各级工商行政部门,开展工商业经营活动的主体必须经工商行政管理机关注册登记,在领取工商行政管理机关核发的营业执照后方可开展经营活动。《经纪人管理办法》第十三条规定,对于符合该办法规定条件的经纪人事务所、经纪公司、个体经纪人和兼营经纪业务的经纪组织,应当向所在地工商行政管理机关申请登记注册。体育经纪活动是以收取佣金为目的的经营活动,独立从事体育经纪活动的个人和从事体育经纪活动的组织,必须经工商行政管理部门注册登记,由于体育经纪人在我国是由体育行政管理部门和工商行政管理部门共管,因此,体育经纪人除了要在工商行政管理部门依法登记外,还应当在领取营业执照后到当地体育行政管理部门进行备案。欲体育经纪活动的个人或组织,只有履行上述手续后才能成为合法的市场经营主体。

对从事体育经纪活动者实行登记注册制度,可以杜绝无执照行径的行为,从从业人员方面规范体育经纪市场,以维护良好的市场秩序,促进体育经纪业的良性发展。

二、监督管理

体育经纪人的业务经营活动,对体育市场的各方权利和义务的实现均会产生一定的影响,因此,作为共同管理部门的国家体育总局和国家工商行政管理局,应当进行统一指导、统一立法,在各自的职权范围内行使管理权。体育部门对体育经纪人的专业资格和能力进行监管,并且依照体育法律法规对体育经纪人进行指导和管理;工商部门的工作重点是维护统一的经纪市场秩序,并且依照工商行政管理法规进行管理。监管部门要切实履行职责,依据《体育法》、《合同法》和国家工商行政管理局《经纪人管理办法》的规定,加强对体育经纪人执业活动的监督、管理,促进体育中介市场的健康发展。

根据《经纪人管理办法》的规定,各级工商行政管理机关负责对经纪人进行监督管理。其主要职责是:

1. 经纪资格的认定;
2. 经纪人的登记注册;
3. 依照有关法律、法规和本办法的规定,对经纪活动进行监督管理,保护合法经营,查处违法经营;

4. 指导经纪人自律组织的工作；

5. 国家赋予的其他职责。

三、行业管理

在市场经济条件下，对体育经纪人除建立必要的他律机制外，通过经纪人行业协会——完全独立于供需双方的经纪人自律管理组织，进行行会组织自律性管理也是客观和符合实际的。体育经纪人联合会是一种较为松散的自律组织，是由一些有共同职业、共同利益的经纪人组成的联合组织，有一定的自发性。这些组织的基本职能是约束经纪人的行为自律，保护经纪人的合法利益，遵守经纪人的职业道德等。目前最有影响的经纪人联合会是国际田径经纪人联合会和国际网球经纪人联合会，他们的会员各自代理着不同数量和等级的世界著名运动员的多项事务，全球90%的优秀田径运动员都由他们掌握。经纪人联合会主要行使以下的管理职能：负责确定经纪人的佣金标准，制定经纪人的行业规范，处罚违规经纪人和经纪行为。该组织每年还要评选年度世界最佳田径经纪人，意在规范经纪人的行为，维护经纪人的声誉。

完备的体育经纪人制度离不开行会组织，行会管理是体育经纪人管理的突出特点，它主要是发挥行业内部组织的管理作用，以行业内部人员为基础，约定和实施对本行业的管理措施，通过自行管理解决体育经纪人内部之间的矛盾，来保证体育经纪人之间的平等竞争，制止垄断，提高从业人员的行为标准和保护公众利益。

另外，经纪人行业协会可以加强对经纪人的教育，加强职业道德教育。经纪活动不同于其他经济活动，由于具有一定的投机性，而不可避免地带来一些消极因素；绝大多数经纪人都是自由职业者，其职业教育显得非常重要。通过教育，使经纪人遵守"真实、合法、公平、互信、互利"的原则，讲信誉，守信用，诚实经营，树立经纪人良好形象。

并且，现在有一些经纪人往往只接受一星期左右的培训，通过考试后便真刀真枪进入实战，从事智力型的经纪活动。有些不具备扎实的经济理论和分析技术基础以及实际交易经验的经纪人也混迹市场。这样的交易，险象环生，令人提心吊胆。有了经纪人行业协会即可对经纪人进行业务培训；资格考核，提高经纪人经营能力和法律素质，使之具备价格跟踪能力、商情分析能力和市场开发能力。

体育经纪人的自律组织是体育经纪人协会，经纪人作为一个行业，应有本行业的自律组织。但由于我国目前对体育经纪人还未实行全国统一管理，各地的相关管理还不很完善,没有建立起体育经纪人协会这样的自律组织,这使得无论是在规范体育经纪人的行为方面,还是在保护体育经纪人的利益方面,都难有法可依。等将来经纪人队伍相对壮大、条件成熟的时候,建议尽早成立全国体育经纪人协会,制定经纪人协会章程、行业行规,建立起自我监督、自我管理、共同提高、共同发展的良性行业自律管理机制。执业经纪人应当加入体育经纪人协会,经纪组织可以加入体育经纪人协会。体育经纪人协会会员按照执业经纪人协会章程,享有章程赋予的权利,履行章程规定的义务。经纪人协会可行使政府授予的管理职能,更主要的是为本行业经纪人服务,维护经纪人的合法权益。

体育经纪人协会具体发挥以下作用:

1. 协同体育主管部门,宣传、贯彻有关体育经纪行业管理的方针、政策、法律、法规;处理行业内部的具体事务。

2. 广泛组织体育行业信息交流,促进体育信息资源利用效率。通过行业协会的有效运作,总结和推广体育经纪的先进经验,开展有关方面的理论研究,配合相关部门组织执业经纪人业务培训,提高体育经纪人的素质。

3. 制定经纪执业准则,进行执业经纪人职业道德和执业纪律的教育和检查;按照章程对会员进行奖励和惩戒;对执业经纪人的违法行为,向市工商局或者区、县工商行政管理部门提出处理建议。

4. 规范体育经纪人行为的同时,也要积极维护会员的合法权益。

5. 接受投诉、调解经纪执业活动中的纠纷。

第三节　体育经纪人管理过程中的几个具体问题

一、保证金问题

保证金是体育管理机关要求体育经纪人为确保履约提供财力担保、对其所欲从事的经纪事务负责所表示的信誉交存在其账户上的一笔资金。由此所形成的制度即为保证金制度。实施保证金制度主要是约束经纪人履行义务,规范其经营。保证金制度包括对缴纳保证金数目的规定,违约后保证金的处理办法及补偿规定等。

由于中介服务行业的特殊性,对当事人来讲,中介人既可以为他们提供服务,但同时也可能给他们带来风险。保证金就是体育经纪人履行合同、对因经纪人工作中的过错行为而给委托人造成损失所提供的、维护委托人利益的物质保障,是控制体育经纪风险的一种重要经济手段。所以,申请人在申请经纪人许可证注册时,一般都要求其还须在注册机构指定的银行存入一定数额的保证金,保证金将用来补偿因经纪人的与有关管理规则相抵触行为从而给当事人造成的损失。经纪人一旦违约,将从其存入银行的保证金中扣除部分或全部作为罚款;之后经纪人还必须立即在银行内补足这笔钱,否则将被取消经纪资格。根据国际体育组织的有关规定,从事体育经纪要交纳一定的保证金。如《国际足联球员经纪人规则》第九条规定:

1. 若颁发许可证。申请人应向国际足联出示总金额为20万瑞士法郎的银行保证金。保证金应由瑞士银行提供并不可撤回。

2. 只有国际足联有权使用该保证金,若经纪人的行为造成球员或俱乐部的损失并与国际足联的规则相抵触,经纪人的保证金将用来补偿由此而造成的损失。20万瑞士法郎保证金的总金额不属受害方补偿的限额。

我国建立体育经纪人保证金制度也可以借鉴这方面的经验。在有关的国内体育组织对体育经纪人的管理规则中,也对保证金作了规定。如《中国足球协会球员经纪人管理办法》对缴纳保证金数目的规定,违约后保证金的处理办法及补偿都作了规定。该管理办法第九条规定:资格考试合格且经中国足协审核认为可授予《中国足球协会球员经纪人许可证》(以下简称《许可证》)者,应在规定时间内将35万元人民币的责任保证金足额汇入中国足协指定银行,并将中国足协财务开具的保证金收据复印件上缴中国足协注册办公室。关于此保证金:

1. 球员经纪人在从事足球经纪活动期间不得收回保证金;

2. 球员经纪人的经纪行为违反中国足协或国际足联的规定并造成俱乐部或球员损失的,中国足协有权使用该保证金,赔偿此损失,且赔偿金额不以保证金总额为限;

3. 因上述原因造成保证金金额不足的,该球员经纪人的《许可证》将被临时吊销,待保证金金额重新达到35万元人民币,中国足协发还其《许可证》,该经纪人方可继续从事球员经纪活动;

4. 球员经纪人自交还《许可证》或《许可证》被吊销之日起六个月内不得收回保证金,以赔偿第三方可能提出的要求。

该管理办法第十条又规定:如果球员经纪人不能按上述第九条规定缴纳责任保证金,也可向瑞士银行上缴总金额为10万瑞士法郎的银行保证金,保证金证明应由瑞士银行提供并不可撤回。关于此保证金:

1. 只有国际足联有权使用该银行保证金。银行保证金与责任保证金具有相同的作用。保证金的总额不代表所能要求赔偿的最大限额。

2. 如果银行保证金被用来赔偿球员经纪人造成的损失,球员经纪人《许可证》将被暂时吊销,直至保证金额重新达到 10 万瑞士法郎,中国足协发还其《许可证》,该经纪人方可继续从事球员经纪活动。

二、佣金问题

我国国家工商行政管理局颁布的《经纪人管理办法》第 15 条规定:经纪人从事经纪活动所得佣金是合法收入。经纪人完成经纪活动后有权按照合同约定收取佣金。经纪人收取的佣金不得违反国家法律、法规和政策。

从国际体育组织的规定看,转会、赛事经纪、个人事务代理的佣金差异很大,从 0.5% 到 30% 不等。根据不同的代理业务和运动项目,佣金有不同的支付方式和标准,我国应根据自身特点,制定出适合自己的佣金制度,以规范经纪市场收费的行为。目前国外佣金收费主要按以下几种类型收费。

（一）按比例收费

这是最常用的收费方式,经纪人按事先谈好的比例从运动员收入中提成。一般来说,代理运动员与俱乐部或职业体育组织进行劳资谈判的佣金比例较低,通常为 0.5%—5.0%（美国为 3%—5%）;负责运动员的财务管理一般收取总额的 5%;比赛奖金提取 10%。

代理运动员与体育组织以外的自然人或法人,进行运动员名字或形象的商业开发,包括广告、赞助和电视转播合同等,佣金比例较高。足球经纪人在这方面的佣金可达 15%,田径经纪人是 25%—30%,网球经纪人是 20%—25%。

针对不同的代理事务,采用不同的佣金标准,一方面有助于建立职业体育中较为稳定的劳资关系,保护运动员和职业体育组织的利益,另一方面也能鼓励经纪人积极开发运动员的商业价值。近年来,在足球经纪人的实际操作中,越来越多的运动员与经纪人经过协商,根据获益情况,确定基本佣金和激励佣金两个不同标准,以调动经纪人进行商业操作的积极性。

如果由经纪人公司代理,佣金提成比例则更大。一些田径经纪人公司代理运动员劳资谈判会收取运动员收入的 40%—45%,国际管理集团代理网球运动员谈判出场费和奖金的佣金标准是 25%。

（二）按时间收费

采取律师的做法,收费以小时计算。

（三）综合收费

即按比例收费与时间收费结合起来计算。

（四）固定收费

不计谈判耗费的时间及合同款数额,按事先约定的费用收取。

一些体育组织还制定措施,加强对经纪人收费的监督和管理。如美国橄榄球运动员工会规定,经纪人前三年只能拿劳资协议所定最低薪金的 5% ,小时收费不得超过 125 美元,合同固定收费不超过 2 000 美元。篮球运动员工会实行经纪人收费记账管理制度,以备运动员工会检查。

佣金作为提供中介服务的报酬,应该由体育经纪人和委托人协商议定,在体育经纪合同中依法做出明确约定,具体规定佣金的支付标准、支付方式等。

佣金的收取时间,也应在体育经纪合同中规定,经纪人的佣金由委托方给付,经纪人与合同他方另有约定的,按约定办理;合同没有约定时,一般情况下,体育经纪人履行经纪合同后,即有权按照合同约定收取佣金。体育经纪人与委托人所订立的合同载明仅以提供订立合同的信息、机会、条件为服务内容的,体育经纪人履行合同后,即可要求委托人给付佣金;体育经纪人与委托人所订立的合同载明以充当委托人与相对人订立合同为服务内容的,在委托人与相对人订立合同前,经纪人不得要求委托人给付佣金。

经纪人在经纪活动中违反应当承担的义务,损害委托人利益的,不得要求委托人给付佣金。

经纪人根据合同提供经纪服务,委托方或者合同他方违约的,经纪人无需归还佣金;体育经纪人充当订立合同的中介,委托人与相对人订立合同后,出现下列情况,经纪人不退还佣金:

1. 经纪过程中,体育经纪人发现委托人与相对人双方或其中一方无履行合同的能力,曾规劝双方或一方不要订立合同,但未被接受;

2. 经纪人据实提供服务,委托人与相对人订立合同后一方违约。

佣金的收取形式,可以以现金、转账结算或其他形式进行。佣金的收取与支付应按照国家有关规定执行:体育经纪人收取佣金,必须开具税务部门规定的经纪服务专用发票,要如实入账,并依法纳税;佣金支付方可将佣金计入经营成本;禁止佣金支付方以非经纪服务专用发票入账支付佣金。

佣金与费用的区别:佣金是提供中介服务的报酬,是经纪人经纪活动的价值体现,由委托人支付给体育经纪人。费用是体育经纪人为完成体育经纪事务发生的各项支出。对于费用,一般情况下由体育经纪人自己承担,即依靠获得的佣金支付,但体育经纪人与委托人应当在经纪合同中达成费用约定的,优先适用约定;未经约定的,体育经纪人不得要求委托人承担费用。

三、单项协会和经纪人关系问题

根据我国体育单项协会章程的规定,单项协会是具有独立法人资格的全国田径运动项目群众性体育社会团体,是中华全国体育总会的团体会员,是中国奥林匹克委员会(简称中国奥委会)所承认的管辖某一单项运动的全国性运动协会。单项协会实行会员制,是非营利性团体。既然单项协会是群众性的社会团体而不是行政管理机关,那么协会和经纪人之间在法律地位上是平等的,故两者应该是一定条件下的合作关系。项目协会可以从自己的专业角度提出一些专业要求,对自己初步认可的、有合作意向的经纪人进行一定的专业培训,使其了解并遵守这个行当的规范或者说规矩。

纵观世界上体育强国的体育管理,均是采用各具特点的协会制形式。体育单项协会实体化具有覆盖面广、包容量大、适应性强、对外交往灵活方便的特点,适应市场经济条件下体育社会化、产业化的要求,符合现代体育运动的特点和规律。对照国外一些发达国家和我们体育事业自身的发展实际,单项协会实体化势在必行。另外,体育应由国家和社会共同举办,体育单项协会实体化,构筑体育服务平台,是体育社会化过程中不可缺少的一个重要步骤。体育单项协会实体化,必须为协会注入实际内容,使单项体育协会具有一定的权力,承担一定的职责和任务,充分发挥它的积极性。所谓实体,在经济上是指独立从事生产经营活动,实行经济核算,独立经营,自负盈亏,具有法人地位和权力相对独立的经济单位,在法律上是指团体法人。体育单项协会是社会团体,根据国务院颁发的《社会团体登记管理条例》,具有民事权利和民事行为能力,依法独立享受、享有民事权利和承担民事义务的社会组织。体育单项协会必须具备五个条件:(1)依法成立;(2)有必要的财产或经费;(3)有自己的名称、组织机构和专、兼职人员;(4)能够独立承担民事责任;(5)有自己的《章程》。体育单项协会要成为实体还必须具备团体法人的条件。体育单项协会作为体育组织,它具有体育自身的特点,承担特定的职责和任务,这就是在本项目的管理上居主体地位,具有代表性和权威性。这也是成为实体的必备条件。

单项协会可以根据国家体育总局的授权,对本项目经纪人和经纪活动实施管理,负责对本项目经纪人活动的全面管理,承担总局委托的具体工作和职能:制定本项目经纪人管理制度和规章,特别是对运动员转会、代理、形象开发以及本项目无形资产代理开发等制定出明确的管理规定和办法;条件成熟时,审批和签发本项目经纪人资格证书;组织本项目经纪人的教育、培训和考核;对行业经纪人的行纪行为进行监督管理,保护公平竞争;创造条件开发培育经纪人市场,推动本项目经纪人事业的发展等。

单项协会的职能和责任应随着体育经纪人制度的不断完善而逐渐扩大,直到承担起初期总局的部分职能。由于各项目的职业化和商业化发展程度不同,各项目对经纪人管理的程度应有所区别。

关于协会与经纪人关系的问题,有必要说明两点:第一,在国际体育组织和国内法律之间,要以国内法律为主;有冲突时可以协调,但是如果协调不了,国内法律也是不能违背的,这是作为一国政府管理的基本原则;第二,对国际体育组织的有关规定,有些可能是我们理解上的问题,比如说,国际足联规定从事国际球员的经纪必须是自然人,而不是公司。但自然人在我们国家作为一个民事实体,而不是经济实体,国外经济实体可以是自然人,它只要履行一定的备案手续就可能组建一个自己的经济实体。在国内不管是个体还是独资,都是一种经济组织,而不是自然人。我认为这是理解上的问题,当然有制度和观念方面的深刻背景①。

第四节　国外体育经纪人管理制度

一、国外体育经纪人产生与发展的社会条件

体育经纪人最初是随着职业体育的发展而出现的。职业比赛的竞争性在客观上要求运动员形成一种流动机制,从而为体育经纪人开启了服务空间。体育市场的需求使体育经纪人成为不可缺少的交易中介。运动员需要有人帮助他们在有限时间内发挥体育潜能,利用其知名度获取最大收益;体育组织需要有人为他们的比赛寻求赞助,利用其无形资产获取各方面的收益及最大限度地开发该组织的市场;体育投资商和赞助商需要有人为他们联系合适的投资对象并最大限度地回收赞助效益,于是他们找到了雇佣体育经纪人这一既省时又省力的有效途径。

早在 19 世纪末,英国等西方主要资本主义国家便出现了拥有现代体育经纪人部分职能的机构和个人,他们是专门为职业运动员提供法律咨询,安排各种活动,策划和筹备各种比赛,并从中提取佣金和劳务费的机构和个人。从事上述活动的机构和个人即为真正意义上的现代体育经纪人,他们的经纪活动初步显示了现代体育经纪人的功能。1926 年,美国人查尔斯·帕利为棒球运动员格兰吉

---

① 张剑:"关于我国体育经纪人的管理",《天津体育学院学报》,第 15 卷第 2 期,2000 年 6 月。

谈成了一项价值 10 万美元的劳务合同,开创了美洲经纪的先河。

进入 20 世纪六七十年代,随着联邦德国、意大利等欧洲国家职业足球制度的建立和完善,各种联赛日趋兴旺,转会制度的确立,体育经纪领域迅速扩大。体育经纪人不但代理运动员谈判雇佣及转会,而且开始为体育明星代理诸如法律、财务、商业投资及医疗保险各方面的事务;各俱乐部为吸引优秀运动员入盟,放宽政策给予运动员更大的谈判权力和更优厚的条件,这些都使体育经纪人的服务对象和服务领域进一步扩展。20 世纪 90 年代,田径、网球、排球等项目开始举办各种名目的大奖赛以及带有强烈商业利益的各类比赛,使体育经纪人开始进军组织商业比赛的领域。他们借助广播电视业的迅猛发展,利用电视转播和大笔的广告等商业赞助,在全球范围内把各种体育商业比赛搞得轰轰烈烈、丰富多彩。在获取巨大商业利益的同时,也带动了当今世界体育的繁荣。如篮球飞人乔丹的经纪人大卫·法尔克,为乔丹签下的年薪达到 3 000 万美元。

在美国有许多像法尔克这样的经纪人,他们每人都代理几名甚至几十名运动员的转会、形象开发等事务。运动员把经纪人作为自己的全权代表,可以将全部精力投入到比赛中,而俱乐部也可以从经纪人那里得到最需要的球员。NBA所以成为世界上最成功、最具市场价值的篮球职业联赛,篮球经纪人功不可没。

体育商业化成为促使体育经纪人繁荣的重要因素。电视传媒使观看体育比赛的人数迅速上升。各大电视网不惜代价购买比赛转播权,加速了体育的商业化进程,也使体育经纪人有了更多的商业机会。体育明星成为人们钦佩和追逐的对象,体育热点,体育人物及组织的影响力和知名度空前提高,于是公司、企业纷至沓来,或在体育比赛中占据广告和赞助之席,或与运动员签约为其产品做代言人。体育像一块巨大的磁铁,吸引越来越多的人对它产生兴趣,也给体育经纪人提供了更多的交易机会。发展至今,"体育经纪人"已成为国际体育界缺之不可和令人羡慕的职业。

二、国外体育经纪人的管理体制

职业体育开展好的国家集中在欧美,职业体育开展好的项目主要有足球、篮球、棒球等。同时这些国家和国际体育组织在管理体制包括经纪人管理体制方面是比较健全的,因此,我们有必要了解他们的体育经纪人管理体制状况,取其长弃其短,为建立我国经纪人管理体制做参考。

国际上,体育经纪人的管理根据项目的职业化和发展程度不同,主要分由国际体育组织和国家有关部门管理两种情况。

（一）国际体育组织对经纪人的管理

单项体育组织管理：足球是世界第一大运动，是职业化开展得最好的运动项目之一，同时也是获利最丰厚的项目之一，因此吸引了大批经纪人——足球经纪人参与其中。国际足联作为该项运动的最高国际管理机构，拥有巨大的权力。为了充分发挥体育经纪人的积极作用，尽量减少其负面的影响，保证足球运动健康地发展，以期获得整体的最大利益，国际足联建立了由国际足联、各洲足联、各国足协三级管理体系，由国际足联经纪人管理条例和各国足协经纪人管理条例组成的法规体系。其中国际足联的法规具有强大约束力和广泛的适用范围，不仅对代理不同国家协会间运动员转会的体育经纪人有约束力，同时对国家协会也进行了部分规定，并且国家协会制定的条例必须经国际足联认可。

国际足联设立了专门的经纪人管理部门，对全行业进行宏观管理和指导。其主要职责是，制定本项目经纪人管理条例，包括对所属各国家协会的经纪人管理提出要求，并具有很强的约束力；负责中介国际间运动员转会和比赛事务的经纪人的管理，包括明确经纪人、运动员和俱乐部各方的权利和义务，实施监督和裁决等。但国际足联不具体颁发经纪人执照，从事国际转会和比赛经纪事务的经纪人必须经各国家协会批准获得执照后，到国际足联注册并获得国际足联许可证，目前，国际足联批准的经纪人已达200多人，分布在44个国家和地区。国际足联对于经纪人资格的认定有着严格的程序与规定，到目前为止，总共只有444人获得了国际足联颁发的经纪人证书，而这些人又分布在30多个国家和地区，相对来说，欧洲最多，达到了383位，其余61人的情况分别是：南美洲38人，分布在7个国家和地区；亚洲共有13人，分别来自日本、韩国、中国、沙特和阿联酋；中北美洲有6人；大洋洲有3人；非洲则仅有1人①。

体育经纪人行业协会管理：国际田径经纪人联合会则是相对松散的经纪人自律性的国际管理组织，它在组织上独立于国际田联，但实际上与国际田联和各国田协有着千丝万缕的联系。它也制定了有关的管理条例和制约监督机制，进行资格审定，但对经纪人的约束力不及国际足联，有待更多国家田协的承认和合作。该组织目前已有60余名田径经纪人注册。网球的情况与此类似。

（二）西方各国对体育经纪人的管理

还有一些国家则通过自律性的不同项目经纪人协会进行具体管理工作。这些协会往往与该国的单项协会密切合作，参与经纪人的资格认定、资格考试、争议仲裁等，在经纪人的管理中起着十分重要的作用。

---

① "他引进了第一外援"，南方体育，2003—03—24：http：// www.nanfangdaily.com.cn。

西方国家对体育经纪人进行管理的主体包括政府和体育组织,无论是政府还是体育组织,在对体育经纪人的管理中,均以法律方法为主,采用法制手段对体育经纪人进行调控和管理。这里主要选取最具代表性的美国进行演绎分析。

1. 美国对体育经纪人的管理。为了对体育经纪活动进行规范管理,美国好几个州和各职业体育联盟以及全国大学体育联盟,颁发了一系列的管理规定。这些管理规定的范围、内容及强调的重点,在州与州之间、不同体育联盟之间,都有所不同。

（1）政府对体育经纪人的管理。美国对体育事业的管理属于分权型体制,联邦政府不设专门的主管行政机构,直接管理任务由各体育单项协会、体育联合会、大学生体协等体育社会团体共同完成。随着体育经纪行业中不规范的问题逐渐增多,运动员工会、大学生体联等纷纷在各自管辖范围内制定了体育经纪人的管理办法,美国州政府也极为重视,部分已经施行体育经纪人法规条例。美国联邦宪法规定,各州政府有权生效并强制实施健康、安全和福利方面的法律,并受到美国最高法院的承认。美国目前已有 24 个州在体育经纪人管理上制定了专门条例。其中要求注册的州占多数,并指定了"相应的注册管理机构"。从各州设置的体育经纪人管理机构看,主要有四类: 劳工会、行业管理部门、州政府专门秘书处、立法委员会法律办公室。州政府的规定主要针对目前体育经纪活动的各种违规行为,从法律的角度,规定了从事体育经纪人的基本条件、业务等级、从业资格和工作质量的标准。政府主要通过政策的力量和要求保护公民的利益,特别是学生运动员及高等教育的利益的社会舆论,建立该项法规的权威性。人们也期望联邦政府能从最高一级政府的角度进行立法,希望全国大学体育联盟的规定能起到更为明显的作用。早在 20 世纪 80 年代中期,众多的社会组织就一直努力争取美国国会就当前体育经纪的一系列问题进行立法。特别是体育律师联合会向国会提交了"1985 年职业体育经纪人行动法",希望能从联邦政府角度,在这一领域进行立法。但由于各种原因,直至今天联邦政府尚未颁发关于体育经纪活动的法律。

（2）社会团体对体育经纪人的管理。

运动员工会: 劳资谈判中运动员集体利益的代表,为保护职业运动员利益不受损害,各运动员工会相继推出体育经纪人管理条例。各工会在管理办法上大体一致。

大学生体协: 管理美国各大学体育运动的专门组织,对美国绝大多数大学生运动员具有相当的管制力和约束力。一方面通过设立运动员职业咨询小组,为大学生运动员提供职业咨询建议,提高他们的自我保护能力;另一方面通过取消参赛资格和给予经济罚款对违规成员实施处罚。

大学生体联：由于该组织系非政府部门，不具备规范体育经纪人的权力，但可以通过设立运动员职业咨询小组，为大学生运动员提供职业咨询建议，来提高他们的自我保护能力；另一方面通过取消参赛资格和给予经济罚款对违规成员实施处罚来间接约束经纪人的活动。

体育组织管理：国家体育组织或单项协会对从事本行业（项目）经纪活动的经纪人实施直接或间接的管理，如美国全国橄榄球、篮球、棒球等运动员工会相继推出体育经纪人管理条例。美国国家橄榄球联盟运动员联合会（NFLPA），是第一个建立对本联盟运动员的经纪人进行管理的规章的组织。它规定"除非按照本联盟的规定被认定具有经纪人的资格，任何个人（甚至运动员本人）不允许代表运动员，或者以美国橄榄球联盟的合同顾问名义，从事个人合同的谈判"。它还明确规定了体育经纪人的业务范围和合同顾问的基本条件。譬如，要申请成为一个合同顾问，必须具备包括教育背景、工作经验、职业执照、信誉记录、从事民法案件的经历、体育产业的特殊经验，如果是律师的话，还必须是法律协会会员等。

虽然美国不同管理系统对体育经纪人的管理规定不一、方法各异，但从管理内容上看，都含有资格审定、合同管理、佣金管理、违法处罚四个基本要素。

（1）资格审定。进行合法体育经纪活动之前必须先办理正式的登记注册手续。州立法规定，体育经纪人必须到州政府指定的经纪人管理机构注册，首先填写申请表（包括工作经历、实际工作经验和正式培训证书），然后交纳注册费，从50美元到1 000美元不等。为保证经纪人履行合同义务，有一些州还要求经纪人在注册的同时须交纳保险金，从25 000美元到100 000美元不等，以押金形式储存在注册机构，作为经纪人一旦违法的赔偿。运动员工会法规则要求申请人除了填写受教育程度、工作经历及家庭背景等详细资料外，还须出示州政府颁发的有关证件，附上有关的商业和犯罪记录。还有一些相关利益机构和体育团体，如大学、单项协会、俱乐部等为保护自身及成员利益，规定体育经纪人只有在取得其承认的经营许可证后，方可组织其名下的比赛或代理其名下的运动员。

（2）合同管理。经有关机构认定后，获得营业资格的经纪人就可由寻找客户开始，从事各种经纪活动了。由于体育经纪人的活动范围逐渐扩大，与运动员客户的联系日益紧密，双方在收费金额和方式、投资及税收建议提供等方面的争论越来越多，极易产生误解。为保障经纪人和运动员的合法权益，美国政府及有关体育组织规定，体育经纪人在代理运动员之前必须与之签订委托合同，将责、权、利以合同的形式确定下来，使双方权益受到有效的法律保障。为加大管理力度,各运动员工会还采取了一些特殊措施。如全国篮球运动员工会要求经纪人使用标准的"经纪人/运动员"委托合同范本;全国棒球运动员工会则把每年呈交"运动员/经纪人委托合同"作为经纪人继续从业、保留资格的硬性规定。

(3)佣金管理。体育经纪人向委托人收取合理佣金是对自身活动价值的肯定,是合法的劳动所得。美国体育经纪人通常以服务的质量和数量为标准向运动员收取佣金,并采用不同的收费方式。其中最常用的一种为按比例收费的方式,即经纪人按事先谈好的比例从运动员收入中提成。一般比例为:职业运动谈判收取合同款的3%—5%;财务管理收取总额的5%;比赛奖金提取10%;产品代言提取合同款的20%。此外,还有按时间收费、综合收费,以及固定收费。为监督和管理体育经纪人的收费,各运动员工会纷纷制定措施。如美国橄榄球运动员工会规定,经纪人前三年只能拿劳资协议所定最低薪金的5%,每小时收费不超过125美元,合同固定收费不超过2 000美元。篮球运动员工会则实行经纪人收费记账管理制度,要求经纪人将各种收费记录下来以备运动员工会的检查。

(4)违法处罚。对体育经纪人的违法行为,州立法规采取民事和刑事相结合的综合性处罚手段,并且偏重于经济制裁。有的州实行刑事处罚,如拘留、罚款;有的州以轻罪重罪论处,如罚款,金额从1 000美元至10 000美元不等,如牢狱,期限为90天至2年;有的州靠没收保险金实施处罚;还有的是以民事论处,罚款有时竟高达10万美元。运动员工会为解决经纪人和运动员之间的争议,专门设有仲裁机构。对违纪经纪人的处罚有通报批评、取消成员资格、责令其停业及吊销执照等。

美国体育经纪人管理体制已经形成从政府到社会各级体育组织,以法律为主要调控手段的多层次管理体系。州政府、运动员工会、大学生体联均明文规定了体育经纪人的法规和条例,对体育经纪人的资格审定、委托合同、佣金和违法处罚等进行了规范化管理。

美国体育经纪人制度经数十年发展,已形成自身的特色和优势,对体育经纪人行为的规范和监督起到了积极作用,许多方面值得我国在建立和完善体育经纪人制度过程中借鉴和学习。例如,在体育经纪人注册管理上,要求细致而严格,申请时要填写学历、工作经验,甚至包括以前的商业和犯罪记录,体现了对经纪人素质和人品的注重;其次,为保持体育经纪人的业务水准和竞争能力,要求经纪人通过参加例会进行自身的继续教育;第三,为减少问题发生及解决出现的争议,设立职业咨询小组和仲裁机构,不失为消除各种矛盾的有效途径;第四,在规范和监督体育经纪人行为的过程中,对违反管理条例者制定了配套的民事和刑事处罚手段等。然而,在利益驱动机制作用下,美国现行体育经纪人体制也存在着一些弊病:运动员工会管辖范围不明、管辖权限不清;州立法规与联邦法规发生冲突,且资格审定流于形式;管理法规政出多门、缺乏统一立法。

2. 欧洲主要国家对经纪人的管理。在欧洲,不少国家的民法和商法中对经纪人都有专门的论述,一些国家还制定了专门的经纪人法。有些国家在重新修改的体育法中增加了针对体育经纪人的有关条款,如 1992 年修改的法国《体育法》,就增加了有关体育经纪人的规定。一些国家的《劳工法》和《反垄断法》往往对体育经纪活动有非常重要的影响,法院也经常出面处理这方面的纠纷。英国、意大利等一些国家的足球协会根据国际足联有关规定,建立了国内经纪人队伍,制定了具有约束力的经纪人管理条例,批准足球经纪人名单,成立了专门的经纪人事务委员会负责具体事务。该委员会由包括经纪人协会的代表等多方面的人员组成。

三、国外体育经纪人的管理制度和内容

尽管不同国家对体育经纪人的管理规定不一、方法各异,但基本上都抓住以下主要环节,并制定了相应的管理制度加以保障。

（一）资格审定制度

经纪人从业资格通常根据申请人的自然条件和专业知识与能力两方面考察。

（二）注册登记制度

申请人经资格认定后,须到相应的体育组织或经纪人联合会注册,并同时交纳注册费。有些项目还实行年度注册制度,经纪人须接受年审,并交纳年度注册费。

为了保护自身及其成员的利益,许多体育组织规定体育经纪人只有在取得其承认的经营许可证后,方可组织其名下的比赛或代理其名下的运动员。

（三）保证金制度

在申请注册的同时,申请人一般还须在注册机构指定的银行存入一定数额的保证金,作为押金来约束经纪人履行义务,规范经营。经纪人一旦违约,将从某银行保证金中扣除部分或全部作为罚款;之后经纪人还必须立即在银行内补足这笔钱,否则将被取消经纪资格。

由于经纪人行为具有一定的隐蔽性,容易滋生经纪活动中的欺诈行为,因此保证金制度是利用经济手段,约束和规范经纪行为的一项重要管理措施和制度。

（四）合同管理制度

为保障经纪人和委托人双方的合法权益,体育经纪人在实施代理前必须与委托人签订委托合同,将责、权、利以合同的形式确定下来,以便受到法律的保护。委托合同书通常包括双方基本情况、服务范围、经纪期限、佣金支付、合同终止、争议解决等条款。

（五）佣金制度

体育经纪人在完成其经纪活动后有权得到合理的报酬,即佣金。根据不同的代理事务和运动项目,佣金有不同的支付标准和方式(详见本章第三节)。

（六）仲裁制度

出现各种争议和纠纷时,通常的做法是请有关的机构进行调解和仲裁。运动员工会、体育组织的仲裁机构或体育法庭都可成为最终仲裁者。

（七）违规处罚制度

对体育经纪人的违法行为,轻者有通报批评、经济制裁,重者要取消成员资格、责令停业、甚至吊销执照、给予刑事处罚等。

（八）培训制度

一名成功的体育经纪人必须具备很高的业务素质和能力。许多体育组织和经纪人联合会在举行经纪资格考试前,要组织申请人进行相应的培训,培训内容集中在相关法律法规、市场营销、经济合同、公共关系和行业规范等多个方面,使得申请人初步具备从事经纪活动所需要的知识和技能。

通过以上体制和机制上的管理,以及一系列规章制度的保证,既为希望从事体育经纪人这一行业的人们提供了机会,铺设了入门的道路,也为他们日后的规范操作提供了权利义务的保障以及按市场规律办事的准则;同时,也规范了国际、国内的体育经纪人市场,保护公平竞争,从而从总体上促进了体育经纪人和经纪活动的正常运作和发展。

[**本章思考题**]

1. 保证金制度是体育经纪人管理中的一项内容,那么该制度对于约束体育经纪人的经纪行为都有哪些功能?

2. 国外体育经纪人的管理制度对于我国具有什么样的借鉴意义?

［相关链接］

足协制定标准：要做经纪人必须先过五道关

中国足协根据国际足联的有关要求，制定了以下标准：

1. 申报者必须经过工作所在地体育和工商部门联合举办的体育经纪资格培训，获得《体育经纪资格证书》，从事体育经纪活动一年以上时间，并经当地主管部门年检。

2. 具有工商管理部门颁发的从事体育经纪活动公司的《营业执照》。

3. 申报者必须具备大专以上学历，并具有国家教育部门颁发的学历证书和学位证书。

4. 申报者不能在中国足协、中国足协会员协会、足球俱乐部或与这些机构相关的组织中担任职务。

5. 申报者需要出示由当地公安部门提供的无犯罪记录的证明。

具备了上述五个必要条件之后，申报者将获得参加国际足联足球经纪人考试资格。试题总计有 20 道，其中 15 道题是由国际足球提供的，其余 5 道题由中国足协根据我国足球发展特点自行拟订。

20 道试题的种类包括填空、选择、简单、问答等多种方式，试题主要是以国际球员转会过程中出现的种种纠纷案例为基本内容。这些案例都是在刚刚过去一年中，出现在世界各地球员转会过程中的真实案例，具有较高实践性和针对性。如果考试者只是"纸上谈兵"的应试型人才，将很难通过这种考试。

据了解，在中国第一批取得国际足联足球经纪人证书的 7 人中，基本都是在中国足球职业化改革以来，始终从事国内外体育经纪活动的一线人士，具有很强的实践能力，所以才最终通过考试。

搜狐网站提供 2003 年 7 月 29 日

第六章

体育赛事经纪

本章学习要点

- 体育赛事经纪的概念
- 体育赛事经纪的基本条件
- 体育赛事经纪的过程
- 中国赛事经纪的现状

体育运动和体育比赛伴随着人类走过了数千年,但将体育作为一种产业来推动不过是近 20 年的事情。然而,正是在这短短的 20 年,世界的体育产业得到了飞速的发展,从供一小部分人分享的体育赛事扩展到吸引数以百万计的观众的大型赛事。在这个过程中,赛事经纪无疑起到了重要的作用。

第一节　体育赛事经纪概述

一、体育赛事经纪概念的界定与分析

体育赛事经纪是体育经纪活动的重要内容,是体育市场开发中经常遇到的经营活动。什么叫赛事经纪? 赛事经纪是指以居间、行纪和代理三种形式进行体育比赛和体育表演的策划、组织、宣传、推广(电视转播权、赞助广告、特许使用权开发等商务开发)的经营活动。

居间体育赛事是指体育经纪人以自己的名义为体育组织和赞助广告商、电视台等提供合作机会,或促成他们的合作,其活动形式主要是以提供信息、牵线搭桥为主。这是较为传统的赛事经纪活动。这种形式多是与体育组织、赞助商、电视台有密切关系的经纪人的经纪活动。行纪体育赛事是指体育经纪人受体育组织委托,以体育经纪人的名义,与赞助商,或电视台等机构进行谈判交易,并直接承担交易过程中相应的法律责任。代理体育赛事是指体育经纪人受体育组织委托,以体育组织的名义与电视台、赞助广告商等机构进行交易,交易过程中出现的法律责任由体育组织直接承担。

由上分析看出,体育组织(或授权赛事组织者),电视机构,赞助商,广告商,保险公司,网络公司,体育赛事经纪人等共同构成了体育赛事市场。体育经纪人是体育组织、电视台、赞助商、广告商和观众的有机粘合剂。体育赛事经纪工作,简单地说,就是帮助运动队、俱乐部和相关的体育组织协调或解决有关问题,为其获取有关的信息,提供订约机会以及进行商业方面的开发等。

二、体育赛事经纪市场经纪内容和赛事种类

(一)体育赛事经纪市场经纪内容及机会

1. 体育赛事营销市场的主要经纪内容。

(1)选择包装、策划推广体育赛事。首先,了解体育赛事的具体情况,如比赛项目、赛事目的、参赛者、结果的不确定性程度、比赛对抗性程度、比赛地点、传

播范围、社会心理寄托、社会关注程度、体育组织计划情况等。其次,选择或策划体育赛事,包括动机(即时获利或追求长远利益);赴相关体育管理组织,了解申办赛事条件,进行谈判,获得该赛事的居间、行纪或代理资格,签订相关经纪协议;精心对体育赛事进行"商业包装"和推广。

(2)选择电视台、销售赛事电视转播权。选择电视台;选择制作、卫星信号发送电视台;选择全国转播电视台,现在能实现全国范围转播体育赛事节目的电视机构和组织有:中央电视台、中国教育电视台、全国有线电视体育传播委员会和各地卫视电视频道等。判断转播台的重要依据之一是该电视机构或组织该类节目的历史和预期"节目收视率",这是体育赛事能否取得丰厚商业价值的基础。

体育组织与电视台的关系将因赛事的不同价值和电视机构的竞争状况会产生从向电视台付费转播到电视台付费购买赛事电视转播权的不同结果。体育组织与电视台的合作方式主要有:体育组织付费转播、电视台无偿转播(由其赛事电视广告支撑)、体育组织与电视台联合策划赛事(各出资源,效益共享)、体育组织向电视台销售电视转播权(市场价值较高的项目)等多种形式。决定电视台是否付费的主要因素是:赛事电视节目的商业价值能否满足其成本支出,并有所节余;有无竞争电视机构或组织的存在。

2. 体育赛事营销市场的经纪机会。

(1)争取赞助、广告与开发赛事标志产品。

① 争取赞助、广告。企业赞助体育赛事的主要目的是:首先,使产品带上体育赛事的指定标志,增加产品的吸引力;其次,展示产品的高品位,提高产品的价位,突出产品的特点,提高企业及其品牌知名度;最后,强化品牌形象,证明赞助商在该工业领域中的领导地位,获得投资回报等。其运作程序是:选择合适的赛事;设计赞助方案,说服赞助商;争取赞助赛事成功;评价赞助效果。

在中国,企业赞助体育赛事具有优势,主要表现为:赞助体育赛事比传统广告形式多,回报高;比电视和印刷广告成本低;在激烈的市场竞争中独辟蹊径,效果独特;通过体育运动可以建立消费者对产品的信赖和忠实;创造机会,加深消费者的印象,使产品形象进一步稳固;制造出独特的企业亲和环境;加强企业内部职工的自豪感。如健力宝一直以来都非常关心和支持体育事业,1984年底,健力宝一次性赞助国家体委训练局 12 支国家运动队,开中国企业常年赞助体育之先河。2002 年又以 3 100 万之价格成为韩日世界杯足球赛中央电视台直播独家特约播出企业,企业由此扩大社会影响力。

② 开发赛事标志产品。赛事标志产品主要指赛事的相关称号、标志和专

利、特许权等无形资产,如赛事指定器材、服装、饮料等。这些标志产品的开发也极具潜力,其权利主要归赛事主办者或其授权机构。经纪人应对其标志产品进行市场分析后再与赛事主办机构和授权机构进行赛事经纪谈判。

(2)设计体育赛事保险方案。这包括体育赛事保险市场的形成以及体育赛事保险经纪方案的设计。

(3)体育赛事网络信息的发布。互联网技术以其独特的魅力而在世界上得到了飞速的发展,目前,我国已有几千万的互联网用户,这构成了体育赛事信息的重要媒体传播渠道,同时也增添了新的赛事广告载体。目前,主要是要争取网络公司的参与,增加新的传播渠道,提高赛事传播范围,从而使体育赛事更具有市场价值。

3. 体育赛事经纪市场分析。

(1)体育赛事电视转播权的经纪市场分析。体育比赛电视转播权是指体育组织或赛事主办单位举办体育比赛和体育表演时,许可他人进行电视现场直播、转播、录像并从中获取报酬的权利。转让转播权的主要受益方是与赛事相关的体育组织和主办单位(组委会)、协办单位。从资产特性看,电视转播权属于体育无形资产。适合实行电视转播权有偿转让的赛事有大型综合性运动会、热门项目的职业化或半职业化联赛、各项目的商业性比赛以及各种以获取经济收益为目的的体育比赛和体育表演。目前,影响开发"赛事电视转播权"的几个现实问题是:我国社会经济发展水平、人们生活水平还不够高;围绕"赛事电视转播权"的各种内在法律和经济关系还不明确;现有的相关体育体制和电视台管理体制限制了开发活动;中介机构不健全;未能严格遵循市场经济规律;少有引进先进的市场营销技术和方法等。

(2)销售赛事电视转播权中的中介需求。体育市场的主体是由买方、卖方和中介机构三方面构成的。中介机构是经济活动不可缺少的中间环节,是联系买方和卖方的重要纽带。对于我国现在的体育体制来说,各个协会的经营水平还不高,企业客户有限,无论是对销售环境的市场调研、对目标市场的把握和定位、设计优化的营销组合(产品策划、包装、定位等),还是多渠道营销、促销等,都非常需要专业化的营销中介机构来协助完成,寻找那些经验比较丰富的、合法的中介机构来经营体育赛事转播权往往能节省人力、物力、财力,并会获得更大的收益。目前,我国体育中介机构的缓慢发展已严重阻碍了赛事转播权的开发。电视台、生产企业也同样对中介机构协助包装精品体育赛事电视节目提出了迫切的需要。体育赛事经纪对赛事电视转播权价格的定位依据主要有:赛事的知名度、赛期、竞技水平、规模、影响力;赛事的预期电视收视率;买方可能从广告费和转卖转播权的历次成交价；转播权价格膨胀率；通货膨胀率；买方的经济承受能力；买方国家或地区的经济实力；买方国家或地区公民对该赛事的喜好程度等。

（二）体育赛事种类、管理及其商业化性质

目前在我国开展的运动项目约有71项（其中,奥运项目28项）,在我国境内举行的各项目大型比赛有八大类,我国参加的大型国际赛事主要12种。将各运动项目和赛事种类进行交叉、合并计算,会形成几百种甚至上千种赛事。除此之外,各地方体育组织举办的体育赛事更是多不胜数。具体分类如下：

1. 依比赛参加者的年龄,可分为儿童赛、青少年赛、成年赛和老年人比赛；

2. 依参赛者的行业,可分为职工运动会、农民运动会、军队运动会和学生运动会；

3. 依比赛所包含的项目数量,可分为综合性比赛和单项比赛；

4. 依比赛的组织方式,可分为集中组织的比赛和分散组织的通讯赛；

5. 依比赛规模,可分为基层单位比赛、地区性比赛、全国性比赛、国际比赛、洲际比赛、世界大赛；

6. 依比赛的形式、任务,可分为运动会、冠军赛或锦标赛、对抗赛（双边或多边对抗）、擂台赛、邀请赛、选拔赛、等级赛、友谊赛、表演赛、达标赛、积分赛、大奖赛、巡回赛等。

7. 依比赛的性质,可分为职业性比赛（如职业联赛）、商业性比赛、业余比赛等。

由此可见,我国的体育赛事资源是非常丰富的,中国赛事经纪孕育着广阔的商业前景。

体育赛事的管理包括国内赛事管理和国际赛事管理。我国参加国际赛事的管理是指由国家体育总局主办或承办的国际赛事。随着体育赛事的频频举办,体育赛事的商业化程度加剧,体育赛事经纪的运营就成为体育商业化发展的必然产物。体育人才商品化、体育赛事商品化是体育经纪产生的前提条件,它意味着体育商业化已发展到一个相当的程度。我国在几年前就开放了赛事市场,国家体育总局每年一次的赛事招标会就是赛事商业化的重要标志之一。

体育赛事的商业化实质是在我国宏观市场经济的影响下而出现的产物,通过一些市场效应相对较好的体育赛事为突破口,逐步形成体育赛事经纪的基本模型和框架,体现体育赛事的价值。随着体育赛事经纪市场的不断发展和完善,准市场赛事转播将变为纯市场商业化转播,以市场供求关系决定体育赛事的商业价值。所以,体育赛事经纪公司或个人在开展赛事经纪活动时,一定要考虑到赛事的职业化、商业化水平,职业化、商业化程度越高的赛事,其经纪价值就越高。

三、体育赛事经纪的基本条件和佣金

（一）体育赛事经纪的基本条件

体育赛事经纪工作,简单地说,就是帮助运动队、俱乐部和相关的体育组织协调或解决有关问题,为其获取有关的信息,提供订约机会以及进行商业方面的开发等,所以说体育经纪人属于中介服务业。

经纪人或机构组织作为体育赛事的中介,拿到项目或经过论证认为可以赢得利润而去投标某个项目,或由于具有一定的资源关系可以获得好的经营、运作资格,最终是要将项目经过拆解、包装转化为利润点卖给商家,所以围绕商家进行运作是关键。

体育经纪人在选择某个项目前应具备哪些条件?

首先,策划人要有敏锐的商业头脑,能够找到项目的卖点,并通过文字加工转化为商家乐于接受的文件,能够在投资论证中予以讨论。做一个漂亮的策划书是关键,其目的是通过策划让商家看到投资后的回报。如何让商家感到投资的价值呢? 就应该选择与商家产品形象贴近的项目进行运作。

其次,体育经纪人本身要了解经济和法律等方面的知识,也需要熟知体育知识,甚至最好有从事体育工作或活动的经历和背景,以利于从深层次了解委托人和合作方的要求,寻找更多的商机。

除此之外,体育赛事经纪必须具备以下的主客观条件。

1. 体制因素。体育经纪人是体育商业化发展的必然产物。体育人才商品化、体育赛事商品化是体育经纪人产生的前提条件,而体育人才商品化、体育赛事商品化意味着体育商业化已发展到一个相当的程度。

目前我国正处于经济体制改革的转型期,市场经济体制还不够完善,计划经济体制在一定范围仍在发挥作用。在这样的体制下必然会对体育赛事的市场化产生一定的影响,使其难以完全按照市场规律运作。

2. 赛事组织者的观念和素质。体育赛事组织者的观念和自身素质也是影响体育赛事市场化的重要因素。一方面,不少体育赛事的组织者思想观念仍停留在依靠上级拨款办比赛的老观念上,缺乏市场观念,其知识结构和素质也与体育赛事市场化的趋势不相适应;另一方面,由于长期计划经济的影响,我国体育赛事组织者往往没有明确的法律地位和资格,举办体育比赛缺少资质要求,一旦出现问题又无人负责。这种状况若不转变必然会影响我国体育赛事的市场化

水平。

3. 传播因素。现代社会,体育赛事的市场化除了依靠现场观众之外,电台、电视台的传播对体育赛事市场的形成具有举足轻重的作用。奥运会商业开发收入的80%来自电视转播权的转让就是一个明显的例证。我国的现行状况是,体育赛事的电视转播权缺乏明确的行政和立法管理,市场机制尚未形成,这已成为体育赛事市场化的一大障碍。

4. 市场因素。市场是商品的生产者、消费者和商品本身构成的有机整体,其中消费者又起着决定性的作用。体育竞赛表演作为一种劳务产品,决定其能否"售出"的主要因素包括观众的"购买力"和欣赏水平。目前,我国的消费能力还不够高,企业购买体育赛事无形资产的能力有限,加之体育赛事的宣传不够,缺乏精心的策划和包装,这种状况也给体育赛事市场化带来了困难。

5. 中介因素。寻求具有雄厚实力和丰富经验的体育中介组织合作是提高体育赛事市场开发效益的重要途径。目前我国体育赛事市场化中,中介的作用还非常薄弱,同时国际体育中介机构在几大职业联赛中处于垄断地位。没有一定规模和较高层次的体育媒介市场,不可能形成完备的体育竞赛市场。

从赛事经纪来讲,中国目前的情况是:缺乏长远眼光,杀鸡取卵,一槌子买卖多。双方一次合作下来,经常难以继续,甚至撕破脸皮,两败俱伤。从经营方式上看,很多活动都是偏向于买断经营,实际上真正的、积极的经纪运作是没有的,包括国际管理集团或国际体育休闲公司,进入中国市场是凭自己对市场的占有率,凭自己的品牌、资金优势,抢占中国市场。前些年可口可乐花2 000万元买断中国的甲A联赛,飞利浦花4 000万元买断足协杯,实际上中间商业运转的成分不足,只是一个买断,说白了只是一个品牌广告。所以说从赛事来讲,以买断经营为主,不是典型意义上的经纪活动。

（二）赛事经纪活动的佣金

1. 佣金的构成。佣金＝经纪成本＋经纪利润＝经纪费用＋税收＋经纪利润。体育赛事经纪费用主要包括经纪机构的管理费、交通费、广告公关费用、场地租借费用、经纪机构固定资产折旧费用等。

2. 佣金的支取。佣金是在合同中规定的,只有经纪合同的委托方才有支付佣金的义务。通常,佣金应该在经纪成功、买卖双方签订合同后收取。国际足联规定佣金不得超过其代理俱乐部或国家协会谈判数额的10％,否则规定的佣金无效;国家体育总局和工商行政管理局制定的管理办法规定为其经纪业务金额的25％以下或由双方约定采取一定数额的固定佣金。总之,佣金数额的多少主要取决于所交易体育赛事的价格。

为防止不支付佣金,要订立明确而完善的经纪合同,并在其中订入"定金条款",或另外单独订立"定金合同",明确规定由一方在合同履行前支付一笔货币。为保证双方的权益,定金应当交给第三方(如公证机关、律师事务所、金融机构等)保管。

另外,还可采用预收费用、预收佣金、依法请求人民法院保护合法权益等办法来保护其合法权利。

无论何种方法,体育赛事经纪人首先要有合法的经纪资格,这是一切自我保护的前提。

四、体育赛事的经纪管理及传媒在赛事经纪中的重要作用

(一) 体育赛事的经纪管理

体育赛事经纪公司在从运动员工资、奖金、出场费、比赛赞助以及其他商业利润中获取大笔佣金的同时,也为竞技体育的普及化、规范化、国际化,为体育人才的培养和成长作了大量的创造性工作,对竞技体育的职业化、商业化进程,对挖掘体育自身潜力,开发体育商业价值起了不可低估的促进作用。由于体育赛事经纪总体来说还是一个新兴的现代职业,同时又是一种较自由化和社会化的职业,因此对于这一行业的管理,以及这一领域从业人员的自身约束,都是十分重要的。事实上,体育赛事经纪发展比较迅速和成功的国家,以及管理富有成效的体育组织都已形成了一套比较成熟的对本国或本项目的经纪管理的办法。这是体育赛事经纪刚刚起步的国家和体育组织应当加以借鉴的。

(二) 媒体在赛事经纪中的重要作用

美国著名报人普利策,曾经把体育、绯闻和犯罪作为传媒吸引受众的三大法宝。现在常说传媒经济是"注意力经济"、"眼球经济"等,这是一种并不确切的形容。传媒经济的本质是"影响力经济",这不是形容,而是实在的问题。没有影响力,传媒就什么也不是了。

所谓影响力经济,即从媒介的经营运作角度出发,只有媒介拥有足够的影响力,才有可能得到足够的广告回报。否则,只得到注意力而没有影响力,便成为炒作与宣传,达不到营销的目的。

影响力经济与注意力经济的最大区别,是前者性质上是营销学范畴,而后者是传播学范畴。影响力经济的确立,为媒介的受众导向、服务质量以及广告经营,提供了坚实的理论基石。市场现实证明,没有一个坚实可靠的盈利模式作基础,注意力便无法转化成企业的收入与利润。故影响力经济虽然只是注意力经济的概念延伸,但却有着本质的变化。

传媒业被形容为最后的暴利行业,它简直就是一个大金矿,体育产业可视作这个金矿的入口处之一。在运营体育较为成功的北美、西欧和日本,体育产业的年产值基本排在国内十大产业之内。有数据显示,中国1997年体育产业的增加值为156.37亿元,1998年为183.56亿元;按照这一趋势,到2010年体育产业的产值至少可达到281.2亿元,占GDP的比重可望从1998年的0.2%增至0.3%。难怪有识之士指出,运营体育是影响力经济的新篇章。

国外传媒大鳄早就将势力范围扩展到了体育场,并使自己的传媒事业如虎添翼。1986年,意大利传媒大王贝卢斯科尼买下AC米兰足球俱乐部;1994年,新闻集团的老板默多克出资16亿美元买下全美橄榄球联盟,垄断了四年之久的电视转播权;CNN老板泰德·特纳则买下了美国棒球联盟的"亚特兰大勇士"队与NBA的"亚特兰大鹰队"。

中国市场被看作是世界传媒业最后的处女地,仅仅从在商言商的角度,"默多克们"也没有理由不想尽办法进来。香港实业家、TOM主席李嘉诚先生近几年在很多场合反复提及,对于内地的传媒市场非常感兴趣。2000年8月,TOM与羊城报业建立策略性联盟;当月收购内地体育网站鲨威体坛。体育产业的核心是各种体育赛事,而2000年8月由Tom. com有限公司出资购得70%股权的羊城报业广告发展有限公司,是唯一同时拥有内地体育赛事推广权和体育赛事电视节目制作权的公司,其掌控着内地众多赛事包括中国国家乒乓球大赛、排球联赛、保龄球锦标赛、围棋赛事及大学校际足球联赛的活动推广权。2001年7月,Tom. com有限公司宣布已与中国体操协会签订商业合作协议,进一步开拓Tom在中国内地的体育业务。

国外传媒虎视眈眈,国内媒体奋起迎战。2003年2月,中央电视台体育节目中心和上海国际赛车场公司签约,最强势的媒体携手最有钱的赛事,结成战略合作伙伴共同开发F1(一级方程式赛车)市场。其操作方式:上海国际赛车场公司以天价向F1赛事推广公司(FOA)买来的8年F1转播权并无偿送给央视,央视则将本次F1赛事广告,包给了专门代理央视体育节目广告的未来广告公司。F1赛事被炒得越热,赛事广告就越值钱。据业内人士披露:F1去年马来西亚站效益最差,也挣了2.6亿美元。

2003年8月,天津《今晚报》与天津中新药业公司、天津市足协联手,共同承办一场中国国家足球队与智利国家足球队的比赛,开内地报纸参与承办国际A级足球比赛的先河。可见,传媒经营体育优势多。

在21世纪,从传媒竞争着眼,应从资源的合理配置与增值的角度来认识传媒经营,应把传媒所握有的资源与产生的影响视为可以运作的对象,应把经营视为是对传媒功能的最大效率的发挥。再造传媒,浑身都是宝、惹人眼球的体育赛事是只绩优股;体育牵手传媒,有望两翼齐飞,达到双赢的效果。那么,传媒通吃体育,凭借的是什么资本呢?

1. 品牌号召力和舆论影响力。媒体在中国社会中,一向享有较高的信誉度,品牌形象甚好。传媒介入体育产业,可以利用自己的品牌号召力;另一方面,传媒和体育联姻,更能高扬手中的"话语权"。

2. 传媒资金雄厚的优势。传媒业利润丰厚,传媒集团的经济实力不容小觑。掘金体育产业,不是空手套白狼的游戏,雄厚的资金方为强有力的后盾。

3. 传媒"海量"的信息资源。在当今这样一个社会结构和运行条件下,传媒征战体育产业,可以利用自身渠道多、信息快的优势,在体育产业的"信息战"中先发制人。

4. 借道传媒广告发行资源。传媒开发体育产业,还可以充分利用自身的广告资源和发行资源,以增加击败竞争对手的砝码。

五、赛事经纪的盈利模式

体育赛事市场中的经纪机会主要有:选择包装、策划推广体育赛事;争取电视机构参与,销售赛事电视转播权;争取赞助、广告,开发标志产品;设计体育赛事保险方案;实施赛事网络信息发布等。这些也都是经纪人可操作的经纪活动内容。

体育产业是块大蛋糕,"吃法"多种多样;享用美味蛋糕,要讲究采取科学化、合理化和多样化的吃法。在竞争时代,模式乃成功的基石。具体而言,有以下数种盈利模式。

1. 赛事经营推广,即直接经营体育赛事。如 Tom. com 于 2001 年购得中国篮球联赛(CBA)为期三年的独家推广权。从 2001—2003 年,CBA 中各场赛事的冠名权、广告赞助的销售权、赛事电视转播销售权、指定赞助和联赛标志,包括球员明星肖像权等等,均由 Tom. com 独家经营。2003 年 8 月在北京举行的西班牙皇家马德里队与中国健力宝龙队的比赛,由北京某公司包办,据称盈利超过1 000万元人民币。

2. 赛事广告策划,就是承接赛事广告,并进行策划包装。2003 年 2 月 27 日,一台名为"蓝带激情之夜"的晚会在广东电视台举行,32 名蓝带足协杯宝贝登台选美。此项活动的总导演系《南方体育》广告公司。

3. 体育经纪中介。IMG、PROSERV 和 OCTAGON 是国际三大体育经纪公司,专事体育中介经纪业务。按照国际惯例,集体项目工作合同谈判的报酬一般为运动员工资的 4%—6%；商业推广报酬可高达 15%—30%；单项运动，以运动员奖金的 10% 作为回报；其他商业活动的酬金在 20%—25%。我国体育经纪市场起步较晚，但目前已粗具规模。以 2003 年初在浙江义乌、武汉、上海三地举行的 LG 杯四国女足邀请赛为例，便是羊城报业广告公司从中牵线搭桥，使韩国 LG 公司冠名该项赛事。

4. 报业进军体育电视。羊城晚报报业集团介入 CBA 的运营虽没成功，但它曾经在篮球场的身影是报业介入体育竞技运动的一次有益尝试。上海文广组建、经营体育传媒产业链的经验，或许更能为体育报业所借鉴。上海文广体育频道总监白李介绍，上海文广要做体育传播这个概念，即组建以体育为核心的传播内容，形成新的媒体传播链。上海文广有电视、电台、报纸、运动队，体育是新媒体，也是传统媒体的重要传播内容，上海文广跟纯粹的传统媒体合作，能产生更大的传播效应。组建、经营媒体传播链是上海文广体育频道运营的基本思路。

5. 开发体育旅游。随着我国经济发展，人民生活水平的提高，到外地去看大型体育赛事渐成时尚。2002 年韩日世界杯期间，约有 5 万中国游客赴韩看球。2003 年皇家马德里队到昆明红塔基地集训期间，有国内旅行社开发了“去红塔，看皇马”的昆明旅游线路。上海 F1 赛事预计到 2004 年时，将有数十万国内外游客到申城观赛。

6. 体育咨询服务。举办大型赛事，不仅需要专业的场馆管理人员、赛事组织队伍、安保队伍，还需要专业的公关咨询及宣传服务。2003 年 3 月，武汉市市长率该市体育局官员赴京，经过磋商，中体华奥咨询有限公司将为其提供武汉 2007 年城运会的前期总体规划和咨询服务。而雄心勃勃的 Tom. com，更是把目光瞄准了 2008 年北京奥运会。为吃到奥运蛋糕，Tom. com 与中体产业股份有限公司合作，成立一家合营企业，主要业务是 2008 年北京奥运会的信息发布、提供相关咨询服务。

第二节 体育赛事经纪的过程

体育赛事经纪的运作程序主要包括选择和策划体育赛事，包装体育赛事，营销体育赛事，赛时服务客户，评价服务效果等。

一、体育赛事的选择

我国每年举行的近千种体育赛事中，并非所有的赛事都具有商业价值和经纪机会。要开展体育赛事经纪活动,首先需要对赛事的市场价值进行基本判断和商机选择。判断体育赛事的市场价值取决于赛事的基本情况,包括比赛项目、比赛地点、赛事目的、参赛者、传播范围、比赛的对抗程度、比赛结果的不确定程度、社会心理寄托、关注程度等多方面因素。这些因素的不同状态,决定了赛事市场价值的不同。

追求利润(或短期,或长期)是经纪活动的目标,因此,经纪人应广泛、深入了解各种体育赛事,从中选择有市场价值的体育竞赛活动。

1. 选择项目前应具备的条件。首先,策划人要有敏锐的商业头脑,能够找到项目的卖点,并通过文字加工转化为商家乐于接受的文件,能够在投资论证中予以讨论。显然,做一个漂亮的策划书是关键,其目的是通过策划让商家看到投资后的回报。如何让商家感到投资的价值呢?就应该选择与商家产品形象贴近的项目进行运作。其次,体育经纪人本身要了解经济和法律等方面的知识,也需要熟知体育知识,甚至最好有从事体育工作或活动的经历和背景,以利于从深层次了解委托人和合作方的要求,寻找更多的商机。

2. 选择体育赛事的依据。选择体育赛事通常是在计划内赛事中进行选择。体育主管部门制定赛事计划主要出于两个目的:一是促进项目发展(如比赛按年龄划分为少年赛、青年赛、联赛、选拔赛等,以竞赛促进梯队的形成和高水平队伍的产生);二是丰富社会文化生活和筹集社会资金(如赞助等)。

3. 选择体育赛事的前期准备。选择、策划体育赛事特别需要作好以下几方面的赛前调研准备。

(1)有目的地收集不同项目赛事、电视媒体和赞助企业的信息,在即时利用这些信息的同时还应建立数据库长期保存,以备随时参考。

(2)对信息进行分析研究,并进行有针对性的市场需求调研。

(3)根据具体情况,进行市场定位:如选择居间、行纪还是代理服务;选择单环节、多环节还是全面经纪服务。策划赛事的关键在于"赛事有故事",有好的传播手段,符合企业树立形象、促销产品的市场需要。

4. 谈判签约。有了一定赛事选择意向后,赛事经纪人应到相关体育管理部门了解申办赛事的条件和有关事项,与赛事主办者或其授权的赛事组委会进行协商、谈判,以获得该项赛事的居间、行纪或代理资格,签订相关经纪合同。

二、体育赛事的包装

选择、策划并获得了某项赛事的经纪权后,经纪人还应对比赛进行精心的"商业包装",以最大限度地实现赛事的价值。经纪人应立即整理此类赛事的历史资料(尤其是社会关注度,如电视收视率),组织分析赛事的焦点、热点所在,并尽快研究、撰写赛事策划方案,挖掘赛事商机。赛事策划方案主要包括广告方案和融资方案。

(一) 广告方案

广告观念认为,一个广告要想有效刺激消费者,必需至少 12 次以上的有效刺激,这个广告才能潜移默化到一个消费者的意识中去。借用这个说法,广告方案应是多层面的组合。广告方案主要包括以下内容:

1. 为什么举办?要简述赛事特点,含热点、焦点等内容,满足企业需求,强调赛事卖点;

2. 是什么样的赛事?要叙述参赛人特点(明星,或是一般群众)、比赛地点、比赛时间、举办赛事需要及中介代理费等;

3. 回报条件如何?即企业参与赛事活动能得到什么样的宣传机会,可通过冠名权、组合媒体宣传、场地、服装广告等加以说明;

4. 企业赞助赛事活动的宣传比较优势,要与普通媒体的宣传价格进行比较;

5. 如何保证企业获得合法权益?要阐明合作各方的合同关系、实施与监督措施等。

(二) 融资方案

融资方案更是一件讲究科学性、可行性的工作。融资方案主要包括以下内容:

1. 活动背景介绍:活动的来由,主办、协办、承办机构简介;

2. 运动项目市场分析:该运动项目的发展现状及其市场状况;

3. 具体运作方案:详细描述活动操作过程中的具体实施步骤;

4. 财务计划:包括资金需求、资金使用计划(如出场费、申请费、裁判费、人员差旅费等)、预计收入(如电视转播权、赞助、广告、冠名权、门票、特许商品权等各项收入)、收入分配计划等;

5. 风险分析:包括经营风险、市场风险、政策风险、投资风险等。

赛事策划方案的精彩与否,将直接影响融资效果的成败。因此,撰写好赛事策划方案后,可组织召开相应的研讨会及工作会议,召开新闻发布会,进一步寻找、创造新闻热点,进行赛前预测,开展赛前媒体宣传,以吸引社会的广泛关注。换句话说,赛事策划方案要设计得尽善尽美。

三、体育赛事的营销

有人说,做赛事要想盈利,只有通过电视转播,找赞助商拉广告。此话很有道理,因为体育是内容,媒体是载体。因此,在确定了赛事,谈妥了电视台,撰写好赛事策划方案后,应立即着手寻求赞助商、广告商,分销赛事冠名权和各种广告权,包括场地广告、电视广告(电视台用广告时间置换转播权的,需经纪人自行寻找电视广告)、赛事标志产品广告等。这些都是赛事主办者或其授权机构的无形资产,对这些资产,经纪人应在谈判中明确其归属。对它的开发、销售等营销活动,应遵循市场法则进行。

随着科技文化的发展,商业领域观念也在发生巨大的变化。以前,企业通常是以树立企业形象促进销售,现在则由市场推广变为实施发展品牌形象战略。品牌战略的含义很广,它包括产品质量、活动营销、直接销售、广告、赞助、公众影响、商业推广、促销等内容。其中,赞助、广告是非常重要的因素。体育经纪人应了解赞助、广告规律,通过争取赛事赞助、广告而获得利益。

(一) 寻求赞助、销售广告和转让赛事标志权

1. 赞助、体育赞助、广告及标志权的含义。赞助是企业(赞助者)和公益组织、机构及个人(被赞助者)之间以投入(资金、实物、技术、服务等)和回报(冠名、广告、专利和促销等权利)的方式形成的互惠交换关系,是平等合作、互利双赢的商业行为。

体育赞助是以体育为题材、以支持和回报为内容、以利益交换形式达成各自目标的一种特殊的商业行为。对体育组织、机构和个人(运动员、教练员等)来说,体育赞助是开发自己拥有的体育无形资产的商业行为;对企业来说,体育赞助是现代企业营销的一种行之有效的策略,是提升企业形象和士气,扩大产品销售,提高企业在国际、国内两个市场上的竞争力的实际需要。赞助双方是互利互惠的商业伙伴关系。经纪人的作用就是作为中间人,利用体育赛事这一载体,促成这种合作。

广告是指广告主以公开付费的方式,通过各种媒体传递商品或劳务信息,进而影响消费行为,促进销售,使广告主获得利益的活动。体育赛事因可负载并广泛传播商品或劳务信息而成为一种"特殊"媒体,因此利用体育赛事作广告的现象极为普遍。赛事广告的载体很多,如服装、场地、设施等,充分地挖掘,既有利于赛事的营销,也是对赛事本身的更好包装。当然,电视体育广告是一种艺术,在为赛事包装时要考虑到画面效果。

标志权主要指赛事的相关称号、标志和专利特许权等无形资产,其价值通过

市场开发和标志权转让体现。

2. 企业赞助体育的动机。企业赞助体育赛事的动机有：企业家个人兴趣爱好，税收上的减免，与受众建立直接售销联系，捐赠等社会活动影响，争取参加有关的交流活动的机会（如排行榜、新闻发布会、广告），受名人或重要人物的影响等。争取赞助时，应具体问题具体分析，关键在于对赞助企业各类信息的了解和把握。

赞助活动不是一种冲动的行为，不但要有明确的赞助目标，而且还要有完善的计划专案。因此，选择体育赛事进行赞助时，还应注意明确下列问题：赞助赛事是否符合品牌的市场形象，品牌在公众印象和推广效果方面的回报是否合理，合作伙伴是否具有经验、技巧和信誉；与其他赞助商之间是否存在利益冲突，除赞助合同外的其他合作机会，赞助与回报是否对等，赞助是否实现了企业目的，是否通过赞助突出了品牌，不赞助该赛事对品牌所造成的负面影响以及是否制定潜在的风险的预测与防范措施等。显然，赞助真正起效果是企业善于对组合传播策略的运用。可口可乐公司 1996 年在全球市场全年共投入了 4.5 亿美元，而用于赞助本身的经费仅为 4 000 万美元，其他的 4 亿多美元全部用于传播的配合与市场的巩固。据统计，公司每投入 1 美元的赞助费就要在外国和各目标市场投入 11 美元进行传播配合和巩固业绩。

（二）根据企业需要策划体育赛事

除计划内赛事需要企业赞助外，经纪人还可以根据赞助商（或电视台）的需要策划设计一些比赛。策划赛事应注意以下几点：

1. 充分包装体育赛事，广泛宣传赛事热点、明星，明确媒体传播方式，预测赛事赞助影响效果。

2. 收集、分析赞助企业的有关信息和经济实力、发展战略、营销计划等各种基本情况，及时向企业传播赛事计划和赞助方案，其中赞助方案要明确赞助回报，最好附有市场预测分析报告等。

3. 设计最佳赞助方案，以说服企业赞助。方案应与企业产品营销一体化，以良好的服务建立起长期的合作伙伴关系。

据权威机构统计，世界上经常赞助体育比赛的产品企业类型依次是：烟、酒公司，汽车生产商，饮料公司，商业银行，建筑公司，电子通信公司，大型零售商，电脑软件公司，洗涤用品公司等。2004 年 3 月 26 日，国际奥委会在北京宣布，联想集团正式成为第六期（2005—2008）国际奥委会全球合作伙伴。第六期合作伙伴共有 11 个成员，它们是：可口可乐、通用电气、恒康人寿、柯达、麦当劳、松下、三星、斯伦贝谢、斯沃期、VISA 卡和联想。国际奥委会全球合作伙伴成员是国际奥委会的最高级别赞助商,它可以获得在全球范围内使用奥林匹克知识产权的一整套权益回报,其成员必须是著名的跨国大公司,在各自行业领域居于世界领先地位。据估计,第六期合作伙伴成员的赞助费用在 6 500 万美元以上。联想集团对奥运的赞助将为 2006 年都灵冬季奥运会和 2008 年北京奥运会以及世界 200 多个国家和地区的奥委会及奥运代表团提供台式电脑、笔记本电脑、服务器、打印机等计算技术设备以及资金和技术上的支持。

（三）销售赛事电视转播权

体育比赛电视转播权是指体育组织或赛事主办单位举办体育比赛和体育表演时,许可他人进行电视现场直播、转播、录像并从中获取报酬的权利。出售或转让转播权的主要权益方是与赛事相关的体育组织和主办单位（组委会）。从资产特性看,电视转播权属于体育无形资产。

适合实行电视转播权有偿转让的赛事有大型综合性运动会、热门项目的职业化或半职业化联赛、各项目的商业性比赛以及各种以获取经济收益为目的的体育比赛和体育表演。其收入已占总收入的 30% — 50% 不等。电视转播权价格的提升产生于激烈的竞争（社会竞争力度和购买转播权的竞争力度）。意大利足球联赛从 1985 年开始与电视台合作,收入颇丰。英国从 1971 年开始向世界 40 多个国家有偿实况转播英国足球联赛。80 年代中期,欧洲广播电视联盟付费转播了欧洲足球锦标赛和世界田径锦标赛的实况。澳大利亚、新西兰、日本、加拿大等国也相继在这个时期加入了购买国际赛事电视转播权的行列。1984 年,电视转播洛杉矶奥运会的国家已达 156 个。赛事电视转播权的营销活动在世界范围内得到了发展,体育赛事电视节目也大大增加。

从总体上看,我国的体育赛事电视转播权开发经过几年来的努力,已经取得了很大的成绩,并逐步走上正轨,但与国际普遍做法相比,仍有较大差距,在实践中仍存在不少的困难和问题。影响开发"赛事电视转播权"的问题主要表现为:我国社会经济发展水平、人们生活水平还不够高;围绕"赛事电视转播权"的各种内在法律和经济关系还不明确;现有的相关体育体制和电视台管理体制限制了开发活动;中介机构不健全;未能严格遵循市场经济规律,少有引进先进的市场营销技术和方法等方面。

国内某个专业人士曾算过一笔账,国内养一支甲级俱乐部足球队每年至少要 5 000 万元,15 个俱乐部就是 7.5 亿元,所以组织甲 A 联赛的一年支出至少需要 10 个亿,而目前从电视获得的收入只有 1 200 万元。在国内组织一项赛事,从电视中获得的收入少于全部收入的 3%,而英超是 60%,NBA 是 80%。这无疑造成中国的俱乐部"经营得太苦",也必然影响到联赛的水平。解决这些困难和问题既需要我国社会主义市场经济整体环境的不断优化和改革,各级体育组织和广播电视机构的共同努力,也需要体育经纪人水平的提高和精心运作,包括引进先进的经营理念和方法。

（四）赛事转播权价格的因素

体育赛事经纪对赛事电视转播权价格的定位依据主要有：赛事的知名度、赛期、竞技水平、规模、影响力；赛事的预期电视收视率；买方可能从广告费和转卖转播权中获得收益的情况；组委会与其他电视机构成交的转播权价格；参照同类赛事转播权的历史成交价；转播权价格膨胀率；通货膨胀率；买方的经济承受能力；买方国家或地区的经济实力；买方国家或地区公民对该赛事的喜好程度等。

电视台决定其是否购买转播权的出发点在于赛事电视节目的商业价值能否满足其成本支出,并有所结余。电视台还要考虑的另一买因素是有无竞争电视机构或组织的存在：如果没有竞争机构,电视台会为追求最大利润而尽可能降低转播权价格,甚至要求免费播出；如果有竞争机构,电视台会根据利润的大小决定是否参与竞争。

目前,我国体育界尚缺乏有说服力的赛事证明资料和专业包装,如某项赛事历史上的轰动及收视率、现实的热点及参赛明星等来证明电视台转播赛事收益能够支付其成本,并有所结余,获得利润。大部分赛事主要依靠体育赛事组织者和电视台负责人的经验来判断和洽谈,这样就降低了体育组织的谈判成功机会。因此体育赛事经纪人必须掌握赛事的历史及收视率情况,善于包装赛事的现实热点、策划明星参赛方案,在电视转播权转让双方的要求差距中寻找平衡点,最终确定电视转播权的转让策略、方式及价格,或免费,或合作开发,或销售电视转播权,以获取最大的成功。

（五）销售赛事电视转播权中的中介需求

体育市场的主体是由买方、卖方和中介机构三方面构成的。中介机构是经济活动不可缺少的中间环节,是联系买方和卖方的重要纽带。对我国目前的体育体制来说,在现阶段,我们各个协会的经营水平还不高,企业客户有限,无论是对销售环境的市场调研、对目标市场的把握和定位、设计优化的营销组合（产品策划、包装、定价等）,还是多渠道营销、促销等,都非常需要专业化的营销中介机构来协助完成,寻找那些经验比较丰富的、合法的中介机构来经营体育赛事转播权往往能够节省人力、物力、财力,并会获得更大的收益。而目前我国体育中介机构的缓慢发育已严重阻碍了赛事转播权的开发。电视台、生产企业也同样对中介机构协助包装精品体育赛事电视节目提出了迫切的需要。

四、赛事过程中的客户服务

赛事运营的收入主要靠其自身的影响力来吸引大型赞助商的投资。因此，在做好赛事销售之后，应注意做好赛事过程中的客户服务，包括消除有可能产生的组委会与赞助商间的隔阂，为组委会提供资金保证，监督、保障实施客户的宣传或促销目标。

（一）赛时监督

针对赛事赞助和被赞助的双方需求，经纪人在赛事过程中要充分保障合同条款的实现，通过积极的运作和监督，保证使赛事达到最充分的推广、最佳的娱乐效果和最广泛的宣传。

1. 监督赛事是否按计划进行，其中包括比赛是否如期进行、出席者（包括运动明星、裁判、贵宾等）是否按计划到来、接待是否令人满意、电视是否如期转播等。

2. 监督各合作方的利益是否得到充分体现，包括资金是否到位，企业广告或标志牌是否安排恰当，运动员服装及其品牌、广告是否符合赞助商的要求，电视机构的各种摄制、编排效果是否最佳，广告转播时段是否足够，以及各种场合人员出席及其排位是否恰当等。

3. 保护好赞助企业的权益，强化赛事广告规则、规定的实施，保证所有图文清晰可见，就运动员的品牌广告等商业应用向体育组织提出建议。一般来说，赞助商往往希望与该赛事的爱好者维持稳固的关系，这样做，有助于赞助商的一揽子赞助计划。

4. 收集各种为活动实施宣传的证明材料，或组织同期宣传效果调查等。

（二）赛时服务

1. 媒体服务。赛事期间，赛事经纪人应做好电视、广播、因特网等媒体服务，帮助有现场电视转播权的单位安排好转播设备（含屏幕）、转播时间、工作人员的工作和生活条件等；与承办单位的广播电视台和体育组织的电视代表进行联络和协调。

2. 新闻宣传。准备好赛事宣传材料和出版物，组织好新闻发布会、资料发送、产品展示等活动，预先要制作海报并广泛张贴，做好赛前、赛后的广告发布。竞赛期间要在体育馆和其他区域装饰宣传赛事的有关标志，如友好合作的标志、新闻区域的广告标志，新闻界、运动员下榻宾馆牌的综合性招牌，活动庆典以及新闻发布会处的标志。密切关注新技术在广告业中的应用，及时引入体育赛事经纪市场，如异地发布电视广告等。

3. 现场促销活动。要协助赞助商在赛事现场开展一系列的产品促销活动,如招待企业的贵宾,赠送企业产品,开设产品陈列室,在新闻中发布信息,举行合同签字仪式,设立产品销售摊位,设立广告牌,制作电视广告,制作热气球广告等。

4. 交通、食宿、门票。这虽然是有关合作人员的接送、食宿、门票等安排和接送工作,但往往体现出对赞助企业的尊重,对进一步的合作至关重要。

总之,高度重视赛时服务工作对赛事有效运作非常重要,事关方方面面工作的协调及执行。

(三)媒体报道评价

赞助商的赞助目的不仅是提高产品销售量,更多的是着眼于赞助活动能否给企业带来声誉和形象的提高以及广告支出的下降。因此,对赞助活动媒体报道程度进行评价十分重要。对媒体报道程度主要从三个方面进行评价:一是有哪些媒体形式(电台、电视台、网站、报纸和杂志等)直接或间接地报道了赞助企业;二是各媒体形式报道的量,即报道次数的多少、时间的长短及版面的大小等;三是依据当时的市场价格计算赞助商采用相同的媒体形式购买相同量的广告时段需要花费的资金总量,从而测算出赞助商因赞助活动所获得的企业广告费下降幅度。

总之,高度重视赞助效果的评价工作,对寻求赞助的体育组织和寻求最优宣传媒体的赞助商来说都至关重要,应有专人或聘请专门机构来负责此项工作。

在评价赞助效果的同时,还要对引起效果的相关因素进行分析,搞好赞助活动总结。

五、赛事赞助活动的总结

(一)撰写赞助评估报告

赞助评估报告应重点论述本次活动的赞助效益。赞助效益应采用定量和定性相结合的表述方式。定量描述应包括资金赞助的总额、实物赞助的数量和质量,以及服务赞助的内容、人次、时间和质量;定性描述应着重对赞助活动的社会效益进行分析和评价。对赞助效益的分析关键是看是否达到了赞助计划中确立的目标,并对此做出实事求是的评价。

(二)建立本次赞助活动的专项档案

赞助活动完结后,应指定专门人员负责收集、整理与赞助活动相关的一切资料,包括各类文件、电话记录、传真资料和信函,以及一切能证明赞助效益的图片、报纸、杂志、录像带和光盘等。建立专项档案不仅是总结的一个部分,而且对今后体育赞助的运作有十分重要的价值。

（三）召开总结会

总结会除了体育组织内部从策划到执行，包括赞助计划、赞助提案、人员配置、经费管理和后勤保障，乃至主要经验等方面进行全面、系统的总结外，还应邀请赞助商共同探讨、总结本次赞助活动，并征询对未来继续合作的意向和可能性。

（四）感谢活动

感谢活动是总结的最后一项工作。感谢活动除了要向赞助商致由最高行政官员亲笔签名的感谢函外，还可以采取赠匾、赠旗或赠纪念品的方式。如果是大型的赞助活动，还应该举行答谢宴会，借此感谢有关人员，并进一步与赞助商沟通感情，建立长久的合作关系。

总之，体育赛事经纪的流程可简单概括为：选择赛事、策划立项，接受体育组织委托，代表体育组织与电视台、赞助商谈判，订立与履行合同，为交易各方提供咨询、经纪后服务等。

经纪人或机构组织作为体育赛事的中介，拿到项目或经过论证认为可以赢得利润而去投标某个项目，或由于具有一定的资源关系可以获得好的经营、运作资格，最终是要将项目经过拆解、包装转化为利润点卖给商家，所以围绕商家进行运作是关键。

国际管理集团中国区总经理王应权说："只要有创意，开窍了就能赚钱。"并说："赛事的成功，是通过体育明星和赞助商包装出来的。"国际管理集团的方程式是：知名运动员＋竞争力＋地位＋奖金＝成功的赛事。"竞争力"指的是比赛的水平，"地位"是指赛事可以炒作的卖点。因此，着眼未来的全面、优质服务，可以获得电视机构和赞助商的认可，并能得到其长期的业务，这应是优秀赛事经纪人所追求的目标。

第三节　中国体育赛事市场及赛事经纪发展

20世纪80年代以来，中国体育发生了巨大变化，体育产业的兴起是一个显著的特征。体育比赛的市场化以及体育竞技表演业的兴起是体育产业发展的主要内容之一。体育经纪人了解中国体育赛事活动的市场化发展道路，对其开展赛事经纪活动具有重要作用。

一、中国体育赛事市场化的发展历程

近年来,随着社会主义市场经济的发展,体育比赛与其他社会公共产品一样,从过去单纯地由政府或民间组织向社会提供无偿或公益性服务,逐步转变成为以商品的形式进入市场,即体育比赛的举办者通过向公众提供竞技表演这一特定服务,在满足人们的观赏需要的同时,实现产品交换,从而得到各种形式的利益回报。体育比赛已经走上了市场化发展的道路。

目前体育赛事市场化主要有两种形式:一是商业性比赛,即赛事举办者以营利为目的、满足社会竞技体育观赏需求而举办的比赛,如职业联赛、商业比赛、大奖赛、巡回赛等,这方面欧、美经济发达国家的职业体育比赛首开先河,并在20世纪70年代形成比较成熟的市场化运作方式,逐步扩展到其他各种类型的比赛;二是以提高运动技术水平、发展体育文化为目的,但采用市场运作方式进行的比赛,如奥运会、亚运会、全运会和各种杯赛、锦标赛等,这些比赛的举办者为弥补竞赛资金的不足,提高竞赛的活力,逐渐采用前一类比赛的运作方式和手段,走上了市场化的道路。1984年第23届奥运会在美国洛杉矶举行,在奥运会的历史上首次采用了商业化运作方式,获得了巨大的成功,也取得了丰厚的社会效益和经济效益,对后来各届奥运会的举办以及各种大型国际体育比赛都产生了重大的影响。

1994年中国汽车联合会举办的七届国际汽车拉力赛和越野赛采用商业性运作方式,为国家创汇3 000万美元,参与组织的有关部门总收入都超过100万美元。综合性体育运动会也开始尝试商业开发,1987年第六届全运会首次对综合性运动会进行了商业性操作,会徽、吉祥物、秩序册、场地边的广告等都"卖出"了高价。此后的1990年北京亚运会更是利用其规模和影响,成功进行了市场运作,收到了良好的经济和社会效益。

二、体育赛事市场化的本质和基本特征

(一)体育赛事市场化的本质

由于体育赛事能够聚集大量观众观赏,所以它具有形成大规模公众场合的功能。体育赛事的筹备和举办涉及社会生活的诸多方面,必然引起社会的普遍关注和重视,成为大范围内人们关注的焦点。因此,体育赛事拥有了巨大的无形资产,具有极高的商业媒介价值。

实现体育赛事的商业媒介价值的主要渠道包括:门票,出售比赛电视转播权,征收赛场内、外各种形式的广告费,征收赛场界定区域从事经营活动的场所

租让费和由于赛事而增加利润的专利费,出售比赛冠名权,指定比赛器材、用品的特许资格,各种保险的利润分成,发行体育彩票,发行纪念邮票和纪念币,征收印有运动会名称、会徽、吉祥物、标志商品的专利费,接受财团、企业、个人的捐赠与赞助等。

综上所述,体育赛事市场化的实质就是运动会组织者通过采用各种手段,对体育比赛的体育服务产品和无形资产进行开发和营销活动,实现体育赛事的商业价值的过程。

(二)体育赛事市场化的基本特征

1. 观赏价值与市场价值相互影响。体育赛事的观赏价值与市场价值是相互联系的。其中观赏价值是基础,它决定了体育赛事的市场价值能否实现和实现程度的高低。越是竞技水平高、精彩激烈的比赛,其观赏性越强,市场价值越高。同时,体育赛事的观赏价值又是如何由市场决定的,赛事的市场化也会促使赛事的组织者尽可能提供高质量的"产品",以满足市场的需求。

2. 体育赛事具有过程不可复制的唯一性。作为服务形态的产品,体育竞技表演的生产与消费不像其他服务产品(如文艺演出等)那样具有可重复性。相反,体育比赛具有不可重复、甚至是一次性消费的特点。正是这种唯一性,使得每一场体育赛事都是一个独特的"产品",因而不会产生其他消费品给人带来的"满足"感,会使人"常看常新",即每一次体育比赛都是一个全新的"生产过程","生产者"必须尽全力生产出合格的"产品",尽可能全面开发利用其商业价值,以期收回成本,获得盈利。

3. 体育赛事具有极强的实效性。体育赛事服务产品具有生产与消费同时性、即逝性的特点。体育赛事的无形资产如竞赛冠名权、广告发布权、电视转播权、各类标志的特许权等一般也都有特定的时限,一旦超过这个时限,其商业价值就不复存在。这就要求体育赛事的经营开发者必须及早对体育赛事的开发进行策划和准备,最大限度地挖掘体育赛事的商业价值。

4. 产品价格的不确定性。体育赛事的主要产品是服务产品和无形资产,其"价格"往往受到种种因素的影响,具有较大的不确定性。因此,赛事组织者和经纪人必须对体育赛事的商业价值具有清晰的认识,以避免盲目操作,这是开发和实现体育赛事商业价值的重要前提。

三、职业体育赛事市场化和赛事经纪

1992 年,中国确立了社会主义市场经济体制的改革目标。体育产业化作为体育改革的重要内容逐步得到政府和社会各界的认同。1994 年,足球率先以全

国甲级联赛为突破口开始了职业化改革。篮球、排球、乒乓球、围棋等项目紧随其后。职业化体育比赛的出现,意味着体育赛事市场化进入了一个全新的、趋于稳定的阶段。中介组织和体育界以外的企业参与运作商业性比赛也日益增多,其他各种比赛甚至业余比赛也都开始了市场化的发展道路。全国综合性运动会进行了系统的颇显规模的开发;非奥运项目减少了国家的投入,被"逼"上了市场。原来由国家举办的比赛,包括各种锦标赛、选拔赛、青少年比赛等,几乎无不以赞助、广告、门票等作为比赛经费的重要来源。这一阶段的显著特点是体育赛事活动的市场化观念深入人心,运作方式逐渐规范、系统,国内体育中介机构介入体育赛事活动,体育赛事市场化开始走上了全面发展的轨道。

在我国体育产业化发展起步阶段,国际体育赛事商务公司尤其是国际管理集团(IMG)起到了很大的推动作用。当前国内体育影响最大的两大赛事——足球甲A联赛和篮球CBA联赛,最初起步的时候,都是由IMG担任赛事商务推广工作。直到现在,IMG还是足球甲A联赛和足协杯赛的商务推广商。

体育产业的发展,尤其是国际体育商务公司的示范,也使国内体育公司从无到有发展起来。近期,国家体育总局将下属九大公司整合后成立了中体产业股份竞赛管理集团,准备全面介入我国体育赛事商务市场。竞赛管理集团成立的注册资金5 000万元,实际可使用资金2亿元,用竞赛管理集团内部人士的话说:"这是国内体育赛事商务公司里的航空母舰。"其业务涵盖体育赛事商务推广、体育广告、体育旅游、体育经纪、体育高新技术发展、体育信息咨询等方面。

据悉,竞赛管理集团成立后,把社会上影响最大的足球、篮球、排球三大球作为主攻方向。在篮球和排球两个项目上,中体产业早已介入了其联赛商务推广;女足国内赛事的商务推广也一直由中体产业广告公司打理。2004年是中国足球的首届中超联赛,竞赛管理集团也对这项当前国内规模最大、影响最大的赛事的商务推广权很感兴趣。

作为中国首家体育广告专营企业,中体广告公司的业务覆盖商业体育及广告行业各主要领域,目前业务重点有以下四个方面。

1. 赛事及活动推广。作为一家专业体育推广机构,代理和承办广告赞助性体育比赛、活动或表演是中体广告公司的重点业务。自成立以来,中体广告公司先后参与组织和宣传推广了七星国际越野挑战赛、希尔顿男篮甲A联赛、555香港—北京汽车拉力赛、555中国拉力赛、健牌自行车环中赛、高力世界F1摩托艇锦标赛、四国女排邀请赛、北京国际马拉松赛、"波司登"全国冰球联赛等大型体育赛事,并策划和筹办了中国功夫—美国职业拳击争霸赛、"红塔杯"文体明星赈灾足球义赛、"红塔之夜"中国体育公益奖颁奖晚会、首届北大—清华赛艇对抗赛、中挪足球对抗赛、"上海奥林匹克花园杯"国际竞走大奖赛、2002 年"太平洋保险杯"四国女足精英赛、2002 年"新科杯"全国女足联赛、2002 年"新科杯"全国女足超级联赛、2002 年"一品黄山杯"全国女足锦标赛等体育赛事。通过这些影响巨大的体育赛事与活动,客户的企业和品牌形象在传媒和公众中得到了卓有成效的传播与提升,社会效益与经济效益明显。

2. 体育经纪。作为国家体育主管部门创办和直属的企业,中体广告公司与各单项体育协会和国家运动队关系密切,从事商业代理和体育经纪业务具有得天独厚的资源优势,并积累了丰富的商业运作经验。多年来,为中国足球协会、中国篮球协会、中国排球协会、中国田径协会、中国羽毛球协会、中国乒乓球协会、中国手球协会、中国网球协会、中国游泳协会、中国滑冰协会、中国举重协会、中国汽车运动联合会、中国奥林匹克委员会、中国奥运代表团、中国亚运代表团、天津泰达足球俱乐部、云南红塔足球俱乐部、北京宽利足球俱乐部等提供了赞助征集、广告实施等长期性经纪服务,起到了良好的中介桥梁作用。目前,中体广告公司正逐步把经纪对象从团队集体扩展到体育明星个人。

3. 品牌服务。中体广告公司立足于中国体育市场,为体育产业内的企业和有意于通过体育领域宣传、提升品牌形象的国内外企业,提供一系列市场研究、活动策划、公关推广、广告发布、活动实施等专业而完备的品牌服务。曾服务的客户包括 Reebok、Mizuno、Yonex、Speedo、李宁、安踏、中体传播网等体育圈内著名企业和品牌,以及红塔集团、安利、爱立信、飞利浦移动电话、联合利华、达能饼干、奥林匹克花园、中兴通讯、美的、南极人、飞虎证券网、波司登、雪豹日化、神泉葡萄酒等国内外著名企业与品牌。

4. 媒体代理。中体广告公司与电视、报纸等传统媒体关系密切,常年代理 CCTV 体育频道、北京电视台、北京晚报等强势媒体及中国体育报、足球报、体坛周报、南方体育报等体育专业媒体广告,为国内外客户提供了更广泛的服务。曾代理媒体发布的客户包括七星国际越野挑战赛、安踏运动鞋、神泉葡萄酒、香格里拉藏秘酒、南极人服装、大维西装、红双喜体育器材等。

北京高德体育经纪有限公司是从事体育市场开发、体育中介服务等经纪工作的专业公司。高德是国内体育经纪领域拓荒者中的一员,也是首批通过政府有关部门资格认定的体育经纪公司之一,拥有一支持有体育经纪人资格证书的专业人员队伍。

依靠正确的经营方针、科学的经营理念、务实的经营作风和虔诚的服务意识,高德公司在体育经纪工作中取得了较为突出的成绩,始终跻身于中国体育经纪行业的前列。较有影响的是 2003 年 8 月成功组织了最高档次的大型国际比赛：中国龙队与西班牙皇家马德里队的足球对抗赛。特别是中国足球运动员范志毅、孙继海转会欧洲著名俱乐部的运作成功，使高德公司享誉中国足坛。

本着精诚合作的原则，高德公司与海内外众多体育界人士、体育推广机构和政府主管部门建立了深厚的友谊和良好合作关系。凭借极佳的信誉和现代的经营运作理念，公司会不断开拓新的和更广泛的市场领域，进而成为有一定知名度的国际化公司。

四、中国体育赛事市场的现状及发展前景

目前，中国各类体育赛事都在引进商业开发手段，走市场化发展的道路。总体上说，全国性体育赛事的市场化形式可分为四类：一是带职业性质的比赛，目前已有足球、篮球、排球、乒乓球等；二是以全运会为代表的全国综合性运动会；三是全国性的单项锦标赛、杯赛、选拔赛；四是以商业方式运作的比赛如各种大奖赛、巡回赛、明星赛等。

不同项目的市场化程度存在差异是个普遍现象，即使在西方发达国家，也仅有少数项目市场火暴。我国开展的运动项目按照进入市场的程度可分为三种：一是足球、篮球、排球、乒乓球等少数项目，已逐步形成市场规模，有相对稳定的观众和球迷群体，其职业联赛或超级联赛由于主客场制的实行和外援的引进，比赛的精彩激烈吸引了越来越多的观众，同时也被新闻媒体和企业界所看好；二是约有三分之一社会影响大或群众参与程度高的项目，逐步形成了传统赛事和市场雏形，如以武术为主要产业经营业务的北京国武体育交流有限责任公司，策划并承办的中国武术散打争霸赛，是国内影响最大的武术赛事，在国际上也具有较大影响力；三是约有一半以上的项目虽然有少量的市场操作，但由于受其商业价值、群体基础或包装造势的影响，市场前景仍然步履维艰。我国有些奥运优势项目虽然为国争了光，竞赛却无市场。

自从洛杉矶奥运会盈利之后，奥运会及其他体育赛事的商业价值已被许多国家充分认识，这一背景对中国体育赛事产业的发展是一个有利的推动。21世纪是中国经济进一步改革和发展的世纪。市场经济体制的完善、对外开放程度的提高、群众体育文化娱乐需求的增长将为新世纪中国体育的发展铺平道路，中国体育产业化的进程将进一步加快。同时，中国加入WTO和北京举办2008年奥运会也将为中国体育赛事活动的市场化提供难得的机遇。展望未来，体育赛事将出现下列三大趋势。

1. 竞技表演业将成为体育产业的主要形式之一。体育产业的核心是健身娱乐业和竞技表演业。体育赛事作为竞技表演业的主要形式在新世纪将进一步

加大市场化的发展力度,现有的职业比赛将形成较为固定的市场体系,大型综合性运动会的商业开发效益将进一步得到提高。为满足人们各种欣赏需求,新的比赛形式和新兴比赛项目将越来越多。特别是具有中国传统特色或体现现代化生活的体育项目的比赛将随着社会的发展受到人们的广泛重视,如武术、中国式摔跤、龙舟、舞龙舞狮、汽车运动等。国际著名体育明星会越来越多地进入中国体育赛事市场,2001年11月举办的国际高尔夫巨星伍兹表演赛就是一个典型的例证。

2. 体育赛事市场化的运作方式将更为规范。目前中国体育赛事市场化在运作方面还不够成熟和规范,随意性和偶然性较大。随着中国加入WTO,体育赛事市场化的参与者包括主办者、中介机构、企业和其他组织将进一步明确自己的责任、权利和义务,体育竞技表演市场的规范化程度将大大提高。

3. 体育赞助成为构筑企业品牌的重要平台。约翰·托夫勒在《第四次浪潮》中提出,在服务革命、信息革命之后,人类社会的第五次浪潮将是娱乐和旅游业的发展。体育作为娱乐业的代表是名副其实的朝阳产业,而体育赞助作为品牌构建策略已经成为国际企业营销的重要途径,中国的企业和广告咨询机构必然也会搭上这趟快车。

[**本章思考题**]

1. 什么是体育赛事经纪? 从事体育赛事经纪必须具备哪些基本条件?

2. 从我国体育赛事市场的现状出发,寻求一个良好的发展前景应作哪些努力?

[**相关链接一**]

体育媒介市场研究

作为一种社会文化现象,体育因为能够传播积极向上的社会、人生价值观和健康的生活方式而具有一定的社会传导功能。现代商品经济社会中体育的职业化、商业化,将体育造就成了连接商业和媒体的中介桥梁。与媒体结合后的体育,因其能够携带、传播商业信息而成为现代商品经济社会的市场新"媒介"。

一、体育媒介概念

从传播角度而言,体育具有倡导新的生活方式、生活观念,自身备受关注并易与媒体(报刊、广播、电视、因特网)结合等特点。与商业信息和媒体发生一定联系的体育精神、人物、组织、赛事等统称为体育媒介。

"媒体"是用来交流、传播信息的工具;"媒介"是使双方(人或事物)发生关系的人或事物。媒体本身就为传播而存在;而体育的传播功能主要依附于媒体,没有媒体介入,体育的传播功能就大为减弱。因此,本文称体育为媒介而非媒体;体育与媒体合二为一则为体育媒体,如体育报刊、体育网站、体育电视频道等。

具有较大传播功能的运动明星、运动队,精彩体育赛事,体育俱乐部,健身娱乐活动等都是体育媒介的重要组成部分。优秀运动员,高水平运动队、俱乐部,精彩体育赛事等,因其能够经常提供新鲜、刺激、极具亲和力的形象和事件而备受媒体关注,成为媒体竞相报道的对象;媒体因此而拥有更多的读者或观众,不断扩大市场效益;而赞助企业、广告客户和广告代理商则对这个活跃的展示媒介存在一定的品牌宣传需要,这里的供、需构成了体育媒介市场。有较高商业价值的体育媒介以其独特魅力,能够吸引赞助商以购买标志权、冠名权的方式来扩大其产品的传播面。

"体育媒介"由于具有广泛的传播面、高度的社会关注度、极大的社会亲和力等特点而成为比单纯报刊、广播、电视、网络等更具优势的广告传媒。这种传播优势使体育媒介表现出了巨大的市场潜力。

二、体育媒介市场

体育媒介的市场主要表现在以下几个方面:

体育媒介(精神、人物、组织、事件)的称号、标志、专利等特许权转让等无形资产开发市场,主要以广告、特许权授权使用等形式体现价值(公益广告、商业广告);

赛事电视转播权转让市场,间接以广告(电视广告)体现价值;

体育媒体市场,以媒体广告体现价值(体育媒介与媒体合二为一);

体育媒介市场价值的大小,取决于体育媒介的特征状况(如明星成绩和知名度、赛事对抗激烈程度等)和它所结合媒体的条件、市场状况。

现实表明,明星广告、赛事赞助、电视转播权销售与赛事电视广告、俱乐部冠名等都表现出了巨大的商业价值,这些在商品经济高度发达、市场运作较为规范、企业竞争十分激烈的国家表现得尤为突出。

(一)体育媒介的称号、标志、专利等特许权转让等无形资产市场

1. 运动员、运动队媒介市场。由于媒体的宣传,世界级优秀运动员在取得成绩的时候多是举世瞩目,并很容易成为年轻人崇拜、追逐的偶像。这就使得明星运动员成了最佳的广告载体。运动员的出场费、转会费在某种程度上也都是

其广告价值的反映。

2. 体育组织媒介市场。由于体育赛事、运动明星的不断升温,相关体育组织(如奥委会、运动协会、俱乐部等)也令人耳熟能详。因此,体育组织的相关称号、标志和专利等特许权也成了很好的传播载体,而且更加权威和令人信赖。

3. 赛事特许使用权市场。无论是高水平的竞技体育比赛,还是大规模的群众体育赛事,都有可能引起媒体的广泛关注和传播,进而使赛事特许使用权成为企业传播商业品牌的重要载体。赛事特许权主要指赛事的相关称号、标志和专利等无形资产。因此赛事冠名、会徽和吉祥物使用、指定产品(如器材、服装、饮料等)经营和场地广告等的特许使用权都是传播商业信息的有效载体。这些特许权多通过企业赞助、广告等途径获得。

(二) 赛事电视转播权转让市场

赛事电视转播权是体育组织很重要的一种无形资产。

由于体育赛事具有激烈竞争、结果的不确定性、广泛的传播性、符合现代生活方式等特征,因此能够吸引全世界电视观众的关注。电视台竞相通过购买体育赛事的电视转播权,转播体育赛事来提高自身的节目收视范围和收视率,增加电视广告收益。随着赛事电视传播范围的不断增大,电视转播权成了赛事主办者的一种重要无形资产。奥运会电视转播权的转让收入就是在这种逐步深入的认识和电视机构的激烈竞争中,不断得到抬升。这种抬升主要源于传播范围的扩大。

国际奥委会通常是把电视转播权以一个国家或几个国家为专利范围出售给与国际奥委会有着良好关系的传统组织。权利的时间可以延长,直至奥林匹克年结束为止。这适用于一切广播电视手段,还可包括生产各个奥运会项目比赛录像带的权利,甚至奥运会的正式影片。按照内行人的说法,这是一种真正的"权利储存"。

总之,在体育媒介市场经营中,体育组织、运动明星、赞助企业、传统媒体(如电视台等)、广告客户及其代理商均能从中受益。

体育媒介市场的供、需是辩证存在的。由于体育媒介的商业价值不同,上述供、需也会变化发展。不同的市场需求决定了各种角色的不同市场定位。

三、我国体育媒介市场的开发现状及存在的主要问题

(一) 体育媒介的称号、标志、专利等特许权转让等无形资产市场

1. 运动员、运动队媒介市场。新中国成立以来,我国共夺得了 1 249 个世界冠军,创、超世界纪录 982 次,因此明星运动员资源雄厚,市场潜力较大。目前,我国已有一些优秀运动员开始利用自身的高知名度进行了商业广告市场开发。

主要体现在武术、排球、体操、乒乓球、跳水、围棋、篮球、足球等优势或大众项目的优秀运动员身上。宣传产品主要分布在家电、食品饮料、服装、通讯等行业,大多是生活用品。

2. 体育组织(协会、俱乐部)称号、标志、专利特许权等无形资产媒介市场。在我国,冠名权已成为多数职业俱乐部的主要经营收入。我国的单项运动协会的特许权开发也有较大收益,一大批协会标志、认证或指定产品的开发成果为协会的发展提供了支持。

但是,同其他体育媒介一样,体育组织的特许权开发还很不够,主要是缺乏专业的形象设计、包装和推广。同时,由于国家体育总局与协会,协会与俱乐部,俱乐部与运动队、运动员未有明确的管理关系和产权界限,各种利益不能得到全面保证,因此各种人群、组织的积极性没有充分调动出来。

3. 体育赛事称号、标志、专利特许权等无形资产媒介市场。中国体育界已开放了体育赛事市场,每年近500多项的全国体育赛事通过面向社会公开招标、拍卖等形式,征集中介服务和企业赞助支持,效果明显。目前,赛事冠名权是我国体育赛事媒介市场开发的主要内容。

(二) 赛事电视转播权媒介市场开发现状

我国赛事电视转播市场有所突破。随着市场经济的深入发展,体育社会化、产业化进程的逐步推进和职业体育俱乐部的发展,体育赛事电视转播权的开发呼声日益高涨。同时,我国电视机构体制改革也取得了成效,为开发体育赛事电视转播权创造了一定的条件。各地方体育组织在开发体育赛事电视转播权上的尝试取得了初步成效。在此条件下,国家体育总局下决心推进赛事电视转播权转让市场的开发进程。

1. 总局近阶段的开发措施。

——培育电视媒体市场:与中国教育电视台合资成立"中体运动影视公司";扶持全国有线电视体育频道的成长、发展。

——加强相关研究与指导:设立委管课题"对我国大型体育赛事电视转播权的研究",开展针对性研究;召开总局"体育电视转播权研讨会";设立"国家体育总局电视转播权研究与指导委员会"。

——鼓励中介经营:成立"中体经纪公司",尝试开展中介经营。

2. 几个典型实践案例。

四川女飞人赛——1998年,在中国田径协会、四川组委会、四川电视台的共同努力下,首次规范并成功实现了国际邀请赛的电视转播权转让。

曼谷亚运会——1998年9月,在国家体育总局的支持下,首次实现了全国有线电视境外制作体育节目联播,培育了新的媒体市场,检验了能力。

'99 中国足球甲 A 联赛——1999 年 3 月,首次对热门项目——足球联赛尝试性实现了电视转播权的分类销售。

天津世界体操锦标赛——1999 年 6 月,按照国际惯例规范运作,成功销售了在我国境内举办的大型国际赛事的电视转播权。

第四届西安城运会——1999 年 9 月,对我国大型综合性运动会进行了电视转播权的转让尝试。

上述各种实践尝试有成功,也有失败,其中的经验和教训都很宝贵。

尽管总局、各运动项目协会和许多地方性体育组织做了很大的努力,但总体上看,我国的赛事电视转播权开发仍困难重重,并且效益并不十分明显,与国际相比差距较大。影响开发"赛事电视转播权"的困难问题主要表现为:从外部环境看,我国社会经济发展水平、人民生活水平还不够高;围绕"赛事电视转播权"的各种内在法律和经济关系还不明确,认识不统一;现有的相关体育体制和电视台管理体制限制了开发活动;中介机构不健全;未能严格遵循市场经济规律,没有引进先进的市场营销技术和方法等。

(三)体育媒体市场

1.体育媒体市场内容。

体育报、刊——总局报业总社的各类报刊,各省市体育报刊。因传播体育媒介信息而获益,以发行量、广告体现价值。

体育电视频道、栏目——中央五台、有线电视体育频道、中国教育电视台(栏目、频道)、各地卫视体育(栏目、频道)、国外体育频道等,以电视广告体现价值。

体育网络站点——总局信息中心网站、各种网络公司网站。以网络收费用户、网络广告显现价值。

体育媒体市场不是体育组织所专有,许多非体育组织(如电视台、网络公司等)也可在这样的市场中获得一定的份额。

2.体育媒体作用:新闻报道、宣传;传递体育专业知识;发展推广体育事业;开发市场。各种体育媒体因其宗旨、对象、内容、定位不同而具有不同的市场状况。

3.市场收入渠道:发行量、收视群体收入;广告收入(新闻、专题、频道等);中介体育活动收入(媒介、媒体一体化);组建体育俱乐部(拥有俱乐部无形资产和特许权等,如电视转播权等)的经营收入。

总体上看,目前我国的体育媒介市场开发还是以冠名权开发为主。由于体育媒体缺乏专业的营销包装、市场运作和广告服务,许多体育媒体特许权资产没有得到充分挖掘。我国赛事电视转播权转让刚刚起步,未能像国际体育组织那样成为我国体育组织的支柱产业;体育媒体市场开发还刚形成概念,但已经起步。

（四）中介经营

现代意义上的体育媒介中介经营活动开始在我国出现还是在 20 世纪 80 年代末和 90 年代初,当时社会主义市场经济体制刚刚提出,商业化运作的体育竞赛市场开始形成。改革开放以来,随着体育社会化、产业化的不断深入,我国涌现出了许多开展体育媒介市场开发的中介服务机构（事业、企业）和个人,如各种广告公司、公关公司、文化体育传播公司、咨询公司、文化交流、发展、推广公司等。从 1997 年开始,我国还产生了进行专业中介经营运作的体育经纪人公司（如希望、鸿天）。

国外一些大型中介公司也逐步进入我国,如 IMG、ISL 等。中外中介机构的经营,有力地促进了我国体育媒介的开发。如 IMG 推广甲 A 篮球联赛,ISL 包揽了足球四支国字号队伍的开发经营权等。

由于相关法律、经济知识掌握不足,没有广泛的企业、媒体联系背景,以及缺乏市场经营、管理人才,体育组织迫切需要高水平的专业经纪机构对“体育媒介”进行市场策划、包装和争取企业赞助支持。尤其在当前的经济形势下,以往的简单赞助方式已再不能唤起企业的赞助热情,因此,中介机构创造卖点、包装体育媒介对体育组织来说,就显得非常重要;而各种媒体（如电视台）也对专业经纪机构存在同样的需要和期望,希望在中介机构的帮助下,能够制作精品节目,最大限度地吸引观众,满足观众的收视需要,提高社会效益和经济效益。但目前,我国的体育中介机构才刚刚发育,体育经纪公司数量微乎其微,进入我国的国外大型体育中介机构仅涉足有限的几个项目（足球、篮球等）。这种体育中介机构的缺乏和不健全,不利于对“体育媒介”的开发。

从电视转播权的转让活动中看,有线电视参与竞争（以广告时间为交换价值）,给体育组织开发赛事转播权带来了大量的广告时间。从足协的经历可见,体育组织销售广告能力较差,需要中介机构的专业推广、运作、销售。我国微弱的中介机构（如经纪公司）状况,降低了体育组织培育电视机构购买市场、开发赛事电视转播权的价值。允许中介获利,尽快发展中介机构是当务之急的事情。

1999 年以来,针对实践中出现的问题和发展需求,我国也在加快体育经纪人的规范管理步伐。由国家体育总局、国家工商行政管理局联合制定的《体育经纪人管理办法》正在讨论修改,即将出台。足球经纪许可证制度正在建立之中。在体育经纪人队伍的培养上也做了一些工作：上海、广东、北京、江苏四省市的经纪人培训、资格证书颁发试点工作开展顺利。但是，总体来说，我国的体育经纪人、体育广告代理商制度发育迟缓，更缺乏国际先进中介服务经验和有一定规模、实力雄厚的"国产"体育经纪机构。这已明显不能满足体育产业发展的需要。总之，我国的体育媒介市场有着巨大的开发潜力和良好的发展前景。但是现阶段媒介产业开发不足。随着我国"入世"步伐的加快，大量国际企业进入中国市场都需要各种媒介的专业传播服务，这给中国的体育媒介带来了开发机遇；同时，也会有许多国际体育中介机构进入中国体育媒介开发市场，这对我国稚嫩的"媒介"开发主体——中介机构是一种挑战。因此，未来中国"体育媒介"市场的开发是机遇与挑战共存。

四、发展我国体育媒介市场的对策建议

（一）加强立法，保护"体育媒介"资产

从法律角度讲，"体育媒介"资产主要受到我国《商标法》（如会徽）、《专利法》、《著作权法》（如电视转播权可视为表演权的邻接权）的保护，应遵循《民法通则》和《经济合同法》开展市场运作。

建议有关部门在有关法律条文修改中，尽快将诸如"体育赛事电视转播权"、"体育媒介"概念及相关条文明确纳入我国《著作权法》中。根据国际惯例，由国家体育总局和相关体育机构分别建立相关规章，实施其对所辖"体育媒介"（如电视转播权）的管理。任何组织和个人对诸如体育赛事电视转播权的商业运作必须经体育部门的批准，这一点还需通过立法程序尽快明晰和确定下来，这样会有助于促进实际工作的开展。建议修改《体育法》，增加有关"体育媒介"相关条文，以加强资源保护。

体育组织及经营机构在经营"体育媒介"时，应适时到有关管理部门将有关商标、标志进行登记、注册保护，避免资源流失（如亚运会会徽的注册）。

（二）深化体育体制改革，适应媒体传播需求

1. 深化体育管理体制改革。体育组织开发"体育媒介"的成败，很重要的方面在于能否顺应不断变化的各种环境。体育组织要善于从了解外环境（组织实施各种外环境市场调查等）、改善内环境（改革体育管理体制、创新改革体育赛制等）来努力适应内外环境的变化，实现自身最大的市场价值。目前，尤其是要进一步深化体育体制改革，进一步明确与各种"体育媒介"相关的经济关系（如全国性组织与地方组织、国家与个人的经济关系等），明确产权归属，明确营销主体（事业、企业实体与中介等）和利益主体，只有这样，才能调动各方面的积极性，实现全方位的协调与配合，真正搞好"体育媒介"开发。体育组织，如各管理

中心应进一步开放体育媒介市场,接纳中介机构的经营活动,避免在体育组织方面出现"体育媒介"经营的垄断现象。否则将会极大地妨碍"体育媒介"市场的健康发展。

2. 体育媒介要努力提高运动水平,以适应媒体宣传要求。体育媒介的市场效果与体育媒介的精彩程度密切相关。比赛及参加比赛的明星水平越高,媒体关注度就越高,市场效果就越明显。这是体育媒介市场开发的必要前提条件。因此,体育媒介要努力提高运动成绩,不断增强赛事的精彩度。同时,在赛事媒介市场开发中,体育组织应为适应媒体报道尤其是电视报道要求而在保证基本运动规律的前提下对竞赛制度和项目规则进行改革。

目前,许多国际单项体育组织都在对自己的竞赛制度和项目规则进行一定的变革,这些变革的背景,就是受到电视转播的影响。有些单项体育组织喊出了"电视决定未来"的口号,甚至吸引专门的电视转播技术人员参与设计新的赛制和规则,以吸引电视传媒的关注。在开发我国体育媒介时,也要仔细地研究一些相关媒介运作规律。在考虑项目发展的时候,要充分注意国际体坛适应电视转播的发展趋势。在不违背体育项目发展规律、符合国际体育组织有关规定的前提下,可以对我国的体育赛制和规则进行一些探索,以增强自己走向市场的能力。在体育媒介的商业运作方面,要积极与媒体配合,努力制作出适应媒体规律的,高质量、有趣味、符合公众收视习惯和需求的体育媒介,创造市场效益。这不光是一个简单的商业利益的问题,也是一个关系着项目今后的生存与发展的大问题。因为电视观众是体育赛事最大的观众群,赢得了电视观众,也就赢得了项目生存和发展的群众基础。

(三) 在遵循体育运动规律的同时,认识并运用媒体市场运作规律

体育媒介是在与媒体结合后实现商业信息传播功能的,因此,体育媒介的市场运作一定程度上应遵循媒体的运作规律。媒体运作的目标是提高信息对受众的接触率、到达率和影响效果。而受众的心理和接受习惯在很大程度上取决于各种媒体的特殊吸引力,并受其影响,形成偏好,养成经常性的收视、收听、阅读习惯。媒体广告主要通过对受众实施一定的影响力、冲击力和持久力来实现商业广告的宣传目的。

我国体育电视节目的收视率普遍较低,主要是体育还未成为中国人的重要生活方式。此外,体育节目质量不高也是一个重要原因。在现有环境条件下,体育媒介应引进媒体运作规律,创造焦点、热点人物和事件,以快速、强烈的影响力、冲击力和持久力来提高体育参与者、关注者对体育媒介的接触率和影响效果,实现最佳媒介效益。"体育媒介"的艺术性、可视性也是提高对媒体受众吸

引力、影响力的重要因素。因此,体育媒介经营者必须努力提高体育媒体的艺术性、可视性。

(四)遵循市场营销规律,搞好"体育媒介"开发

"现代市场营销"是社会化大生产和商品经济发展到一定阶段的产物,其原理和方法客观地反映了社会化大生产下市场经济运作的规律,具有广泛的适应性。"体育媒介"开发应遵循市场经济运作规律,引进"现代市场营销"观念。现代市场营销不同于产品推销,表现在"体育媒介"营销上,主要包括前期市场调查、体育媒介确立后的营销过程及售后的配合服务与反馈调整等多种内容。

目前,"体育媒介"有很大的市场机会,只有搞好市场细分,选准目标市场,搞好市场定位,做好营销组合,科学设计进入市场和进入时间等策略的战略规划,体育组织才能真正把握好市场机会,获得效益。由于对"体育媒介"的开发,尤其是电视转播权的开发在我国起步时间不长,各种体育组织对其开发还处于探索阶段,因此,总局、各协会应从全局的高度制定长期发展战略。

面向世界,开放体育媒介市场。"体育媒介"国际市场营销主要体现在:国内体育组织面向世界销售中国境内的"体育媒介",如赛事电视转播权;由国际企业代理向国内外销售中国境内的各种"体育媒介";境内"体育媒介"传播外企产品信息等等诸多方面内容。随着中国体育国际地位的日益提高,决定了在中国境内的各种国际赛事将越来越受世界的关注。现在除部分赛事是由国际组织直接营销外,许多赛事还都是由我国承办城市和体育组织负责营销,这将都是我国体育组织的重要"体育媒介"市场资源。因此,我们要规划并实施面向世界的营销战略。国际企业代理营销中国"体育媒介",既可引来许多国际客户,也可向我们展示先进的国际营销经验,有助于我国培养人才、培育市场。中国已是世界上最大、发展最快的市场之一,这是不争的事实。世界众多企业都对中国市场期望很大,而"体育媒介"正是传播其企业和产品的一种较好渠道。因此,体育组织精心设计、包装、促销"体育媒介",通过营销,吸纳各种外来资金。

(五)培育中介机构,加强中介包装、经营,有效组合各种媒体

体育媒介市场运作是个非常复杂的综合的系统工程,它融合着体育学、法学、经济学、社会学、心理学、公共关系学、金融、营销、广告、保险、新闻、电视等众多专业知识,涉及许多相关专业市场,因此需要大量富有实践经验和实力的企业、媒体关系支撑,需要大批具有广博知识、丰富经验并熟知媒体的体育经纪人、推广公司、体育广告公司来进行中介包装。因此,体育经纪人、推广公司、体育广告公司等中介机构实际成了体育媒介市场的运作主体。国际上,许多成功的体育媒介市场交易大多经手于体育经纪人和体育经纪公司(包括推广公司)。

对我国目前的体育体制来说,在现阶段,我们各种体育媒介的经营水平还不高,企业客户有限,无论是对营销环境的市场调研、对目标市场的把握和定位、优化设计的营销组合(产品策划、包装、定价等),还是多渠道营销、促销等,都非常需要专业化的营销中介机构来协助完成。寻找那些经验比较丰富的、合法的中介机构来经营体育媒介往往能够节省人力、物力、财力,并会获得更大的收益。而目前我国体育中介机构的缓慢发育已严重阻碍了体育媒介的开发。因此,我国体育中介机构(如体育、经纪人等)的培育、发展、管理应尽快给予重视和解决。

中介包装、经营体育媒介时,应搞好广告计划和媒体组合。即:要了解待宣传企业内部的资源状况、预计目标、采用什么样的策略利用资源等;要考虑市场情况、产品生命周期状况;有选择地组合媒体。媒体组合之前,要对市场状况及媒体的现实状况进行分析,根据分析结果,结合企业产品状况组合媒体。体育媒介市场开发中,媒体的介入通常是综合的、立体的,也就是利用报、刊、电视、网络多种媒体,实施面向地方、全国乃至世界范围的综合、立体传播。这种传播有很大的互补性,效果明显。当然,其中最有优势的是电视媒体。在做好媒体组合的同时,也应搞好体育媒介的组合,明星运动员的出现、高水平运动队的出场、赛事的精彩激烈,各种特许权的充分利用,都有助于提高"体育媒介"的社会影响力。

（六）稳步开发体育赛事的电视转播权

1. 体育组织要明确权利所属,协议、手续要齐备;

2. 确定运作机制,统一各角色思想认识(包括体育组织、电视台、赞助商);

3. 中介经营;

4. 尽早确立主播台;

5. 制作销售计划,向电视机构发布招商征集函;

6. 认真、艰苦谈判;

7. 运作中要加强监督、协调,避免出现问题;

8. 总结、反馈,调整策略。

（七）评价商业传播效果,与媒体、商企建立长期合作关系

体育媒介的最终服务对象是读者和观众,最终市场客户是赞助、广告企业,最佳合作媒体是电视。全面了解媒体受众接受影响的范围和深度,客观评价,并将结果及时反馈给赞助、广告企业及其代理商,这是体育媒介市场经营的重要环节,必须认真对待。这也是体育媒介谋求与媒体、赞助广告企业等各种相关机构长期合作的最佳途径。

广泛的媒体传播,有助于促进体育运动的普及发展和竞技水平的提高;而运

动水平的提高,明星的产出,也有助于引起各种媒体客户的关注,促进提高媒体效益;反过来这又有助于促进媒体对体育运动的发展给予关注和全方位的支持。传播媒体与体育媒介是互为促进、共同发展的市场关系。

(八)建立"体育媒介研究与信息传播中心",面向总局、各项目管理中心和众多商企,收集、调研、传播体育媒介信息

观众、电视台、生产企业、中介机构的各种市场需求,均可以通过开展大量的市场调查获得。而这些量化的数据往往是观众、电视台、生产企业、中介机构调整自身关注水平和投资方向的重要依据(不同的体育赛事节目,传播不同的企业形象和产品品质)。体育组织也应通过相应的量化数据不断调整自身的发展策略(如改革赛制等)。

由于电视节目的竞争日趋激烈,许多电视台及其电视栏目已开始开展一些市场调查。如中央电视台专门成立了央视咨询调查中心,通过先进的信息技术和系统的组织体系,开展了许多调查。但是,目前还未见到专门针对体育媒介的有效调查与广告效益反馈。随着市场经济法规的逐步完善,市场竞争日益激烈,企业的投入回报意识增强。今后,没有定量统计依据的说服,将不利于体育组织对体育媒介的营销,影响企业的投入积极性和媒体对体育媒介的购买愿望。

同时,体育赛事电视转播权的价值会因项目、举办地、参赛者的不同而不同。有些赛事转播权的高价值不能低估;而有些赛事则会因多种不利因素而使转播权价值较低,甚至需向电视台付费播出,这在国内外均属正常现象。针对这些问题开展研究,分析判断赛事电视转播权价值,探索提高转播权价值的方法、方案等十分必要。因此,建议总局尽快组建"体育媒介研究与信息传播中心",面向总局、各单项运动管理中心、电视台、生产企业、各种中介公司,搞好对体育媒介市场的调查分析预测和信息提供服务,这也是总局及各单项协会营销体育赛事电视转播权的极为重要的一项基础业务。

尽管我国的体育媒介市场还存在一些问题,但这个巨大的市场已开始启动,并展现着巨大的开发前景。随着我国经济的进一步发展,各种媒体的逐步开放(预测:三年期刊、五年报纸、七年电视)和竞争格局的形成以及相关市场(广告、金融、法律咨询、保险等)的日益成熟和不断拓展,我国的体育媒介市场一定会蓬勃发展。

信息来源:国家体育总局体育信息作者:张立

[相关链接二]

浅谈我国企业如何进行体育赞助

体育赞助是企业公关赞助活动形式的一种。它是指企业通过赞助某一项体育赛事或活动,并围绕赞助活动展开的一系列营销,从而借助所赞助体育活动的良好社会效应,提高企业的品牌知名度与品牌形象,以获得社会各界广泛的好感与关注,为企业创造出有利的生存和发展环境。

据悉,2000年世界体育赞助总产值162亿美元,增幅为7%,和此前连续多年的14%左右的增幅相比,下降了一半。我国近年来的体育赞助也呈滑坡趋势,于是有人惊呼体育赞助的黄金时代即将过去,体育赞助热已经接近尾声。但有些人却认为,一个新的体育赞助高潮即将到来,因为体育赞助所固有的巨大沟通优势迄今丝毫没有减退。比如,1998年法国世界杯赛的电视观众高过370亿人次,是现场观众260万人次的1.4万多倍,而且遍及全世界五大洲城乡的各个角落。2002年世界杯赛事刚刚过去,仅在我国国内就创造了世界杯64场赛事观众收看赛事120亿人次以上的新记录。

一、体育赞助的巨大魅力

有资料显示,全世界的企业投向体育的费用占其赞助费用总额的74%。目前在我国国内,选择观看体育赛事已经成为消费者休闲活动的首选。在15岁—49岁的人群里,运动人口已高达75%。更令人惊奇的是,在这个年龄段中,居然有47%的人曾经亲往现场观赏体育赛事。一项关于体育休闲的调查问卷中有这样一个问题是:如果在某个夜晚,城里有几种休闲活动可供选择,哪一种更具吸引力并会选择参加?结果显示,有53%的人选择看足球比赛,遥遥领先于排名居次的刘德华演唱会、芭蕾舞表演和选美比赛。

由此可见,随着人们生活水平的提高以及体育休闲在人们日常生活中地位的上升,体育赞助的魅力会逐步体现出来,并将给无数企业带来的巨大商机。

1. 体育赞助有利于企业树立品牌的健康形象,借助体育活动本身的光环效应提升品牌的知名度和美誉度。

美国的一项调查显示,64%的受访者比较愿意购买体育赞助厂商的产品,其根源在于厂商的公益性。有统计资料表明,一个企业要想在世界范围内提高自己的品牌认知度,每提高1%,就需要2 000万美元的广告费,而通过大型的体育比赛如奥运会、世界杯等,这种认知度提高可达10%,同时还能获得很好的经济效益。所以,大型的企业都不惜花大价钱成为大型比赛的合作伙伴,以此开拓市场,获取经济利益。

2. 体育赞助有利于企业与政府或社会团体建立更密切的关系,创造出更有利于企业生存的社会环境,而这是通过一般的纯粹商业性行为所难以实现的。

企业在社会中开展商业活动,不仅受到公众、顾客、竞争者和营销中介的影响,而且受到政治、法律、人口、文化等宏观环境因素的影响。企业的含义已经不仅仅是一个孤立的产品制造商或销售商,其市场行为将受到政府、社会团体的指导和制约。然而,和政府或社会团体尤其是体育团体建立良好的合作关系,情况就会大不一样。2002 年世界杯赛上,KTF 对 SK 电信、阿迪达斯对耐克、JVC 对奥林帕斯等企业之间纷纷展开对决战。在东道主之一的韩国,KTF 致力于与韩国政府及有关体育组织开展合作,领先于第一企业 SK 电信成为世界杯正式赞助单位。官方赞助商现代汽车交纳了大约 1 000 亿韩元赞助费,但是战略上通过广告可获得 60 倍的六兆韩元以上的后期效益。

3. 体育赞助有利于企业产品的销售。

体育赞助的形式使消费者在心理上更容易接受产品,同时热烈的体育活动气氛更能促成消费者的消费偏好和购买欲望。比如,2002 年世界杯赛期间,三精制药不但借助观众对世界杯的强烈关注和期待,大大增进了三精制药与消费者的亲和力,而且以不到 2 000 万元的投入全程赞助央视的世界杯计时标版,获得的收视回报超过了 5 000 万元。很多企业并不仅仅借助赞助体育项目树立品牌形象,而且有机地与销售相联合,将赞助活动开展得更为丰富多彩,更为声势浩大,使企业能在较长一段时间内"名""利"双收。

二、目前我国企业在体育赞助中存在的主要问题和缺陷

1. 体育赞助短期性行为太强。

在北京世界大学生运动会期间,赞助商中涌现出不少新面孔。有些企业是刚刚成长起来,首次利用赞助大运会的方式为其提高品牌知名度。但是大运会之后便销声匿迹了,既没有配套的营销活动,也没有再出现在其他体育赛事赞助商的名单里。这种昙花一现式的体育赞助行为,在我国企业中还不少见。很明显,短期性体育赞助行为是很难使企业收到好的效益。花巨资投入赞助费建立起来的知名度,是需要通过连续性的营销或赞助活动进行维持的。仅赞助费用通常就是一笔不小的投资,而要使赞助项目真正发挥效用,更需要企业投入资金开展一系列推广、宣传和促销活动。所以,企业在进行体育赞助决策前应该有一个完整的战略规划,尽量杜绝短期性赞助行为。

2. 赞助活动的组织能力不强。

　　体育赞助是一个复杂的系统活动。只有当参与的四方,即赞助者、被赞助者、媒介和中介机构都旗鼓相当、精诚团结、同心协力、密切合作时,才能创造出体育赞助的良好效益。由于体育赞助活动的规模较大,涉及的营销工具与宣传手段丰富,往往不是企业能单独承担的,它不仅要求活动组织人员具有全面的、专业的实践经验与统筹组织能力,而且需要能获得各组织机构的支持与协力配合。我国企业在体育赞助过程中,往往由于某个部门或环节的工作做得不充分,敷衍了事而导致整个赞助活动达不到预期效果,最终使企业蒙受损失。

　　3. 企业在体育赞助中的定位比较盲目。

　　由于体育赞助活动需要与其他组织协调共同进行,因此赞助活动有一定的时机性,比如体育比赛并不是根据企业所希望的时机开展的。因此一时或一地进行的体育活动并不一定就适合企业进行赞助。企业需要根据自己企业产品需要传递的信息,再结合体育活动的性质、影响力以及赞助形式等进行赞助行为决策。我国企业在这方面往往表现出心血来潮、凭感觉拍板的弊病,缺乏合理的、全面的赞助活动分析,结果经常是花了冤枉钱还收不到效益。

三、我国企业应该怎样进行体育赞助

　　随着体育产业的迅速发展,一个新的世界范围内的体育赞助高潮即将到来。有资料表明,美国体育产业的年产值已经占到 GDP 的 2% 强,德、法等欧洲国家这个比例也达到了 1% —1.5% ,而我国的这个指标尚不足 0.2% 。这虽然说明我国的体育产业发展还很落后,但反过来也预示着我国体育产业的上升空间较大,尤其是对于国内企业来说,体育赞助具有广阔的发展潜力和无穷商机。刚刚结束的韩日世界杯对于国内厂商而言可以说是一次演习,随着 2008 年北京奥运会的来临,如何搞好体育赞助已是国内企业迫在眉睫的问题。

　　1. 合理选择体育赞助的形式。

　　体育赞助的形式主要有三种:媒体节目赞助、运动队赞助和赛事赞助。开展什么层次、项目和规模的赞助,这些都取决于企业的特点、地位、实力和战略目标,必须慎之又慎。企业需要根据自身的实力以及所要达到的营销目标,结合赞助形式的特点进行决策。

　　电视和报纸是体育消息的主要来源。体育比赛的电视转播或点评节目常会获得相关产品制造商的青睐,赞助的形式包括节目冠名以品牌名特约播出,节目背景的大幅品牌标识宣传等。而报纸媒体较多的形式为"金牌榜"、"特约刊登"等冠名,消费者在关心体育新闻的同时,会反复触及商品品牌。媒体节目赞助广告是赞助方最主要的促销方式,它与常规性的广告的不同在于,赞助广告是媒体节目的一部分,观众不能随意避开广告的收看。而且节目赞助广告可以理解为

对观众喜爱节目经费上的资助,对观众有亲和力。

除了电视和报纸之外,特别值得留意的是互联网已经取代广播成为球迷获取体育消息和快讯的第三依赖。因此,在媒体的选择上,企业需要决定是全面覆盖、有选择性覆盖还是重点覆盖。还要充分考虑到媒体节目的观众群和企业产品的目标顾客是否吻合。比如,有些体育赛事的观众具有男性化、年轻化、高学历、高收入的总体特征,是一个强力消费族群。

赞助一支运动队或一项体育赛事可以使企业的品牌迅速传播开来,越是参与人较多的体育项目,其赞助效益就越好。随着赛事的起伏跌宕,赛场内外的各色新闻的不断涌现,企业形象、产品名称甚至企业文化等都渐渐印刻在万千观众的脑海中,这是其他形式广告所难以达到的效果。比如,国内的甲A足球联赛市场就非常火暴,足协允许商家使用企业名称或产品名称给足球队冠名,结果几乎使每家足球俱乐部的赞助企业都成为了国内的知名品牌企业。

当然,企业往往需要花费巨额的资金才能争取到赞助运动队或赛事的协议,这是企业在做赞助决策时需要充分考虑到的。以1998年曼谷亚运会为例,最高级别的赞助商称为"合伙人",共12家,每个赞助商需交给组织方500万到1 000万泰铢不等,而1996年亚特兰大奥运会上最高级别的赞助商需要花费数千万美元才能买到。然而,作为赛事的支持者的代价则相对小得多,比如柯达公司仅花了约27.6美元(主要是以产品和服务的形式支出)就获得了在多次广告宣传活动中使用"曼谷亚运会指定胶卷"这一称号的权利。

2. 体育赞助要坚持连续性和节奏性。

由于体育赞助是以心理效应为主,各种功能只有经过长期不懈的努力方能实现,很难一蹴而就,因此体育赞助贵在坚持,无论是赞助目标,还是赞助对象都要保持相对稳定,使之形成传统和气候,切忌朝三暮四。

在体育赞助上要持之以恒,可口可乐就是这样一个典范。早在1990年中国首次承办亚运会,可口可乐即成为首批在央视播出广告的外企。可口可乐与体育联姻所产生的神奇效果,不是通过某一次或某几次体育赞助所达成的,而是通过一个循序渐进的、系统整合的过程让其品牌渐渐深入人心的。这也给我国企业提供了最好的教科书,在体育赞助上不要只看中某一时的体育赛事有利可图便疯狂竞标,然后便销声匿迹。在体育赞助上的巨大效益需要企业经过长期的、有计划的努力才能实现。

3. 体育赞助要坚持与其他营销活动的整合。

企业要自觉地以体育赞助为龙头和平台,结合广告、促销和公关等其他沟通手段,紧密配合,优势互补地打一场企业沟通战,力争在一定的时间和空间内形成一个企业的沟通高潮,产生轰动效应。

体育赞助的营销整合一方面要求企业内各部门之间的活动要协调一致,另一方面要求企业的各项活动与企业最初制定赞助目标相一致。企业首先要明确此次赞助活动需达到的目标。比如,要使本次活动的知晓度达到多少,企业或品牌知名度达到多少,企业美誉度上升多少,以及能够引起多少顾客前来购买和重复购买等。企业需要运用各种营销工具,设计促销活动和传播载体,综合考虑活动方案的可行性,与目标顾客的接触程度,以及活动失败的弥补措施等因素来选择企业所要开展的活动。

在活动的实施过程中,要统筹全局,掌握进度,适时地调整计划。企业很有必要建立系统的监控体系,以协调各部门的活动绩效,各类活动的进展情况及与目标的一致性情况。只有充分重视配套营销活动的整合性,才能促使巨额的体育赞助资金形成提升企业和品牌的强大动力。

4. 体育赞助要视野开阔,坚持不断创新。

这是体育赞助的灵魂。体育赞助切忌千篇一律、陈词滥调,跟着其他企业的做法亦步亦趋。如今,体育产业的全球化已经基本形成,与之配套的全球体育赞助战略也要同步进行。企业可以将体育赞助与产品的营销战略结合起来,比如,中国科健股份有限公司总经理郝建学曾表示,"科健今年斥巨资赞助英超埃弗顿球队,亦是其体育营销战略的重要一步。通过参与英超的大型体育赛事,开展大规模宣传攻势,可以提高科健品牌的含金量"。其用意不言而喻,即打算通过此次与埃弗顿的全面合作,推出一系列宣传活动,进而提升企业形象和品牌知名度,同时也为科健开拓国际市场作好铺垫。而且科健的此项举动正值国内央视体育频道开始转播英超联赛,在英超三名中国球员效力的埃弗顿队和曼城队的比赛中,无数中国人第一次看到了中文和汉语拼音的中国品牌出现在了欧洲五大联赛赛场球员的胸前。其效果空前的好,毫无疑问,科健是此项体育赞助协议的最大收益者。

体育赞助领域竞争的白热化程度在加剧。不断创新将是企业在体育赞助领域增强竞争力的有效手段和方式。我国企业要逐渐适应世界体育的商业赞助模式,同时还要在赞助的形式上,营销表现与传播途径上及营销配套活动等方面不断推陈出新。比如,可口可乐的体育赞助活动全过程中,除了不断出现的可口可乐标志外没有一句表白和吹嘘自己的话,但通过那些意味深长的情节和活动,观众在不知不觉中心悦诚服地对可口可乐的良苦意图心领神会,使得其形象及用意天衣无缝地渗入到人们的日常生活。这种直观的、在非商业气氛中进行的、既带有强制性、而又趣味天成、混为一体的沟通效果,非常自然而含蓄、隐蔽而有趣,令人拍手叫绝。

　　总而言之,我国企业应该对世界范围内体育产业的迅猛发展有足够的心理上和行动上的准备。体育赞助无疑是我国企业参与这场体育产业全球化的重要途径。充分认识到体育赞助的优势和问题,进而采取正确的体育赞助方式、指导思想和实施策略,将为我国企业参与国际竞争创造有利条件。

　　　　　　　　　　　　　　　　信息来源:周学仁　杨旭论文

第七章

运动员经纪

本章学习要点

- 运动员经纪的要求
- 运动员转会与参赛
- 运动员无形资产的开发
- 运动员经纪的主要特点

在当今的世界职业体坛,每年有众多的职业运动员为国外的体育俱乐部或球队效力;而在各国内部的职业体育俱乐部或球队之间,球员的转会情况更是司空见惯。运动员经纪是体育经纪活动的重要内容。

第一节　运动员经纪概述

一、运动员经纪的概念

运动员经纪是围绕运动员进行的体育经纪活动,它是体育经纪人最初的业务活动内容,也是体育经纪的主要内容之一。它伴随职业体育的兴起而产生,并随着职业体育的发展而发展。从时间和地域看,职业体育在 19 世纪末产生于欧美发达国家,球员经纪人于 20 世纪 20 年代产生,但其大发展则是在 70 年代初中期。这与当时自由转会制度和竞争性联盟的兴起分不开。因为,一方面球员转会事务的复杂性及专业性不断提高,另一方面能否签一个好合同对运动员职业生涯的经济收益好坏有更加直接的影响。于是,运动员为追求最大的经济收益就产生了委托的需求,而满足这种需求的球员经纪活动也就随之活跃,并且随着球员转会合约金额的不断攀升,从事这项业务也越来越变得有利可图。运动员经纪就是在这种背景下发展壮大的。

运动员经纪是一个复合概念,内容主要包括:运动员转会经纪(代理转会签约事务);运动员参赛经纪(安排委托人的比赛和表演);运动员无形资产开发经纪(运动员形象的商务开发);运动员日常事务代理(为委托人提供全方位的个人服务)等方面内容。目前西方各国基本上都采取了经纪人制度,一些大牌球星常年聘用固定的经纪人作为自己的全权代表,这是一种比较成功的做法。经纪人的职责不仅仅是球员的转会,在球员的日常生活中,他们也发挥着不可替代的作用。

我国《体育经纪人管理办法》对个体体育经纪人可以接受运动员个人委托从事的业务规定是:“代理运动员与体育组织、广告公司、商品生产经营企业及其他单位进行交易谈判,代办运动员财务管理、保险等个人事务,运动员形象策划和开发,安排运动员表演和比赛,以及其他事务。”美国学者 L·P·马斯特拉莱希思认为,从事运动员经纪活动的经纪人应履行八个方面的职能:一是代理运动员与俱乐部签约谈判;二是运动员市场营销;三是代理运动员商务合同和许可合同的谈判;四是为委托人制定财政计划;五是为委托人制定在役和退役期间的工作计划；六是处理纠纷；七是法律咨询；八是个人服务。国内外政府或学者对从事运动员经纪活动的经纪人的业务规定，一方面说明运动员经纪的活动范围之广大，另一方面也突出了运动员经纪的重要作用。

足球经纪人是足球发展中的桥梁和纽带，也是运动员经纪活动的重要项目。足球经纪人的服务内容较为实际，包括为职业足球运动员建立档案，谋求发展机会；协助球员入会、转会、代理球员谈判、广告、拟订经济合同和保护其权益。从足球经纪人代理时间来分，足球经纪人有两种：一种是固定的，长期的；另一种是临时的，一次性的。普通足球运动员都没有固定的足球经纪人或请不起专职的经纪人。大多数情况下，当他们需要转会时，都现找经纪人。根据意大利足球法规定，足球经纪人不得帮助青年队足球运动员、业余青年队足球运动员和非职业球员转会，上述运动员必须在加入职业队后方能办理转会手续。

关于足球经纪人的酬金，意大利足球法规定：足球的专业合同的酬金从0.5%到5%不等；足球运动员的有关形象、名字、图片的转让合同的酬金从5%到15%不等。

二、运动员经纪的要求

（一）了解和熟悉体育

由于运动员经纪是一项专业性很强的经纪活动，因此，要求从事这项业务的人不仅具有一般经纪活动的知识，而且还要求有比较丰富的体育知识，尤其是要熟悉委托人从事的运动项目。这些知识包括委托人从事项目的管理体制、管理制度、竞赛规则、技术和战术特点及各俱乐部的状况和需求等。如果经纪人本身有从事委托人项目的职业经历则最为理想。例如，荷兰著名的体育经纪人赫曼斯，自己就曾经是中长跑项目的世界级优秀运动员，他主要从事田径运动员的代理业务，世界著名的田径运动员，如克拉贝、普尼瓦洛娃、拉普塞拉希，以及我国的著名田径运动员黄志红、李彤都曾由他代理。所以，了解和熟悉体育是做好运动员经纪活动的必要条件。

（二）遵守有关规则

遵守有关规则是做好运动员经纪活动的重要条件。如中国足球经纪人应当遵守以下规则：遵守中国足协、亚足联以及国际足联的章程及规定；如实、及时向当事人介绍有关情况，为当事人保守商业机密；足球经纪人接受委托管理运动员个人的财务，必须与自身财务分账管理，应定期将财务情况向运动员汇报，账簿应如实填写，原始凭证、业务记录、账簿和经纪合同须保存五年以上；收取佣金和费用应向当事人开具发票，并依法缴纳税费；接受中国足协、体育和工商行政管理部门对其日常经纪行为的监督检查,提供检查所需要的文件、凭证、账簿及其他资料。

（三）及时提供市场行情

及时提供市场行情与动态也是做好运动员经纪活动不可缺少的条件。如,足球经纪人一旦与足球俱乐部和运动员签订了代理合同,必须定期向他们提供本国和世界各国足球市场的行情和动态,供他们参考研究。足球经纪人往往是来回奔波,为客户收集相关资料。

三、我国运动员经纪的现状

体育市场的需求使体育经纪人成为不可缺少的交易中介。对于运动员来说,需要有人帮助他们在有限时间内发挥体育潜能,利用其知名度获取最大收益及为他们规划退役后的生活;对于体育组织来说,需要有人为他们的比赛寻求赞助,利用其特殊标志获取各方面的收益及最大限度地开发该组织的市场;对于体育投资商和赞助商来说,需要有人为他们联系合适的投资对象及最大限度地回收赞助效益。由于自身精力和能力的限制,市场主体们不得不借助外力来满足这些需求。因此雇用体育经纪人成为既省时又省力的有效途径。

体育经纪人在我国兴起约在 20 世纪 80 年代,比起早在 19 世纪末就有棒球经纪人的美国来说,自然是晚了不少。在市场经济的条件下,许多赛事组织者组织比赛时要自负盈亏,他们对赛事自觉或不自觉地运用了市场经济规律来操作,成为初步具有体育经纪人意识的赛事组办者。由此,可以看出一个基本现象:体育没有职业化,不会产生经纪人。

进入 20 世纪 90 年代,我国体育经纪人市场进一步发展。1993 年 3 月,在北京成功举办国际职业拳击冠军赛的操作者是中国星华实业集团总公司总裁李伟,他成为中国首位持有 IBF(国际拳击协会)职业拳击经纪人营业执照的体育经纪人。1997 年 10 月,中国第一家体育经纪人公司——希望国际体育经纪人有限公司在上海注册成立,总经理为著名男子跳高运动员朱建华。1999 年 2 月,我国射击界首家由个人经营的培训中心在福州成立。而为了适应中国体育经纪市场的需要,上海体育竞赛中心在上海交通大学创办全国首家体育经纪人培训班,报名人数大大超过预定名额,学费也由最初的 300 元升至 2 000 元。

国外不少著名足球运动员的经纪人的工作已覆盖了球员生活和比赛的各个方面,如与俱乐部签约,商谈转会事宜,安排球员的活动,安排社交应酬,洽谈广告、赞助,管理球员财务,帮助球员进行投资管理。实际上在中国没有自己的经纪人的时候,是国外体育经纪人启动中国职业化足球的进程。国际管理集团以其独特的目光抢占了不少中国职业联赛的市场,涉足体育经纪人的行业,并且大赚其钱。

经纪人这行说白了就是"做中介",这个中介在做赛事时一般还是比较顺利的,因为国家体育总局每年既定的比赛有许多都是资金不足的,一些商业性比赛,体委也没有精力去操作,这些都为体育经纪人提供了广泛的市场,这也是赛事经纪人在三类经纪人中占绝大部分的原因。然而,有关部门对运动员和运动队的控制使得经纪人们很难吃上运动员这碗饭。正是由于体制的不同,使得经纪人们难以在代理运动员这一领域内打出天地。体育局实际上就是运动员们最大的经纪人,他们代理安排了运动员大部分的比赛和生活,只要这个体制不变,在中国做运动员经纪人就难有作为。

不可否认,目前这种状况是计划经济遗留的产物,有关部门这样做是为了更好地管理运动员,不放"权"也有其全局考虑。但随着职业化的不断深入和市场的逐步放开,这种产物必将为市场机制所打破。中国体育经纪人尤其是运动员经纪人的天地也必然会广阔起来。这一天的来临至少需要两方面的准备:一是要有一个开放和发达的市场作保障,但即使是现今先富起来的足球产业,其之于经纪人这一行业的市场也还是相当狭窄,总体来说,足球这一产业还是存在垄断;二是有关部门要转变观念,按市场经济模式来管理,这将是一个漫长的过程,只有慢慢地逐步推进和放开,一下子完全变样是不可能且不可行的。

第二节 运动员转会与参赛

一、运动员转会经纪

(一)运动员转会经纪的概念

运动员转会经纪是体育经纪人受运动员或俱乐部委托,为运动员在不同国家协会间或同一国家的不同俱乐部间转会提供的居间或代理服务。从根本讲,运动员的转会是指其雇佣关系发生了变化。在市场经济的条件下,优秀运动员由于能创造出巨大的"票房价值",被视为极有价值的"商品"。运动员被培养到一定程度,为谁效力,谁就出钱。反之,谁能付出相应的价钱,谁就有可能得到这些运动员。这种运动员的有价转让或市场交易,实际上是人力的商品化现象,是市场经济高度发达的必然产物。然而,运动员是带有高技能的一种艺术家,因为他是艺术家,他的状态有好坏之差,因此,价格上下波动是很正常的。

美国体育经纪人的业务活动从最早代理运动员谈判薪金合同开始,到负责运动员的大小事务进而转向大型商业比赛的组织运作,包办企业有关体育投资的策划和管理,经营范围越来越广,操作运营越做越复杂,因而产生不同形式而各具特色的体育经纪人。从组织形式上看,在美国各类体育经纪人中,经纪公司为美国体育中介行业之首,其经营范围多样,内容丰富,服务对象广泛。如IMG、PROSERV 等是美国一流的体育经纪公司,它们不仅为职业运动提供合同谈判、财政管理到市场营销服务,而且还代理世界各国的体育组织,经营承办或开发各种体育赛事。各经纪公司为突出自己的特点,在业务上均有所侧重:有的主要针对运动员,代理他们的合同谈判及其他有关事务;有的善于为大型企业策划、推广及运作体育赛事和娱乐活动;有的擅长为大公司提供投资体育的咨询建议。尽管经纪公司在美国体育市场中占有较大比例,但个体体育经纪人对美国的体育发展起着不可低估的作用。如著名的个体体育经纪人唐·金、篮球经纪人大卫·法尔克等,他们的业务范围及经纪能力不同于经纪公司。一般来说,个体经纪人虽然在规模、资金、设备等方面无法与公司相比,但其在自由性、灵活性和针对性上形成了独特的优势。特别是在运动员代理方面,个体经纪则提供了一种经纪公司无法替代的自助餐式的便利服务。

(二)运动员转会经纪产生的条件

运动员转会是伴随着体育职业化、职业体育自由转会制度的产生而发展起来的。从 20 世纪 60 年代开始,以足球为代表的体育职业化到达了相当高的程度。许多体育发达国家都建立了完整的职业足球体制,形成了完全以市场为依托的职业足球联赛体系,以竞赛为核心的足球产业规模迅速膨胀。各足球俱乐部为吸引优秀运动员加盟,放宽政策给予运动员更大的谈判权力和更优厚的条件,促使运动员的转会更加频繁和复杂,球员转会市场也越来越庞大。转会的经纪活动开始向专门化的方向发展,从事转会中介活动的体育经纪人逐渐兴旺起来。在当今的世界职业体坛,每年都有众多的职业运动员为国外的体育俱乐部或球队效力;而在各国内部的职业体育俱乐部或球队之间,球员的转会情况更是司空见惯。据不完全统计,在意大利,足球运动员的转会每 3 年(一般合同期为 3 年)达到职业球员总数的 70% —75% ,常年固定在一个俱乐部效力的球员为数很少。大多数俱乐部都认为,每年球队中有 2—3 名运动员的流动无论对球员还是对俱乐部来说,都有好处。职业比赛的竞争性和商业性客观上也要求运动员形成一种流动机制。俱乐部因为转会而不再是一潭死水,而成为一个集中和疏散人才的中转站。在自由贸易、自由竞争的口号下,职业运动员的转会也是一种自由流动。当然,这种自由要受到一定条件的限制,并不是随心所欲的。

可见,运动员转会的经济基础在于买方市场的存在。对招纳他队运动员到本队的俱乐部而言,买入的目的在于填补场上的欠缺位置,促使本队技战术水平的提高,实现球队资源的最佳配置;利用球队运动员的号召力,吸引更多观众,扩大影响,提高球队的盈利。对于转让运动员的俱乐部而言,其主要目的也在于盈利。出售球员已经成为许多俱乐部维持经济运转的重要财源。

在运动员转会市场,运动员身价都是以货币单位进行评估,也就是转让运动员的俱乐部要向转入运动员的俱乐部收取一定数量的转会费。从体育经济学角度分析,运动员的训练和比赛在本质上也是一种劳动(劳务)。他们虽然不直接生产物质产品,却是产生精神形态的劳务。职业运动员的转会费实际上体现了社会对运动员劳动成果、劳动能力和劳动价值的承认。所以,球员转会问题在不少国家都有专门的法规对此进行规范,也有专门的计算方式来确定运动员的转会费。在市场经济条件下,运动员转会经纪活动就是要促成运动员的有价转让或市场交易,从中获得相应的经济利益。

在比较成熟的职业体育项目中,运动员转会收入与电视转播权的销售、广告赞助、门票收入和标志产品的出售一起,被认为是现代职业体育的五大收入来源。路透社下属的一个专项研究机构针对全世界上千家足球、篮球、橄榄球等体育俱乐部 2003 年的收入状况进行的权威统计表明,世界俱乐部 2003 年度财富排行榜,皇马在收入、薪水和利润三个方面均排世界第一,收入达到 2.73 亿欧元,薪水达到 1.2 亿欧元,其中光是六大巨星就占去了 3 600 万欧元。皇马成为当之无愧的 2003 年度体育俱乐部首富。这与其良好的商业运转分不开。

（三）运动员转会经纪的制度化

在所有体育项目中,足球项目的联赛制度和转会制度最为完善。1876 年,苏格兰足球运动员詹姆斯·兰转会到英格兰的俱乐部,是历史上记载的最早的转会。从 20 世纪 60 年代开始,以足球为代表的体育职业化到达了相当高的程度。

根据国际足联的规定,只有获得国际足联许可证的足球经纪人才有资格从事球员间的国际转会。从 1991 年开始,国际足联制定了专门的"足球经纪人管理条例",并且对转会经纪人作了详细规定。目前,经国际足联批准的有资格从事国际转会经纪活动的转会经纪人已达 500 多人,分布在 47 个国家和地区;同时,针对国内球员转会的经纪,一些国家的足球协会也制定了相应的足球经纪人管理规定,建立和健全了国内转会经纪人制度。1998 年经英格兰足球协会批准,有资格从事英格兰各俱乐部之间球员转会的足球经纪人有 26 人。

随着我国体育体制改革的不断发展,我国已经有多个体育项目走上了职业化和半职业化的道路,运动员的转会市场正在建立和完善之中,足球和篮球等一些项目的转会经纪活动日趋活跃起来。总是走在中国足球发展最前沿的大连足球,代表了中国足球的发展方向。实德俱乐部已经成功地运作了孙继海、张恩华、董方卓的转会。回顾大连球员的转会经历,可以看出俱乐部企业经营和谈判技巧不断在提高和进步,大连实德俱乐部的队员国际运作上已经走在中国足球各俱乐部的前面。

（四）运动员转会经纪的主要内容

1. 运动员转会成功的先决条件和准备工作。转会中介活动是一项非常复杂的工作,运动员转会经纪人必须全面了解各方面的信息。这首先要求转会经纪人员对体育项目有相当深入的了解,最好本人具备这个项目的运动经历。经纪人除了要对本项运动的规则、技战术等相当熟悉外,还要对自己所代理的球员的技术特点有相当深刻的洞察和准确的预测,只有这样才能成功地为自己代理的球员寻找到适合其特点、有利于发挥其水平的俱乐部或球队。从事转会中介的经纪人还要尽量了解一些俱乐部或球队各方面的情况。这些都是促成球员转会成功的先决条件和准备工作。

一旦委托人与俱乐部或球队达成了转会意向。转会经纪活动就必须要紧紧围绕三个相互联系的合同关系：运动员与原属俱乐部的工作合同、运动员与接受俱乐部的工作合同以及原属俱乐部与转入俱乐部的转会合同。

2. 转会相关合同。

（1）转会经纪委托合同。委托合同是转会经纪人接受委托人的委托,与委托人之间签订的以委托人的名义或以他自己的名义,为委托人办理转会事务,并按规定或约定收取报酬和其他费用的协议。该合同从本质上是一种提供转会经纪服务的经济合同。转会委托合同一般必须包括以下内容：委托人和经纪人的名称和姓名、住所,转会活动的有关事项、完成期限和具体要求,双方的权限范围,佣金的数额及支付的时间、方式,违约责任、纠纷解决方式等。

在为委托人找到适合其发展的运动员或俱乐部后,转会经纪人必须与各方面接触,促成委托人与俱乐部或运动员达成转会意向。随后,转会经纪活动就必须紧紧围绕三个相互联系的合同关系,确定运动员的转会细节。这三个合同分别是运动员与原属俱乐部的工作合同、运动员与接受俱乐部的工作合同以及原属俱乐部与转入俱乐部的转会合同。

① 运动员与（原属、转入）俱乐部间的工作合同。职业体育俱乐部或球队完全按照企业的方式进行运作,运动员与俱乐部的合同关系实际上是雇佣劳动的关系。运动员加入俱乐部后,完成的工作即是向俱乐部提供劳动力；俱乐部根据运动员技能水平的高低及场上表现向运动员提供工资、奖金、津贴或其他福利

待遇。运动员与俱乐部的工作合同属于劳动合同。签订这类合同时,必须遵守劳动方面的法律。从事转会中介活动的体育经纪人要为自己的委托人制定这类合同。

在实际操作过程中,如果委托人希望转会,经纪人首先必须向所属俱乐部确定该委托人的自由转会的权利。无论运动员与所属俱乐部的合同是否期满,运动员都有转会的权力,但在转会费的计算方面会有所不同。"博斯曼事件"后,欧洲足球运动员在自由转会方面享有更大的自由。

在确定委托人的工作合同时,经纪人还必须明确规定运动员的工资、出场费、奖金、津贴等报酬和其他福利的计算办法和享有情况;一般情况下,还要明确运动员应该享有的休息时间(假期)、医疗保险等。例如,著名球星马拉多纳从阿根廷的博卡青年队转会到意大利的那不勒斯队时,除了每年的 100 万美元的年薪外,每参加一场比赛的出场费为 18.5 万美元,每踢进一球又得 1.8 万美元。工作合同还详细规定了他的休假时间、保险金额等。同时也规定了他必须遵守该队的有关规定。

经纪人从事工作合同谈判代理活动的目的在于获得经济收益。相对其他体育经纪活动而言,这种代理活动的佣金提取形式种类较多。

最常见的方式是按比例收费,即代理人按事先确定的比例从运动员收入中提成。在美国的一些职业体育组织里,由职业运动员工会负责确定这一比例。美国职业篮球协会(NBA)运动员工会确定的比例是佣金不超过 4%,美国职业橄榄球联盟(NFL)运动员工会确定的比例是佣金不超过 5%,美国棒球联盟没有确定固定的佣金标准,但是要求经纪人必须每年公开其收费情况。

另一种比较常见的方式是按时间收费。以这种方式收费的代理人大多是律师。在美国,这类代理人在代理工作谈判时的收费标准为每小时 150 美元至350 美元之间。

有些代理人采取固定收费的方式,由经纪人事先确定一个佣金数额,此后经纪人在代理活动时所花费的时间和谈判确定工资数额的多少与佣金无关。职业体育中的普通运动员一般采用这种计费方式。特别是当运动员和代理人觉得谈判中工资不太可能有较大增幅时,采用这种方式比较公平。固定收费的范围一般在 500 美元至 1 000 美元之间。

综合收费方式是一种新型的收费方式,代理人在收费时综合考虑其花费的时间和精力以及达到的谈判成果,结合以上三种收费方式,向运动员协商收费。采用这种收费方式的代理人一般有很强的经纪能力并且深得委托运动员的信任。

② 原属俱乐部与转入俱乐部间的转会合同。根据职业体育的国际惯例,职业运动员与原属俱乐部不论何种情况终止工作合同后,如需要加入新的俱乐部,均应由原俱乐部与接受俱乐部签订转会合同。合同内容主要是针对经济利益和俱乐部与球员的义务。从法律性质看,转会合同是一种民事合同。在进行运动员转会的经纪活动时,重点就是要确定转会合同中的具体细节。其中最重要的部分包括以下几个方面:一是转会费数额。一般情况下,接受运动员的俱乐部必须向运动员原属俱乐部或培训单位支付一定数量的转会费。职业体育的管理机构大多对具体的计算方式有专门的规定,但也有一定的浮动幅度。运动员转会经纪中,经纪人的重要职责之一就是协调各方面的关系,确定各方都能接受的转会费数额。如果转会费数额过高,就会妨碍运动员在各俱乐部之间的正常流动;如果转会费数额过低,也会损害俱乐部对运动员进行培训、提高其运动技能的积极性。二是双方的权利和义务。三是转会的具体生效日期。四是违约的责任。受运动员的委托,转会经纪人必须要围绕这些合同的有关条款与转让俱乐部和转入俱乐部进行谈判,以确定各方面都能接受的合同细节。

必须指出,商业合同永远是双方得利,否则不叫商业合同。

3. 运动员转会经纪的程序和收益。

(1)转会经纪的程序。从事运动员转会经纪活动的前提条件是获得相关的体育组织或体育部门颁发的运动员转会经纪活动许可证,即从事运动员转会的经纪资格证书。由于运动员转会经纪活动是一项非常复杂的工作,这首先要求转会经纪人要对体育项目有相当深入的了解,同时还必须具备多方面的知识和经验。

转会经纪人在从事运动员转会经纪活动时自己也必须与委托人签订书面的转会经纪委托合同。

(2)转会经纪的收益。运动员的转会费与运动员的报酬是两个不同的概念。转会费体现的运动员本身的价值,而报酬体现是运动员提供劳务的价值,两者之间有很大的差异。转会经纪活动获得的佣金与转会费基本上没有关系,但是与运动员的收入却是高度相关。一般情况下,代理运动员进行劳资谈判的经纪活动的佣金标准大约是运动员收入的 0.5%—5%。

由上可见,运动员转会是一项非常正规的工作,需要有一套操作程序。有人曾提出,现在中国的足球、篮球市场上所有的转会合同有多大比例是正规操作?有关专家认为,在篮球、足球转会市场上,只要是经过中国篮协、经过中国足协的转会都是正常操作,如果不经过篮协、足协相关转会部门的审批,你是没有办法转会的。

二、运动员参赛经纪

(一) 运动员参赛经纪的概念

运动员参赛经纪是指经纪人受运动员的委托,有选择地安排运动员参加体育比赛或表演,并且通过帮助运动员参加这些比赛或表演而获得经济收益的代理活动。

由于各运动项目的特点不同,其职业体育的运作方式也有差异。田径、网球、高尔夫球、自行车、拳击等个人项目与以足球为代表的集体项目在职业化的经营方式上有着明显的不同。一些个人项目运动员的收入来源主要依靠参加商业性比赛,获得出场费、奖金和其他商业机会。

运动员参赛经纪就是从运动员的利益出发,通过安排运动员参加这些比赛,在提高和保持运动员运动成绩的基础上,为运动员争取相应的经济收益。

(二) 现代竞赛制度的发展与比赛经纪活动的产生

20世纪80年代以来,电视技术的发展极大地推动了体育商业化的进程,传统的体育竞赛运作方式已经不能适应现代体育的发展,一些单项体育组织顺应体育商业化的潮流,尝试进行竞赛制度的变革。经过多年研究,许多体育组织都创立了既符合现代体育项目发展特点,又符合电视发展和市场营销规律的竞赛制度和竞赛规则。在对一些重大国际比赛的组织形式进行改革后,国际田联系列大奖赛、拳王争霸赛、ATP网球巡回赛、大满贯赛等商业色彩浓厚的体育竞赛活动应运而生,各种商业性的体育表演赛也深受观众和媒体的欢迎,在世界范围内形成了规模庞大的体育竞赛表演市场。

电视、赞助商和观众对体育比赛和表演的巨大需求,促进了体育竞赛表演市场规模的不断扩大,使得运动员的劳务价值得到更加充分的体现,参加商业竞赛活动的优秀运动员也因此能获得更为可观的出场费和奖金。1968年,国际职业网球联合会开始实行奖金制,当年美国公开赛冠军奖金仅为14 000美元;到了1990年,这项公开赛冠军的奖金已升至35万美元;而到2000年,该项赛事冠军的奖金已经突破了100万美元。2000年温布尔登网球公开赛的总奖金比1999提高了5.4%,达到760万英镑(合1 225万美元),男子单打冠军奖金为45.5万英镑,女子单打冠军奖金为40.95万英镑。男子单打第一轮遭淘汰者也能获得6 530英镑的出场费,女子为5 060英镑。目前世界优秀田径明星的出场费大都在每场比赛1.5万美元至2.5万美元之间,此外还有前八名的名次奖、破纪录奖和优异成绩奖等。这种情况下,一些优秀运动员就专门依靠参加比赛获得出场费和奖金,以及开发商业比赛机会为生。但随之而来的问题是,紧张的训练和繁忙的比赛使他们难以有足够的时间和精力去与众多比赛的组织者及赞助商们打交道,更无暇顾及比赛日程安排等许多与比赛相关的事务。于是,就有了专门为这类运动员参加竞赛而进行的经纪活动。

(三) 运动员参赛经纪的主要内容

运动员参赛经纪主要包括选择、安排参赛;与比赛组织者进行谈判;做好与比赛相关的服务工作;发现新秀,为其成长创造条件;及时处理比赛中出现的问题等内容。

1. 科学合理地选择、安排运动员参赛。科学地安排和参加比赛是运动员提高运动水平的重要方面。对高水平运动员而言,比赛是运动员必不可少的组成部分。代理运动员参赛的首要原则是促进运动员提高和保持自己的运动技术水平和竞技能力。理想的经纪结果是既使运动员通过参加比赛获得较大的经济效益,又能提高和保持运动员的技术水平和竞技能力。这就要求从事运动员参赛经纪的经纪人对有关的赛事了如指掌,与所代理的运动员、其所在的俱乐部、国家运动项目协会共同协商和制定运动员的比赛安排,有目的地选择供运动员参加的比赛。在有利于运动员整体训练安排的基础上,可以适当参加那些有较大经济收益和商业机会的赛事。

创立于20世纪90年代初的国际田径大奖赛(现为国际田联世界杯系列赛)每年都设若干站一级系列赛和二级系列赛,最后还要举行总决赛,每项比赛的前八名均能得到丰厚的奖金。此外,每站比赛的组织者还根据运动员的不同知名度,分别给予几千至几万美元不等的出场费。在此基础上,还举办"黄金大奖赛"(系列赛),获得五站比赛冠军的运动员可以平分诱人数量的黄金。高水平的田径运动员非常热衷于参加这项系列赛,但对于一名优秀的田径运动员来说,可供选择的国内国际比赛很多,参加系列赛也不可能每站比赛都参加,这就需要经纪人与其所代理的运动员以及俱乐部认真协商,制定周密的参赛计划,以最佳的竞技状态投入所选定的比赛中,争取取得好名次。

2. 与比赛组织者进行谈判。从事运动员参赛经纪活动的关键环节之一就是要与比赛组织者就运动员的参赛问题进行谈判。谈判内容主要包括参赛费用,参赛的详细安排、出场费及奖金,甚至包括参赛对手等问题。这方面的谈判往往相当艰苦。在国际田径大奖赛上,田径经纪人之间往往会为所代理的运动员选择有利的跑道而相互争执不休。职业拳击比赛的经纪人为了确定有利于自己委托人的竞赛时间、地点及奖金分配,往往要进行多轮的艰苦谈判。1994年,国际田径经纪人集体与国际业余田径联合会谈判,要求世界田径锦标赛向运动员颁发奖金,否则他们所代理的运动员将抵制这项世界上最有影响的田径赛事。

经过艰苦的谈判,国际业余田联终于作出让步,决定向参加包括世界田径锦标赛和世界室内田径锦标赛等重大赛事的运动员提供奖金和奖品。

3. 开发运动员参赛的商业机会。现代体育竞赛活动已经成为商品营销和企业宣传的极好机会,而参赛运动员本身就是现代商业运作的最好载体。特别是一些优秀运动员由于受到观众和传媒的关注,在参赛过程中格外引人注目,从而成为各种赞助商和广告商的"宠儿"。运动员参赛的经纪活动内容之一就是开发这些商业机会,经纪人代表运动员与广告商明确运动员的"广告价值",确定广告形式及广告费;与赞助商商讨赞助的各项具体事宜,如所赞助钱物的数目、使用范围、期限以及双方各应承担的责任和义务等。运动员参赛的商业机会包括比赛所使用的运动服、运动鞋和运动器材的品牌,胸前和背后广告等,但前提是不能违反体育组织和比赛组织机构的有关规定。前著名网球选手伦德尔曾被其经纪人说服使用美津浓公司的网球拍,从而获得该公司 2 000 万美元的广告费。1992 年巴塞罗那奥运会上,锐步运动服被指定为美国奥运代表团的正式领奖服,但是美国篮球"梦之队"的 NBA 巨星们却坚持要穿耐克服装上台领奖,因为他们个人的赞助商都是耐克公司,结果引起争议。虽然经过各方面的协调,最终解决了这起争端,但 NBA 的经纪人们从此对运动员参赛的广告合同更加慎重。

4. 做好与比赛相关的服务工作。在实际操作中,运动员参赛经纪活动甚至涉及许多具体的服务性工作,包括诸如为运动员订取机票并及时送到运动员手中,联系接送运动员的交通工作和安排食宿,替运动员参加比赛的技术会议,向运动员解释具体的比赛安排,为运动员领取出场费和奖金,为运动员办理出国参赛手续等。这些与竞赛高度相关的服务性工作能保证运动员不论何时何地都能专心考虑训练和比赛而无后顾之忧。

5. 及时处理比赛中出现的问题。当运动员在比赛中出现一些突发事件,如兴奋剂问题、伤病问题等,往往都是由经纪人出面为其进行处理。如美国著名田径运动员雷诺兹在一次国际田径比赛中药检呈阳性,其经纪人做了大量工作,不惜把国际田联告上法庭,竭力减轻国际田联对其的处罚。

6. 发现新秀,为其成长创造条件。许多经纪人不仅与优秀运动员打交道,而且还像教练员一样,随时注意寻找、挖掘新秀,并为他们聘请合适的教练员,进行培训。一些经纪人甚至出资来帮助运动员的训练、生活和工作。例如,埃塞俄比亚长跑明星盖布雷塞拉西就是在他成绩还很一般的时候,被荷兰籍的经纪人赫曼斯发现并极力培养,最终在很短的时间内就成为多次打破世界纪录、获得世界冠军的长跑巨星。英国的经纪人麦克科尔冈则与肯尼亚的中长跑运动员有着非常特殊的关系,1994年时他就代理了40多名肯尼亚中长跑选手。麦克科尔冈十分熟悉肯尼亚国情,与该国田径界的关系密切,从擅长中长跑的卡郎金人种中挑选人才,对他们进行精心培养。结果近几个赛季以来,他所代理的肯尼亚运动员在各类世界大赛上出尽风头。著名的拳击经纪人唐·金也是一个眼光独到的拳击天才发现者,十分擅长在黑人贫民里寻找未来的"拳王"。

(四)运动员参赛代理的注意事项

在代理运动员参赛过程中,体育经纪人应注意以下事项。

1. 熟悉和遵守国际体育组织和国家运动项目协会的章程。

2. 帮助运动员遵守国际体育组织和国家运动项目协会关于参赛资格的有关规定。

3. 全面了解比赛信息,与运动员、教练员、俱乐部、国家运动项目协会共同商定运动员的竞赛安排。

4. 保证受代理的运动员参加国际体育组织和国家运动项目协会指定的比赛,如地区锦标赛、世界锦标赛、世界杯赛和奥运会的比赛。

5. 代理参赛的原则是不影响运动员的运动训练和参加重大比赛。

6. 在运动员授权的范围内行使权利,让运动员及时全面了解代理人以其名义所从事的商业活动和各项安排。

7. 一旦签订了参赛合同,应尽一切努力保证运动员履行合同。

三、运动员其他事务的经纪

(一)代理运动员和俱乐部签约谈判

代理运动员和俱乐部签约谈判是运动员经纪的主要内容。这项业务的核心是为委托人争取在可能条件下的最大利益。一般包括各种收入在内的多项利益条款。当然根据项目不同有差异。

(二)运动员市场营销

运动员市场营销是运动员经纪中另一项十分重要的内容。这项业务的核心是为委托人开发经济价值。由于职业运动员的运动寿命有限,一般在五年左右,因此,运动员经纪人应按照最大限度开发委托人经济价值的原则,来把握委托人的每一项商务机会。在开发委托人商务前,经纪人首先要做三个方面的准备工作。

1. 要对运动员过去和现在的商务许可的情况进行评估。这包括运动员希望许可什么样的产品、愿意在什么样的场合亮相、喜欢和不喜欢的产品以及委托人自身的弱点和长处等。

2. 要考虑运动员无形因素开发的可能性。这包括委托人的社会形象、声誉、地域吸引力，运动场内场外的成就，独特的技能、个性，公共场合的演讲能力以及外表等方面。

3. 要分析研究运动员哪些无形因素能够产生或强化形象，并用来进行商务开发。

4. 为了有助于增大商业开发的机会，经纪人还要着手建立一个委托人商业许可合同网络，这个网络既包括体育用品公司，也包括非体育用品公司。由于运动员形象的商务开发，从根本上讲取决于运动员形象对厂商的吸引力，因此，目前在美国已开始出现经纪人为委托人请"体育媒体教练员"，以强化运动员的形象引力。

5. 经纪人在代理运动员许可合同签约时，还应在合同中把握住以下 12 个方面的条款：（1）许可产品的界定；（2）订立合约的地区；（3）期限；（4）每年的基本补偿；（5）红利补偿；（6）实物补偿；（7）签名产品；（8）公司方面应尽的推广义务；（9）运动员亲自出场的约定；（10）运动员对公司广告的承认；（11）运动员使用产品的规定；（12）公司对运动员许可的保护。

（三）为运动员提供个人服务

现代竞技体育的发展需要不断挖掘人体的运动潜能，需要运动员不断地向人体的极限挑战。运动训练是一个艰苦的过程，需要运动员全身心地投入，运动员往往没有时间和精力顾及日常事务，这就需要经纪人帮助他们处理日常生活中的许多事务。

运动员的生活管理是一个十分复杂的问题，它涉及众多方面和多种因素。从保持和提高运动员人力资本的角度上考虑，运动员的生活管理在运动员经纪活动中也占有十分重要的地位。为了突出重点，这里仅就运动员生活管理的几项主要任务从经纪活动的角度进行分析和阐述，具体包括帮助运动员确定目标、保证有效沟通、加强运动员的思想教育、敦促运动员遵守各项规章制度等。

1. 指导运动员确定目标。运动员如果没有远大的理想和坚定的毅力，很难攀登体育高峰。运动员的经纪人应该经常保持与运动员、教练员和管理人员间的有效沟通，一起进行学习、切磋；要认真分析运动员物质性和精神性的目的、愿望和理想，帮助运动员确定切实可行的目标。运动员确定了一定的目标才有可能产生巨大的内聚力，运动员才会自觉地为此努力。这也是运动员取得优异运动成绩的先决条件。在确定长远目标之后，还应制定相应的阶段目标，以使运动员能产生和保持强大的内驱力，通过各种科学的激励手段，使运动员保持较高的动机水平，以激发运动员的训练热情。

2. 关注运动员合理需求。现代行为科学认为,需要是产生行为的动机。因此,解决运动员的需要是调动他们积极性的重要方法,也是思想工作的重要内容。在现实中,运动员的许多思想问题都与他们的实际需要交织在一起,在运动员的生活管理过程中,绝不能回避免运动员的合理需要。要善于发现和认真分析运动员的需求、价值和个人感情,向他们提供个人生活包括职业方面的建议,并针对性地采取不同对策;对运动员的合理需求,能够解决的要通过各方面尽量努力解决;一时解决不了的,要创造条件逐步解决;对运动员的不合理的需求,则要晓之以理,进行引导。

3. 解决运动员实际问题。帮助运动员确定退役后的职业甚至帮助运动员安排退役后的生活,并及早帮助他们学习相应的职业技能。一般情况下,运动员在开始职业运动生涯之初就要考虑退役后的情况。经纪人要确定合同内容,保证运动员有一定数量的净收入以维持退役后某段时间的生活,还要帮助运动员做好职业运动生涯结束时的心理准备。

4. 督促运动员遵守规章制度。运动员作为特殊的人群,不仅有理性,也有感性;不但有社会属性,也有自然属性。当人的感情战胜理智时,人表现为自然的人,失去理智的人;而当人的理智战胜感情时,人才表现为社会的人,理智的人。情理交融,构成了现实存在的人。当运动员的感情战胜理智时,并且因此以不能维护和实现自己行为准则指导自己的行为时,要对他们进行思想教育,提高他们的认识水平和理解能力。任何一个管理系统的维系力量以规章制度的形式表现出来时,就是法。没有法的约束,管理系统的目标就无法实现。所以,动之以情,晓之以理,约之以法也是运动员管理中必须遵循的原理,监督和敦促运动员遵守各项规章制度是运动员管理的重要措施保障。也可以为运动员提供法律方面的咨询,代理运动员解决纠纷,处理与运动员日常生活和参加体育比赛有关的法律事务。

5. 帮助管理运动员财物。帮助运动员管理财物,帮助运动员确定稳妥的投资计划或为运动员挑选一个稳妥的投资经理,把运动员的一部分收入用于投资以获得更大收益,为运动员作财务管理、投资计划、旅行安排等。甚至还包括买车、购房、帮助照料运动员家庭;安排运动员参加社会公益活动,从事公益事业;安排运动员的娱乐活动、医疗检查和休假等工作。

另外,代理个人项目,如网球、拳击、高尔夫球等运动员的经纪人,还要做好委托人参赛的经纪工作。这项经纪活动主要包括:选择、安排赛事,与赛事组织者谈判和签约,做好运动员参赛的各项服务性工作,及时处理比赛中出现的各类纠纷等。

以上这些工作能有效地保持运动员集中精力从事运动训练,提高运动成绩。

第三节　运动员无形资产的开发

一、运动员无形资产开发的内容和载体

对于体育经纪人来说,运动员无形资产的商业开发是指经纪人受运动员委托,代理运动员开发其名义、肖像权等无形资产的经营活动。

运动员无形资产开发的内容包括:(1)利用运动员的形象,通过媒体推广企业的产品;(2)运动员与企业联姻,由企业向运动员提供金钱、实物或劳务支持,并获得广告、专利或者冠名等作为回报。

经纪人通过中介活动促使企业与运动员达成广告或赞助协议,企业由此可以利用运动员的公众形象推广自己的产品,运动员也可以获得一定的经济利益,这有利于运动员无形资产的开发。

对于运动员来说,运动员无形资产的商业开发是指运动员借其本身知名度或个人成就,通过广告的形式协助企业强化其商业销售或产品品牌形象,以达到供需双赢的经营活动。

运动员为广告提供的载体很多,几乎涵盖了日常生活的各个方面,运动员无形资产的商业开发主要是以开拓体育明星的广告市场进行的。体育明星广告主要有两种类型:运动产品类广告和非运动产品类广告。前者指运动员为其本身从事的运动项目及所需使用的各种物品做广告;后者指运动员为其他与运动无关的产品、服务做广告。体育明星广告的形式多种多样,包括采用肖像图片、电视、报刊、因特网等多种媒体形式为企业开展产品宣传、促销等活动。

运动员的名义、肖像权等虽然不具备实物形态,但它们具有很大的使用价值,是一种能带来经济价值的无形资源。经纪人通过中介活动促成企业与运动员达成广告或赞助协议,企业由此可以利用运动员的公众形象推广自己的产品,运动员也可以获得一定的经济利益。体育明星广告正是具有冲击力强、创意新颖、趣味性强、信息鲜明、感染力强等特点,符合创意广告作品标准和市场要求,因此深受企业欢迎。一般商业广告就像陌生人在推销商品,而体育明星代言人的方式则是人们熟悉、崇拜的名人提出他的见解、建议,较能令人信服和接受;同时,企业品牌形象的塑造,犹如百年树人的工作,需要施加积累,而搭上名人形象的便车,则可减少其中的困难度;另外,体育明星广受媒体注意,曝光机会多,可为代言产品接触广大群众,又能节省产品宣传促销费用。

运动员无形资产的商业开发是与运动员转会、劳资合同的制定、与俱乐部或联盟谈判是完全不同的工作。比如网球选手辛吉斯的后面就专门有一支五六人的队伍为她从事商业开发服务。美国 SFX 体育集团擅长运动员的代理服务,而 Octopn 公司的专长则是运动员的市场开发。目前这两个公司已经联合组成了 SFX 娱乐公司,使他们的商业机会和运动员经纪实力大增,往往是一笔生意带动着另一笔生意。

利用体育明星宣传公司企业的形象及其产品,主要原因是现代体育涉及面广、传播速度快、震撼力强,对人类生活产生着越来越广泛的影响,同时体育明星在广大人民群众中有着十分巨大的亲和力。体育与现代传媒的密切结合,更大地增强了竞技体育的观赏价值和体育明星的榜样力量,从而使以运动员为核心的体育广告市场迅速发展。

在美国,企业界真正开始疯狂迷恋利用运动员做广告,也是近十几年的事。根据《福布斯》杂志 1996 年的调查结果,美国企业平均每年聘请作广告的运动员多达 2 000 名,企业支付的酬金超过 10 亿美元。超级球员乔丹是被公认为是"最有价值"的产品代言人,仅 1998 年,他的代言酬金总数就高达 4 500 万美元。1995 年运动明星代言人的广告量占所有电视广告的 11%,体育明星成为企业代言的最佳人选。

随着我国社会主义市场经济的逐步推进以及体育产业化的迅速发展,我国体育明星广告市场也初见端倪。由于体育明星的成才道路比文艺明星更加艰难,这种蕴含艰辛的"顶尖"概念提升了其附加值,使得体育明星更加受到企业的关注,并直接导致一些企业改变了广告投资方向。郎平、孔令辉、蔡振华、聂卫平、田亮、熊倪、伏明霞等体育明星纷纷在电视广告中亮相充分说明了这一现象。体育明星的价值也开始得到社会的认可,如著名球星范志毅 1997 年由阿迪达斯提供的年赞助额达到 8.5 万美元,拍摄广告片获 13 万美元,每在国家队以正选身份上场一次可获 600 美元,三项总计达 20 余万美元。体育明星已经部分替代了文艺明星而成为企业的形象大使。

二、运动员无形资产开发的特点

(一)运动成绩对运动员无形资产价值的决定性

从体育明星所具备无形资产的价值看,无形资产的产生和市场价值的大小,主要取决本人的社会影响力和宣传效应。而其社会影响力和宣传效应主要是由运动员的业绩决定的。一般来说,个人的业绩愈大,其拥有的无形资产的价值总量、市场开发的潜力以及交易的成功率也会愈大。

（二）运动员无形资产价值与现代传媒的联动性

运动员的声誉及宣传效应不能自发地起作用，必须通过大众传播媒体，与媒体联动，才能实现其价值。在进行运动员的形象设计和开发时，电视、报纸、杂志等媒体的炒作是必不可少的先决条件。离开了这些宣传的载体，开发运动员的无形资产是难以想象的。通常媒体越先进，影响面越广，宣传效应越强，体育与其联动，创造的无形资产的产值就会越高。故许多体育明星的经纪人都要定期为自己的委托人精心设计和制造与传媒接触的机会，以维持他们的明星效应。这也是运动员无形资产增值的有效方式。

（三）运动员无形资产利用与企业的高度相关性

运动员无形资产的生命力在于资产能否有效地应用于企业经营，给企业带来良好的声誉，提高企业的知名度，创造超额利润，从而取得最佳的社会经济效益。从事运动员无形资产的经纪活动必须是让运动员与企业双方以支持和回报交换为中心，以支持换回报，以回报换支持，两者进行等价交换。双方必须是互惠互利，共同得利的关系。双方只有平等合作，精诚团结，同舟共济，才能实现双赢。

（四）运动员无形资产交易的不确定性

运动员无形资产的潜在价值或理论价值可能很大，但是上市后其实际交易价格能否反映它的理论价值，则有很大的不确定性。在实际操作中，其开发利用和价值计算都存在一定难度，其价值实现弹性相当大。一方面，运动员无形资产的价值实现要受到项目水平、项目普及程度、项目商业价值和相应法规完善程度等一系列体育自身因素的影响，另一方面取决于媒介的关注程度、大众的参与程度、购买企业的形象定位及经济的景气程度等诸多因素的影响。在从事这类经纪活动时，要特别注意降低交易风险，尽可能实现其市场价值。

三、体育明星广告市场的中介作用及运作规则

（一）体育明星广告市场的中介作用

体育明星广告市场中介主要包括两类机构：体育经纪人、广告公司。体育经纪人主要从代理运动明星的角度进行广告市场开发，而广告公司多从代理企业客户的角度实施广告市场开发。

1. 体育经纪人（或经纪公司）在体育明星广告市场开发中的作用。

（1）保护和提高运动员的无形资产量。体育明星广告市场的开发依赖于其无形资产量。从体育明星所具备无形资产的价值看，无形资产的产生和市场价值的大小，从根本上取决于本人的社会影响力和宣传效应。而其社会影响力和

宣传效应主要是由运动员的业绩决定的。因此,经纪人围绕运动员进行的商业开发活动不能影响运动员的训练和比赛。

体育竞争所倡导的公平竞争精神、奥林匹克运动的宗旨和理想使体育运动赢得了良好的社会声誉。如果运动员的声誉受损,其无形资产价值就会迅速贬值。所以,经纪人必须要求其所代理的运动员保持良好的体育道德作风,公平竞争,捍卫体育的纯洁性。

(2)通过媒体建立和强化公众形象。体育明星的形象等作为"无形之物",也需要不断宣传,不断使用,使之"有形化",才能增值。因此,从事运动员经纪活动时,要十分注意正确处理与媒体的关系。运动员和其经纪人都要认真学习与媒体打交道的办法和技巧,充分利用媒体来树立运动员的公众形象。

(3)促成体育明星与企业建立伙伴关系。体育经纪人通过自己的服务和关系网络,使体育明星不遗余力地或推销企业产品,提高市场占有率;或是成为品牌代言人,提高企业知名度。这是建立在双赢基础上的平等合作关系。

(4)降低交易风险。尽管体育明星无形资产的潜在价值很大,但作为体育经纪人要通过"中介、代理、承办、服务、创意"使体育明星的社会经济价值得到最充分的体现,尽可能降低交易风险,化解不利因素。

除此之外,体育明星广告市场的开发还涉及许多其他因素,如运动员本人的形象、性格气质、商业兴趣和敏感度等,这都是经纪人必须考虑的因素。

2. 广告公司的作用。广告公司在开发体育明星广告市场上的真正价值在于:把体育明星与广告客户品牌的实用性及独特性有机地结合起来,以难忘的方式创造性地传达给顾客,获得顾客的认可。要做到这一点,广告公司必须制定完整的市场开发策略,认真做好市场调研,搞好媒体组合,以提升体育明星广告市场效益。

广告公司在体育明星广告经营中需注意的事项如下:

(1)创造性地实现体育明星与企业产品的有机结合;

(2)体育明星形象的选择要符合目标群体的特征;

(3)要注意过于耀眼的体育明星会覆盖产品的光芒;

(4)体育明星承接多个广告,被宣传产品会产生干扰;

(5)同类产品都有体育明星做广告,会造成品牌混淆;

(6)体育明星广告市场中,产品要选择体育明星,体育明星也要选择产品。

体育明星做广告时,除了获得广告形象,还不断保持或提升自身的无形资产量,避免声誉受损。

（二）体育明星广告市场的运作规则

现代竞技体育的发展需要不断挖掘人体的运动潜能,需要运动员不断地向人体的极限挑战。运动训练是一个艰苦的过程,需要运动员全身心地投入,运动员往往没有时间和精力顾及其无形资产开发(包括为企业做广告)事宜,这就需要体育经纪人或经纪体育明星广告市场的开发,依赖于对明星肖像权、姓名权的商业运作。肖像权、姓名权属于运动员的无形资产。

根据《民法通则》第九十九条和第一百条规定,"公民享有姓名权,有权决定、使用和依照规定改变自己的姓名,禁止他人干涉、盗用、假冒。""公民享有肖像权,未经本人同意,不得以盈利为目的使用公民的肖像。"

在西方社会,体育明星的无形资产是自我投资形成的,这些体育无形资产商业开发所形成的收益完全归运动员个人所有,并且受法律保护。

在我国,由于培养运动员的各项费用主要由各级政府的财政支付,因此我国体育明星的肖像权、姓名权的广告收益是部分属于国家(如以体育基金会、协会、俱乐部、运动队等为代表);而优秀运动员成长过程的长期性和不确定性,决定了体育明星本人也开始在其广告收益中参与分红。

由于上述原因,我国体育明星的肖像权、姓名权的商业管理和市场运作是多种多样的。如孔令辉的肖像权在中国乒协那里,要拍摄广告,需经过中国乒协同意;中国足协明文规定俱乐部拥有职业球员的肖像权,球员拍摄广告的收入要按工作合同所规定比例分成。

在现实情况中,由于管理规范还未完全形成,因此,实际运作中还存在许多问题。目前最好的办法是在签订广告合同时,把体育明星的肖像权和分配问题写清楚,以得到法律保障。

四、运动员商业开发中的注意事项

（一）运动员形象权的控制与保护

目前,欧洲的许多足球俱乐部直接从运动员经纪人那里购买运动员的形象权,使其成为整体合同的一部分。意甲联赛罗马队的队长托蒂与俱乐部的续约就是最近的一个例子,因为带有形象权的转让,俱乐部续签托蒂的费用大幅增加。运动员形象权的转让意味着俱乐部将拥有运动员的无形资产,并将负责运动员的市场开发,而经纪人的作用将只是谈判。形象权打包在工资合同中一并出售对经纪人来说究竟是利还是弊,还需视不同运动员的实际情况确定。有利的方面是,经纪人的工作会更加容易,他们每年只需坐下来为客户谈判一两次,而大部分纷繁复杂的开发工作就可以由俱乐部去处理了。不利的方面是,将运动员的形象开发权交给俱乐部,经纪人如果仅依靠开发合同的比例收取佣金,他们的收入肯定要减少。

这里需要把握的是,事实上形象权只是对那些真正有市场价值的运动员,即一流的明星运动员才有开发价值,而更多的职业运动员不可能获得普遍的关注,成为赞助商追逐的形象代言人。按照奥塔根体育经纪公司运动员事务部负责人克利夫德的观点:企业还会像过去那样愿意花钱找运动员做形象代言人,拍广告,但是这些钱是集中在最好的 5% 运动员的身上,而另外 95% 的运动员对经纪人来说不是可开发的资产,甚至可以说是负担。因此对于经纪人来说,他们更愿意把普通运动员的形象开发权卖给俱乐部,先把钱装到口袋里再说,而对于真正具有商业开发价值的体育明星,体育经纪人还是应当充分保护和行使自己的开发权,以实现尽可能大的利益回报。

(二)学会与企业打交道

随着企业请运动明星作代言人越来越普及,企业对运动员的控制力日益加强。例如耐克公司成立了专门的"体育经营"部门,为运动员提供"全套服务",包括代言、职业指导和市场咨询等,而其中很大部分本来是应由经纪人完成的。以 NBA 篮球明星莫宁为例,耐克公司依仗合约对莫宁从头管到脚,包括生活的方方面面,甚至是乡间别墅的水龙头。为了使这位身高 6 英尺 10 英寸的巨人球员生活方便,耐克公司派专人将淋浴喷头和洗漱台调整到合适的高度。按照合约公司要求莫宁在个人生活用品上必须以公司为他挑选的为准,比如他只能喝公司指定的饮用水,只能去公司指定的商店购买音响设备等。当然,耐克公司也为此付出了很大的代价。据说,"耐克"在与莫宁的合约中保证为他及他的经纪人大卫·福尔克提供五年 1 600 万美元的保险金。

耐克公司近年来已经在体育领域取得了不容置疑的地位,其名下的代言人曾有迈克尔·乔丹、吉姆·科立尔、安杰·阿加西、查尔斯·巴克利、因卫·罗宾逊和迪恩·桑德斯等一系列响亮的名字。"耐克"作为美国乃至全球最大的赞助商,在这方面的花费 1991 年就已突破 2 亿美元。但是,耐克与它最伟大的球星代言人乔丹长达 18 年的合作,至少让公司仅从篮球鞋这一项上就赚到 5 亿美元,耐克—乔丹成了世界模范搭档。虽然名不正、言不顺,但耐克公司似乎热衷于"体育经纪活动",与众多的大牌明星签订了经营范围极广的代理协议。耐克公司负责运动员的媒体训练、形象设计、财政咨询,以及代为寻求"耐克"以外公司的代言机会等。耐克及其他一些企业以体育经纪人的身份代为运动员谈判,这些做法已使一般的体育经纪人感到不安。同时,这也让俱乐部和体育联盟感到危机,使他们在合同谈判中处在更加不利的地位。

这是体育经纪领域近年来出现的一种新的情况,体育经纪人对此应当予以关注。

(三)把握好运动员形象开发的时机

有眼光的体育经纪人往往在运动员尚未成名时就开始将其收归自己的麾下,并在最适当的时候将其推出,以获取最大的市场开发价值。简·霍尔姆斯是著名的 SFX 体育经纪公司的经纪人,该公司代理的运动员包括迈克尔·欧文、阿兰·席勒和贝克汉姆等知名的足球明星。霍尔姆斯认为,运动员过早地参加商业活动会影响到他们的训练和比赛,尤其是刚刚出道即成名的年轻球员,如欧文和席勒。他们不可能像莱茵克尔那些老球员,有很多的时间参加商业性活动。对此,霍尔姆斯说,欧文显然有非常好的前程,他的商业敏感度非常高,但在他当运动员期间,首要的任务仍然是训练和比赛。莱茵克尔在 1986 年世界杯上获得金鞋奖时,霍尔姆斯并没有急于把他推向商界,而是在其准备结束足球生涯时才开始对他进行形象商业开发。由于莱茵克尔在长期的足球生涯中积累了巨大的无形资产,加上此前霍尔姆斯对他进行定期训练,教他怎样与媒体打交道,因此莱茵克尔的商业开发一举成功。

(四)以娱乐为核心抓住媒体

娱乐业是运动员形象开发的最佳方式。欧、美的很多体育经纪人都十分赞赏《娱乐经济学》一书中的观点:"娱乐业几乎垄断了所有的商业市场"。SFX体育经纪公司经纪人霍尔姆斯在运动员形象推广方面充分运用了这条法则,他让足球明星席勒在与麦当劳公司、莱茵克尔和欧文在与 Walker Crsp 公司的广告合作中以幽默娱乐的方式出现,取得了非常好的电视广告效果。

安德列·米尔斯是大陆足球体育管理公司的经理,他也赞同这个观点。经纪人在为运动员提供常规的职业建议、运动发展、谈判签约等服务的同时,要特别注意建立运动员的媒体形象。对运动员来说,媒体是座巨大的金矿,需要经纪人和运动员共同去挖掘。在这方面,要注意挑选的媒体和合作机构必须具有诚信,必须始终把运动员的利益放在首要位置。美国在体育市场营销和运动员形象开发方面处于世界领先地位的原因就在于,美国的体育经纪人十分注重运动员的媒体关系和公共形象,让运动员在职业生涯之初就开始注意积累媒体经验,并通过媒体建立良好的公众形象。

安德森足球经纪公司代理的运动员包括怀特、亚当斯和伯格坎普等世界知名球员。该公司与电视台、广告机构都保持着良好的关系,曾经成功地把英格兰著名球星怀特推到了体育商业的顶峰。怀特是位天才球员,个性也非常突出。安德森足球经纪公司精心设计,充分发掘了他的球星效应和商业价值,利用他的天才加个性使他在娱乐业干得同样出色,成为英国第一个进入电视圈的现役球员。怀特的广告生涯从耐克开始,后来广告和片约不断,成了广告明星和电影明星。

（五）与运动员患难与共

运动员有时会因种种原因或偶然因素陷入困境,这时经纪人应勇于站出来对运动员加以保护。经纪人还必须提防媒体对运动员的意想不到的攻击。著名体育经纪人安德列·米尔斯曾经很形象地比喻,"运动员和经纪人之间就像是一种婚姻关系,无论是在生病的时候,还是在健康的状态下,都要支持他们,保护他们。具备良好媒体形象的运动员能获得实力雄厚的俱乐部的合同,有大笔的赞助交易和市场推广机会。经纪人和运动员之间是一条双向车道,运动员需要得到经纪人的帮助,经纪人也从运动员那里得到帮助"。

英国著名板球运动员迈克阿瑟顿曾经被指控参与一场假球,结果陷入麻烦。他的经纪人霍尔姆斯帮助他妥善地处理了这件事情。当时霍尔姆斯正准备去度假,得到这个消息后,立即取消度假,与媒体协商,消除了恶劣影响。现在,霍尔姆斯所在的 SFX 公司有许多人在处理这方面的事务。

美国体育经纪人的两项主要业务主要是针对体育比赛和运动员的经纪。经纪体育比赛,是一项复杂的系统工程,要周全考虑各种问题,才能使比赛有条不紊地进行。因此,经纪体育比赛不仅要把握全局,而且要把过程细节考虑到位。而经纪运动员是一项特殊的业务,经纪人应具有较高的水准挑选有潜力的运动员,挖掘其运动天赋来创造更高的经济价值。一般来说,经纪体育比赛或运动员都有一定的运作程序。对体育比赛的经纪,首先要取得比赛代理权,与比赛有关的部门协商,进行实质性内容谈判,签订合同。明确电视转播协议及现场广告标志,然后进行赛前策划,召开有关会议,征召赞助商,开新闻发布会,比赛场馆设计及赛前分析预测等。赛时实施主要是保证一切按计划实施,落实具体事宜,解决现场问题。最后进行赛后处理,做好赛事评估。对运动员的经纪,首先要取得代理权,包括寻找目标运动员进行协商谈判,签订委托合同,然后做好对象服务,如为运动员找俱乐部、赞助商、设计媒体形象和为运动员管理财务、税收及投资等。

五、运动员经纪的主要特点和发展趋势

（一）单项委托代理成为运动员经纪活动的主要形式

进入 20 世纪 80 年代,由于欧洲足球转会市场的迅速发展,以足球转会经纪人为主要特点的单项委托代理的形式逐渐占据了主导地位。单项委托代理的

形式的特点是不再对委托人的事务代理,而只接一两项委托事务,如只代理委托人的劳资谈判,或只代理运动员形象开发,或只是代理年轻运动员等。这种形式拓宽了经纪人的资格范围和业务范围,使不掌握全面的知识和信息而只是某一方面的专家也可以加入经纪人的队伍,并使一个经纪人可同时为数个甚至数十个委托人作同一项目的代理。这种委托代理的优点是专业化与权威性,并相应降低了委托人的委托成本。

单项委托代理不仅导致了经纪人队伍的壮大,而且一名运动员可能会同时拥有多名经纪人,负责自己不同方面的事务,使体育经纪活动更加专业化,而且一名经纪人也同时为多名运动员作代理,拓展了经纪人的服务对象的范围。

（二）工作范围不断扩大

经纪人公司往往利用与运动员建立起来的良好关系,与体育组织密切合作,积极从事重大比赛的赛事推广工作。随着体育交流范围的扩大,运动员经纪的业务范围已决不仅限于本国的体育市场,已涉及其他国家和地区,表现出显著的国际化特点。无论是独立行事的个体经纪人还是集团运作经纪公司,无一不努力拓展国外业务,竞相与国外优秀运动员签约。在他们的演绎下,国际化的大流动、大循环使世界体育和体育人充满了生机和活力。

（三）竞争日趋激烈

随着体育职业化和商业化的不断发展,体育经纪人已逐步成为一个较为固定的职业,也吸引了越来越多的人跨入体育经纪人的行列。在法国,光是国际足联认可的足球经纪人就有 32 人之多,而在意大利这一数目已经突破 50 人。国际田径经纪人联合会的成员也多达 60 余人。经纪人队伍的壮大使得他们之间的竞争也日趋激烈,而运动员也就有了更大的挑选余地。努力将各项工作做得更加出色,获得更多优秀运动员的信任与青睐,把更多的世界大牌明星"抢"到门下,已成为绝大多数经纪人的奋斗目标。

由于单项委托代理的发展,运动员往往与某个或几个经纪人签约,著名运动员甚至与多个经纪人签约,这也从另一方面加剧了经纪人之间的竞争。

最后,提出一个可以值得探讨的问题,一个好的经纪人和签下的运动员是什么关系?是雇主还是朋友?我们认为,经纪人从工作的角度出发,你要从做服务的角度对球员在生活和专业乃至情感等各方面进行更多的关注,这样你才能很到位地为这个球员服务。因此,经纪人和运动员的关系是可以达到朋友的关系,虽然双方都要用职业的观点看待这份合同。

[本章思考题]

1. 运动员经纪的内容主要包括哪些？基本要求是什么？

2. 运动员无形资产开发的内容、载体和特点各是什么？进一步发展需要在哪些方面加强管理？

[相关链接]

企业如何进行体育营销

随着 2008 年北京奥运会的来临,如何利用世界级赛事打好体育营销这张牌走出国门,在国际上树立企业形象,打响中国品牌,是本土企业急需思考和解决的问题。

一、2002 企业世界杯营销反思

1. 企业缺乏长期战略规划,着眼于短期目标,随意性太强。中国企业缺乏战略的通病在营销上也体现无疑,当国际品牌把大型的体育赛事纳入营销战略,成为品牌建设的有机部分并提前几年开始热身布局时,我们的企业大多关心的仍是一时的知名度和销量目标,往往匆忙上马,孤注一掷。

2. 营销策略单一,缺乏创新,没有整合营销传播的概念。从统计中可知,中国企业最常用的两种策略是:广告轰炸和巨额抽奖。玩来玩去还是那些旧花样,你们不烦消费者也会烦,而且单一策略的效果一般没有整合策略的好。体育营销是一种全方位的行为,各种营销手段应整合起来运用。

3. 中国企业对消费者心理和行为理解不深,出现"吃力不讨好"的现象。最明显的是纳爱斯,大力推广"买纳爱斯送世界杯球票"的活动,还制作了好几个广告片,但他没有意识到自己产品的购买者是家庭主妇。

4. 对知识产权的认识薄弱,往往采用"狙击营销"的方式。由于缺乏法律意识,导致许多营销行为没有法律保障,而擦边球总有打完的时候。新浪、搜狐网站的世界杯之争和上海通用想借世界杯促销而后被叫停,就是典型案例。

5. 忽略体育营销的本质,把体育仅作为一次普通的事件营销。体育营销最基本的功用就是,建立或改善企业和消费者之间的关系,通过把体育文化融入到品牌文化中,使消费者对品牌产生认同,世界很多知名企业都是在赞助体育事业中树立了全球品牌形象,如耐克、阿迪达斯等。很可惜,我们的企业都没有在这一点上进行深入的挖掘。

二、企业进行体育营销应该注意的问题

目前有一种流行说法,"当今世界经济是注意力经济,谁的生意能够吸引大众尽可能多的注意力,谁就会成为赢家。"奥运会、世界杯让体育无可争议地成为最大的注意力聚焦地,能够强力吸引世界各国的人流、物流、资金流和信息流,创造出无限的商机和财富。因此,众多跨国公司不惜重金赞助世界级体育赛事,通过体育营销达到了自己的目标。最典型的莫过于阿迪达斯和耐克。阿迪达斯和耐克,特别是阿迪达斯运用赞助策略,在20世纪五六十年代以及70年代与奥运会的联系,创建了一个强大的品牌。

国内企业目前也开始意识到体育营销的巨大魅力。如农夫山泉、波导手机等也开始大打体育营销牌,并已获得初步成功。但是,大多数的国内企业的体育营销策略还很稚嫩,我们在《中国企业2002世界杯攻略》的反思中已提到中国企业体育营销存在的许多问题。体育营销在国外已发展了多年,跨国企业的体育营销已是一种成熟的经营模式。

体育营销,主要就是借助赞助、冠名等手段,通过所赞助的体育活动来推广自己的品牌。体育营销和明星推广已成了大众认同率最高的两大市场推广策略。体育赞助的效果自然、易于被接受。体育赞助实质上是一种软广告,但是由于广告并不单独出现,因而商业性及功利性不像硬广告那么明显。

企业在决定进行体育营销时,应注意如下问题:

1. 赞助体育活动时要善于运用"组合拳"。体育赞助不宜天马行空独来独往,要和其他沟通手段密切配合,才能获得更好效益。如果赞助的预算是1元的话,那么企业就应另加其他沟通手段的配合预算2—3元。这一点目前在我国还没有得到应有的重视。目前许多厂商在赞助体育赛事时手段单一,形式没有变化,从而影响了赞助效果。做得好,也应说得好,这样才能达到企业的目的。

2. 体育营销不是炒作,要有长远规划。体育营销最基本的功用就是成为卖方(企业)和买方(消费者)改善或重建彼此关系的重要工具,双方通过体育运动产生了共同的焦点,把奥林匹克的文化融入到品牌文化当中,并由此形成了共鸣,这有别于企业为博取消费者的好感而采取的厂商主导式的传播,由此塑造出来的企业形象当然更能深入人心,不易动摇,并进而带动业绩的提高。否则单凭一次或几次的炒作,是很难将品牌的核心文化传递给消费者,并让消费者接受或认可的。世界很多知名企业都是在赞助体育事业中树立了全球品牌形象。可口可乐之所以成为世界名牌,与它一直支持世界体育分不开。

3. 企业与体育活动一定要"门当户对"。利用体育大赛进行营销活动的好处是显而易见的。但是企业在借助某项体育活动开展营销时,必须首先考虑到

品牌或其企业内涵是否"门当户对",即产品的属性与运动的联结是否自然流畅,如果商品与运动的联结过于牵强,就难以让消费者对运动的热情转移给产品,如"看世界杯一定要穿××牌休闲裤"吗?考虑要不要赞助的时候,必须考虑事件与品牌诉求的要点是否相吻合,与目标消费者的兴趣是否相吻合,这种吻合不一定是表面上的,可以是深层次上的,在意义上可以相吻合的。一个品牌不会自动地将自己与其赞助的活动联系起来。建立品牌和比赛的联系,有一个直接的方法就是在比赛的电视转播中插播广告。在1984、1988以及1992年的夏季奥运会中,调查表明,在播放过广告的58家品牌中有54%在建立联系方面做得很成功,而在另外27家没有做广告的品牌中,只有4%或是说只有一家品牌是成功的。

4. 体育营销不是普通的事件营销。事件营销是经营者有计划地策划、组织、举办和利用具有新闻价值的活动,通过制造有"热点新闻"效应的事件,吸引媒体和社会公众的注意与兴趣,以达到提高社会知名度、塑造企业良好形象,最终促进产品或服务销售的目的。如乐华公司在1998世界杯赛期间所举行的"世界杯百万竞猜大奖赛",就是典型的事件营销活动。但体育营销不是单纯的公关活动,现在将体育赞助和体育营销有机结合成为公司进行市场推广和树立企业形象的绝佳策略。企业借助体育树立企业一贯的品牌形象,如农夫山泉一直赞助体育运动。长期的一贯的对某一活动进行关怀和赞助,这种持续性的形象一旦建立之后,今后一提到这个活动就会联想到这一品牌,像这种联想的效果是广告主常规的广告所得不到的。

信息来源:体育搏浪网

第八章

合同范本和经纪法规

本章学习要点

- 中国足协球员转会合同
- 运动员工作合同书
- 经纪人管理办法
- 足联球员经纪人规则

本章介绍体育经纪的合同范本和经纪法规,以使大家对我国体育经纪问题有进一步的了解。

第一节 合同范本

一、中国足协球员转会合同

_____足球俱乐部与_____公司/俱乐部就_____(国籍)球员_____临时租借至_____足球俱乐部,参加中国足协 2000 年度比赛事宜达成如下协议:

第一,_____公司/俱乐部以租借的形式将球员_____转至_____足球俱乐部,参加中国足协 2000 年度比赛(2000 年____月____日直至中国 2000 年赛季全部比赛结束)。

第二,_____足球俱乐部许诺支付_____元作为该球员年度的租借费用,签字后即付。

第三,_____公司/俱乐部同意,如果在本合同的有效期内球员转会,_____足球俱乐部获得利润的_____%。

第四,合同一式三份,具有同等法律效应。2000 年____月____日签订于中华人民共和国_____市。

_____足球俱乐部(公章)

法人代表人签名:

_____公司/俱乐部

代表签名:

西班牙英莎国际工贸集团中国代表:

签名:

二、运动员工作合同书

_____俱乐部(以下简称甲方)依据中国足球协会章程和本俱乐部的章程规定,临时租借由西班牙英莎国际公司代理的_____籍运动员(以下简称乙方)_____俱乐部职业运动员,签订合同如下,此合同对所有足球活动具有权威性。

(一)甲方的权利及义务

1. 向乙方下达 2000 年度____级____组联赛、足协杯及其他比赛的指标任务。

2. 甲方对乙方思想教育、训练、比赛、生活实行领导、管理并进行全面考核。

3. 甲方保证向乙方支付年薪____美元。付款方式：签约即付____美元，其余部分分为 12 个月，每月____美元，由甲方按月支付给乙方。

4. 甲方提供乙方本人及其夫人、子女在合同期内两次回国的往返机票费用。

5. 甲方在乙方合同期内免费向乙方及其家人提供_____公寓一套，水、电、国内外长话费由乙方自理。

6. 甲方同意每年给予乙方_____天假期（根据 2000 年中国_____联赛日程）。

7. 甲方为乙方的训练、比赛提供运动装备及其他相关的物质保证。

8. 甲方拥有乙方团体及个人肖像、电视、广播、新闻采访、音像、服装广告等传播媒体的权利。乙方需服从甲方的安排，在任何场合不得有损害此条款的行为。

9. 甲方对乙方严重违反合同及俱乐部管理条例，视情节给予罚款、降薪、直至解除工作合同的处罚。

（二）乙方的权利及义务

1. 乙方应接受甲方下达的全国_____足球联赛、足协杯赛及其他比赛的指标任务。

2. 乙方应无条件接受甲方对其的思想教育、训练、比赛、生活的全面领导和管理，完成甲方规定的全面考核指标。

3. 乙方应遵守中国的法律、法规、遵守中国足协制定的运动员管理规范及甲方制定的"合同制运动员管理条例"。

4. 乙方应按照中国有关条例依法缴纳个人所得税。

5. 乙方必须参加甲方安排的所有比赛和集训或特殊安排的训练、讨论会及其他训练和比赛有关的各项活动，并应按照甲方要求身着甲方提供的服装与装备，不允许出现与本俱乐部无关的产品广告标志。

6. 在公开场合不允许出现有损害俱乐部、协会和足球队声誉的行为。特别在接受电视、广播和新闻采访时，其内容需事先征得甲方同意，不允许对外随意谈及俱乐部内部训练与比赛事务。

7. 在合同期内发生损伤和生病必须立即按甲方要求接受治疗，并有义务随时向甲方通报健康情况。

8. 乙方应严格遵守中国足协关于竞赛方面的纪律规定,参与训练和比赛要有良好体育道德,无条件服从裁判员和主力裁判员做出的一切判罚的规定。如触犯足球比赛纪律而受到中国足协的经济及停赛处罚,其责任由乙方承担。

9. 乙方因触犯中国法律被有关部门处罚,甲乙双方签订的合同自行解除,并随之报中国足协,通告乙方所在国足协,并报国际足联仲裁。

(三)本合同如有未尽事宜,凡属中国法律及中国足协的规定的按有关条款执行,凡属中国法律及中国足协没有规定的经甲乙双方协商修订后,同样有效。

(四)本合同有效期自_____至_____,或直至中国_____赛季全部比赛结束,为乙方临时租借有效期。本合同经各方签字盖章后立即生效。

(五)在本合同的有效期内,如果_____公司/俱乐部推荐乙方到国外俱乐部踢球,并能取得经济效益的话,甲方将同意乙方转会并得到这次转会所得利润的_____。

(六)本合同书中文、西班牙文各一式四份,每方执中、西文各一份,副本报送有关部门备案。

  甲方:

  签字:

  乙方:

  签字:

  西班牙英莎国际公司代表:

  签字:

  正式签约日期: 年 月 日

  签约地:

三、意大利足协经纪人申请表

意大利足协

经纪人事务委员会

36 号信箱

00198 罗马

我,(姓名)_____

出生于(年月)_____ (出生地点)_____

住在(地址)

申请成为体育经纪人

我宣誓：

（一）我已经阅读过经纪人活动的有关条例；

（二）我符合有关资格的规定；

（三）如果申请被接受,我保证遵守意大利足协的法规；

（四）我将接受法规中提到管理组织的任何决定,我尊重他们的权威性；

（五）我将接受第 17 条仲裁委员会的最后裁决。

以下是有关证明和证书

_____

_____

此致,

敬礼

签名_____

日期_____

四、意大利足协经纪委托合同

我,(姓名)_____

出生于(年月)_____(出生地点)_____

住在(地址)

_____

_____ 是一个职业运动员,我委托 MR _____,

他住在_____,是经纪人名单中的成员,在下列

授权范围内进行活动：

1. 代理我与职业俱乐部制定职业运动合同的期限、年薪及其他条件。

2. 负责与俱乐部以外的自然人或法人签订有关我名字的开发。

3. 我同意为了避免受到上面提到经纪人的欺骗,由 MR _____

监督,他住在_____,也是名单中的一员。

4. 我同意经纪人或他的替代者与_____公司合作,公司

总部设在_____,公司的账号_____。

我知道该经纪人是这个公司的合法代表。这个合同将于___年 3 月 31 日

到期,并且将于 4 月 1 日自动延续,除非 2 月 20 日前给另一方和经纪人事务委

员会通过挂号信的形式寄去撤回通知书。合同可以随时撤消,但运动员必须赔

偿所有损失,除非有合法原因。

佣金和报酬将包括所有的花费,按以下:

1. 职业运动合同:_____% ;

2. 肖像名称权的开发:_____% 。

代理任何有争议的事物,包括起草、解释、实施、撤销、财政事务,由三个成员组成的仲裁委员会处理和决定:由运动员指定一名,经纪人指定一名(被指定人须从相关组织指定的人员中挑选)。仲裁主席由意大利足协主席指派。所有程序均按有关规定进行。

本合同由双方签字为准。

年月日_____

运动员_____　　经纪人_____

注意:

1 级职业球员 20 000 000 里拉。(A 级)

2 级职业球员 10 000 000 里拉。(B 级)

3 级职业球员 2 000 000 里拉。(C-1)

4 级职业球员 1 000 000 里拉。(C-2)

职业运动合同:0.50% 到 5.00%;形象名字等开发合同:5.00% 到 15.00%。

五、美国篮球运动员工会对委托合同的规定

将经纪人与运动员之间责、权、利关系确定下来的最佳途径是签订一份代理协议。协议一经双方同意并签署,经纪人和运动员的权益均受到有效的法律保障。NBPA 要求经纪人使用工会统一的标准"经纪人/运动员"合同文本,至少要包括以下内容:

1. 确认——运动员和经纪人各自的姓名、地址、电话号码和联系方式。

2. 服务——范围经纪人所应承担的具体责任、合同谈判、税收计划、财政管理、投资建议。

3. 合同期限——合同有效期。

4. 佣金——经纪人收费数额及其组成。

5. 经纪人支付费用的时间——什么时候支付费用。

6. 终止合同——必须明确是自愿或非自愿地终止合同。

7. 争议解决——代理协议中规定的一些争议解决方式,包括使用工会仲裁。

8. 支出——运动员应该支付哪些费用。

如果经纪人要处理有关客户财务上的问题,代理协议中还应包括:

1. 使用的记账方法。

2. 运动员的预算,包括每年的财政总结。

3. 运动员的税收计划。

4. 为运动员纳税。

5. 运动员支出。

6. 运动员财务情况的定期报表。

7. 有关服务的咨询,如法律、会计、房地产规划和保险。

通常情况下代理协议中的业务范围相当广,经纪人基本上可以处理运动员所有的商业事务。以下是一个标准的合同文本,以供参考:

_____体育经纪公司,愿尽一切努力推进和促进该运动员的职业运动,并对其在运动、商业和职业生涯后的安排等方面提供咨询和服务。本公司将负责以下内容:

1. 雇用合同的谈判和实施(全职、兼职、常规赛季和季后赛)。

2. 所有代言、广告、推广合同的签订。

3. 商业和投资合同的谈判和签订。

第二节　经　纪　法　规

一、经纪人管理办法
第一章　总　　则

第一条　为确立经纪人的法律地位,保障经纪活动当事人的合法权益,规范经纪行为,促进经纪业的健康发展,根据有关法律、行政法规,制定本办法。

第二条　本办法所称经纪人,是指依照本办法的规定,在经济活动中,以收取佣金为目的为促成他人交易而从事居间、行纪或者代理等经纪业务的公民、法人和其他经济组织。

第三条　经纪人从事经纪活动,应当遵守国家法律、法规,遵循平等、自愿、公平和诚实信用的原则。

第四条　经纪人的合法权益受国家法律保护,任何单位和个人不得侵犯。

第五条　各级工商行政管理机关负责对经纪人进行监督管理。其主要职责是:

1. 经纪资格的认定;

2. 经纪人的登记注册；

3. 依照有关法律、法规和本办法的规定,对经纪活动进行监督管理,保护合法经营,查处违法经营；

4. 指导经纪人自律组织的工作；

5. 国家赋予的其他职责。

第二章 资 格 认 定

第六条 具备下列条件的人员,经工商行政管理机关考核批准,取得经纪资格证书后可申请从事经纪活动：

1. 具有完全民事行为能力；

2. 具有从事经纪活动所需要的知识和技能；

3. 有固定的住所；

4. 掌握国家有关的法律、法规和政策；

5. 申请经纪人资格之前连续三年以上没有犯罪和经济违法行为。

第七条 从事金融、保险、证券、期货和国家有专项规定的其他特殊行业经纪业务的,还应当具备相应的专业经纪资格证书。

符合本办法第六条规定条件,已取得经纪资格证书的人员,经专门考核合格,取得专业经纪资格,由工商行政管理机关会同有关部门发给专业经纪资格证书。

第三章 经 纪 组 织

第八条 经纪人事务所由具有经纪资格证书的人员合伙设立。

经纪人事务所应当符合下列条件：

1. 有固定的业务场所；

2. 有一定的奖金；

3. 由2名以上具有经纪资格证书的人员作为合伙人发起成立；

4. 经营特殊行业经纪业务的,应当具有2名以上取得相应专业经纪资格证书的专职人员；

5. 从事某种特殊行业经营业务的,应当具有4名以上的取得相应专业经纪资格证书的专职人员；

6. 合伙人之间订有书面合伙协议；

7. 法律、法规规定的其他条件。

经纪人事务所由合伙人按照出资比例或者协议约定,以各自的财产承担责任。合伙人以经纪人事务所的债务承担连带责任。

第九条 经纪公司是负有限责任的企业法人。

设立经纪公司应当符合下列条件：

1. 具有相应的组织机构和固定的业务场所；

2. 注册资金在 10 万元以上；

3. 有与其经营规模相适应的一定数量的专职人员，其中取得经纪资格证书的不得少于 5 人；

4. 兼营特殊行业经纪业务的，应当具有 2 名以上取得相应专业经纪资格证书的专职人员；

5. 专门从事某种特殊行业经纪业务的，应当具有 4 名以上取得相应专业经纪资格证书的专职人员；

6.《公司法》及有关法规规定的其他条件。

第十条 具有经纪资格证书的非经纪行业现职人员，经所在单位同意，可以在经纪人事务所或者经纪公司兼职从事经纪活动。

第十一条 符合下列条件的人员，可以申请领取个体工商户《营业执照》，成为个体经纪人：

（1）有固定的业务场所；

（2）有一定的资金；

（3）取得经纪资格证书；

（4）有一定的从业经验；

（5）符合《城乡个体工商户管理暂行条例》的其他规定。

个体经纪人以自己的名义从事经纪活动，并以个人全部财产承担无限责任。

第十二条 除经纪人事务所、经纪公司、个体经纪人外，其他经济组织从事经纪活动，须经所在地工商行政管理机关核准，并办理登记注册。

第十三条 符合本办法第八条、第九条、第十一条、第十二条规定条件的经纪人事务所、经纪公司、个体经纪人和兼营经纪业务的经济组织，应当向所在地工商行政管理机关申请登记注册或者变更登记。工商行政管理机关应当在受理登记注册或者变更登记之日起 30 日内，作出核准登记注册或者不予核准登记注册的决定。

第四章 经 纪 活 动

第十四条 经纪人依法经纪活动，受国家法律保护，任何单位和个人不得非法干预。凡国家允许进入市场流通的商品和服务项目，经纪人均可进行经纪活动；凡国家限制自由买卖的商品和服务，经纪人应当遵守国家有关规定在核准的经营范围内进行经纪活动；凡国家禁止流通的商品和服务，经纪人不得进行经纪活动。

第十五条　经纪人从事经纪活动所得佣金是合法收入。经纪人完成经纪活动后有权按照合同约定收取佣金。经纪人收取的佣金不得违反国家法律、法规和政策。

第十六条　经纪人承办经纪业务,除即时清结者外,应当根据业务性质与委托人签订书面居间合同、行纪合同或者委托合同,并载明主要事项。

第十七条　经纪人在经纪活动中,应当遵守以下规则:

1. 提供客观、公正、准确、高效的服务;

2. 将订约机会和交易情况如实、及时报告当事人各方;

3. 妥善保管当事人交付的样品、保证金、预付款等财物;

4. 按照约定为当事人保守商业秘密;

5. 记录经纪业务成交情况,并保存 3 年以上;

6. 收取当事人佣金应当开具发票,并依法缴纳税款和行政管理费;

7. 法律、法规规定的其他行为规则。

第十八条　经纪人不得从事下列行为:

1. 超越其核准的经纪业务范围;

2. 隐瞒与经纪活动有关的重要事项;

3. 签订虚假合同;

4. 采取胁迫、欺诈、贿赂和恶意串通等手段,促成交易;

5. 伪造、涂改、买卖各种商业交易文件和凭证;

6. 向当事人索取佣金以外的酬劳;

7. 国家明确规定的违禁物品、专控商品及其他不允许经纪人从事经纪业务的经纪活动;

8. 经纪人接受与所在单位有竞争关系的当事人委托,促成交易;

9. 法律、法规禁止的其他行为。

第五章　法律责任

第十九条　经纪人违反法律、法规及本办法规定,给当事人造成经济损失的,应当承担赔偿责任。

第二十条　经纪人与委托人发生争议,可以协商解决,也可以依照双方约定或者事后达成的仲裁协议向仲裁机构申请仲裁。未作约定,事后又未达成仲裁协议的,可以向人民法院起诉。

第二十一条　各级工商行政管理机关均有权依据法律、法规及本办法,对其管辖的经纪人进行监督检查。经纪人应当接受检查,提供检查所需要的文件、账册、报表及其他有关资料。

第二十二条　对于违反工商行政管理登记管理法规的行为,由登记主管机关按照有关法规进行处理。

第二十三条　对于违反本办法第十七条规定的行为,法律、法规已有规定的,按有关规定处理;法律、法规没有规定的,由工商行政管理机关根据情节处以警告、没收违法所得、2 万元以下罚款等处罚,并可吊销直接责任人员的经纪资格证书。

第二十四条　对违反本办法第十八条规定,从事违法经纪活动的,法律、法规已有规定的,按有关规定处理;法律、法规没有规定的,由工商行政管理机关根据情节处以警告、没收违法所得、5 万元以下罚款、责令停止整顿、吊销营业执照等处罚,并可吊销直接责任人员的经纪资格证书。其中,责令停业整顿、吊销营业执照的处罚,只能由颁发营业执照的工商行政管理机关作出。对于触犯刑律构成犯罪的,应当及时移送司法机关追究有关当事人的刑事责任。

第六章　附　　则

第二十五条　各省、自治区、直辖市工商行政管理机关可以依据本办法,制定实施办法。

第二十六条　本办法由国家工商行政管理局解释。

第二十七条　本办法自发布之日起施行。

二、国际足联比赛经纪人规则
一、原　　则

第一条

允许雇用经纪人安排比赛(参阅《国际足联章程运用规则》第 16 条第 1 款)。

第二条

安排不同洲际联合会所属球队进行比赛的经纪人,必须持有国际足联颁发的许可证(参阅《国际足联章程运用规则》第 16 条第 3 款)。

第三条

1. 安排同一洲际联合会所属球队进行比赛的经纪人必须得到洲际联合会许可(参阅《国际足联章程运用规则》第 16 条第 2 款)。

2. 联合会需制定条款并颁发许可证。

3. 若洲际联合会制定条款,拥有户籍或办公总部在洲际联合会管辖内的经纪人,只有获得该联合会的许可证才能批准成为国际足联认可的经纪人。

4. 若洲际联合会未制定此类条款,经纪人可向国际足联申请许可证。

二、国际足联许可证

第四条

任何希望取得国际足联许可证从事安排赛事活动的人必须向国际足联秘书处递交书面申请。

第五条

1. 申请人拥有户籍或办公总部的国家足协应在书面请示中附上对申请人的确认书。内容包括：

（1）许可证的申请人有良好的声誉；

（2）国家足协不反对其从事组织比赛的经纪人工作。

2. 国家足协负责对申请人进行审核。

第六条

申请人应在申请中阐明，精通本规则和《国际足联章程运用规则》第 16 条规定的条款，并接受条款中规定的条件。

第七条

上述条件符合，秘书处将接收的申请递交国际足联执委会。

第八条

1. 国际足联执委会批准申请人的申请后，申请人应出示金额为 5 万瑞士法郎的银行担保书。银行担保书应由瑞士银行出具，并不可撤回。

2. 担保金额用来支付由经纪人引起的、已与该经纪人签订合同的任何一方造成的损失（参看第 19 条），但补偿总金额不受银行保证金额数目限制。

3. 担保金只有在经纪人向国际足联正式提出终止活动（并退回许可证）后至少 3 个月，而不存在合同任何一方提出的尚未解决的赔偿要求时，方可退还。

第九条

收到银行开具的担保书，秘书处将颁发许可证。

第十条

许可证拥有第三章规定的权利与义务。

第十一条

许可证不得转让，不属转租或出售的商业财产。

三、国际足联许可证规定的权利与义务

第十二条

国际足联颁发的许可证享有安排不同洲际联合会所属球队或俱乐部队进行友谊比赛的独家权。

第十三条

俱乐部负责向国家足协申请批准不同国家足协所属的两个俱乐部之间一场或多场比赛。

第十四条

若俱乐部或足协之间未安排赛事,按原则只有足协可以批准授权经纪人安排赛事。

第十五条

经纪人声称他代表的俱乐部、国家足协或个人必须以书面形式确定其委任以经纪人代表他们应承担的义务。

第十六条

经纪人的责任应以书面形式体现在各方签署的合同中。

第十七条

按第十六条规定起草的有效合同,并包括以下内容:

1. 住宿交通费用和合同各方的基本生活费用;

2. 合同各方的补偿性费用(扣除所有开销税收后);

3. 由于不可抵抗力量的因素而使一场或多场比赛取消之后的解决办法;

4. 由于球员未按规定出场比赛(包括不可抵抗力量因素)的处理办法;

5. 各方应明确所有规定并确实遵守本规则条款。

第十八条

国际足联经纪人酬金不得超过他代表参加谈判的俱乐部或国家足协收入的10%。规定经纪人佣金高于10%的合同视为无效。

第十九条

1. 只有遵守《国际足联章程运用规则》第16条第4款规定的两个条件,国际足联方可介入以确保经纪人与球队合同中义务的履行。

2. 若合同某一方可以证实由于经纪人的行为造成的损失,执委会可以决定用经纪人提供的银行保证金支付有关赔偿(参看第8条)。

3. 若经纪人反复产生问题,执委会可以吊销其执照。

4. 任何国家足协或俱乐部不履行合同或不遵守本规定条款,将依据有效的章程和规则给予处罚。

第二十条

国际足联执委会是国际足联负责监督对本规则有关的各项事宜做出裁决的机构。

四、终 止 活 动

第二十一条

1. 任何国际足联经纪人结束其有关活动后必须向国际足联交还许可证。

2. 上述第 8 条第 3 款的情况,秘书处应交还经纪人提供的银行保证金,并依照上述第 8 条及第 19 条秉公办事,不偏袒任何国际足联应支付的费用。

五、最 后 条 款

第二十二条

本章程未尽事宜由执委会处理。

第二十三条

上述条例于 1991 年 6 月 13 日起实施并于 1995 年 5 月 31 日进行修正。修正后的条款于 1995 年 6 月 1 日起正式生效。

1995 年 5 月 2 日于瑞士 苏黎世

国际足联执委会主席:左奥·阿维兰热博士

秘书长:J·S·布拉特先生

三、国际足联运动员身份及转会规则

1997 年 10 月,国际足联执委会根据国际足联章程第五十七条通过下列规则:

序 言

1. 本规则涉及的是队员从一个国家协会转会到另一个国家协会时的身份和资格。

2. 下列第一、二、三、七、八、十章及第 12、13、30、31、32 和 36 条的规定对国家间转会均有约束力。

3. 一个国家协会必须制定本会内转会的体制,使本会内转会有章可循。国家协会的转会规则应报国际足联批准。协会内的规则应包括上述第 2 款的内容,应遵循下列各条的总的原则并制定解决转会期内争议的条款。

第一章　队 员 类 别

第 1 条

国际足联所属会员协会的队员均为业余或非业余队员(参见国际足联章程第 57 条第 1 款)。

第 2 条

1. 除领取参加足球比赛和从事协会足球活动的实际费用外,无任何报酬的队员为业余队员所需旅费、住宿费及训练、装备和保险等费用均可报销,不影响

队员的业余身份。

2. 任何因参加比赛或从事与协会足球有关的活动收取的报酬超过上述第2款规定的费用的队员为非业余队员,除非他根据下列第25条又获业余身份。

第二章 队 员 身 份

第3条

1. 队员的身份由其所属的国家协会核实。

2. 国际转会中因队员的身份引起的争议由国际足联队员身份委员会根据上述第2条的规定解决。

第4条

1. 国家协会应有所属非业余队员的正式登记注册。

2. 如需要,国际足联可索取注册的有关部分。

3. 队员如未在国家协会注册为非业余队员,离会时也不视为非业余队员。

第5条

1. 在国家协会以非业余身份注册的是队员应和所属俱乐部签有合同。

2. 合同内容包括合同期和有关经济条件。

3. 合同副本应送国家协会备案,国际足联有权视情况随时提取。

4. 只要是在国家协会注册的非业余队员,俱乐部与其签约时,国家协会可在合同中增加条款。

第三章 队 员 资 格

第6条

1. 只有在国家协会注册,并加盟协会所属俱乐部的球员,才能参加国家协会举办的各种竞赛。

2. 只有符合下列条件之一的队员方可由国家协会认定参赛资格:

(1) 从未曾有某国家协会所属俱乐部中注册者;

(2) 按照国家协会的规定,在国内俱乐部间转会者;

(3) 从一个国家协会的俱乐部转会到另一个国家协会的俱乐部,并持有前者签发国际转证明者(参见第7条)。

3. 上述条款不包括下列第7条第4款的情况及国际足联队员身份委员会特别授予临时资格的情况(参见第7条第3款)。

第四章 国际转会证明

第7条

1. 有资格在一个国家协会所属俱乐部踢球的业余和非业余队员必须在该国家协会签发国际转会证明后,才可在另一个国家协会的俱乐部参加比赛。

2. 无下列情况,国家协会不得拒绝为队员签发国际转会证明:

(1) 队员未履行完原俱乐部合同规定的义务;

(2) 原俱乐部与队员将要转会的另一个国家俱乐部之间存在非经济方面的争议(参见第 14 条至第 17 条);

3. 在有上述的情况下,国际足联执委会,可责令国家协会签发国际转会证明,或自行签发代替国际转会证明的证件。如为后者,应明确规定有效期限。

4. 如果自己要求转会的协会提出要求之日起 60 天后,转会队员的协会仍未发出转会证明或未提供拒发转会证明的正当理由(参见上述第 2 款),前者可发一临时证明准许队员在该国踢球。

临时证明自提出转会要求之日算起一年后即为永久证明。如期间又收到原协会的回复,讲明了不发转会证明的正当理由(参见上述第 2 款),临时证明即行终止。在上述 60 天的期限内,任何队员都不得参加新俱乐部的正式比赛。

第 8 条

1. 只有俱乐部所属的国家协会才有权索要国际转会证明。如未经索取即收到对方国家协会的转会证明,该证明无效。国家协会不得注册该名队员,必须重新索要国际转会证明。

2. 国际转会证明为一式三份,由国家协会签署,使用国际足联专用的转会表格或内容相似的表格。

3. 原始件送要求转会的国家协会。副本寄国际足联秘书处。另一份存原国家协会。

4. 收到转会证明的传真件,国家协会即可批准队员有参加比赛的临时资格。

5. 未收到原国家协会签发的正式转会证明的原件前,队员的踢球资格将自动取消。故意利用这一临时资格条款让其注册队员到另一个国家协会临时比赛的国家协会将受国际足联纪律委员会的处罚。

第 9 条

1. 国际转会证明应写明证明持有人自某日起有权在某协会比赛。

2. 国际转会证明不附带任何条件。国际转会证明尤其不能限定有效期。任何就此附加在转会证明上的条款均无效。上述条款以第 7 条第 3 款及第 4 款的条款实施为准。(参见第 33 条有关队员被租借给另一俱乐部的程序)。

3. 绝对禁止国家协会签发国际转会证明时以任何形式收费。

第 10 条

如转会时签有规定队员回国参加国家代表队比赛的时间的专门协议（参见第 38 条），协议须作为国际转会证明的附件。

第 11 条

1. 国际转会证明不得发给正受停赛纪律处分的队员。

2. 如遇上述情况，国际转会证明不得在停赛处分结束之日前发出。

3. 如队员的纪律处罚为停赛一定数量的比赛，在停赛 5 场以下比赛的情况下，执行停赛处罚的国家协会可向另一国家协会签发国际转会证明，只要后者书面保证该队员在其协会注册期间也停赛相同数量的比赛。

4. 任何有关上述第 1 款中涉及停赛纪律处分的争议，都应提交国际足联队员身份委员会解决。

第五章　队员国际间转换

第 12 条

1. 非业余队员符合下列条件即可与另一俱乐部签约：

（1）与原俱乐部合同期满，或将在 6 个月内期满；

（2）与原俱乐部的合同被一方以正当理由而取消；

（3）与原俱乐部的合同被双方经共同的协商后取消。

2. 队员的新合同不能有任何影响其履行完现有合同的内容。如队员希望在原合同期满前 6 个月内签订新合同（参见上述第 1 款 1），期间他只能签一个新合同。

3. 同时与多个俱乐部签约的队员将受停赛处分。直到国际足联相应的组织就此出面裁决。

4. 除非有关三方——原俱乐部，队员本人，新俱乐部一致同意，否则合同有效期内不得转会。

业余队员只要不违反原俱乐部和新俱乐部各自国家协会的有关规定，随时可以转会。

第 13 条

1. 任何想雇用与另一俱乐部有合同在身的队员的俱乐部，在与该队员接洽前，必须以书面形式与队员所在俱乐部联系。

2. 上述规定的俱乐部，将至少被罚款 50 000 瑞士法郎。

3. 在队员的合同期已满的情况下，队员和俱乐部双方均不需就正在进行的接洽通知原俱乐部。

4. 一旦队员与新俱乐部签约，新俱乐部根据第 14 条的规定就可能存在的补偿问题与队员的原俱乐部联系。

第 14 条

1. 如非业余队员与另一俱乐部签约,其原俱乐部有权索要训练培养费。

2. 如业余队员以非业余队员身份与另一俱乐部签约,其原俱乐部有权索要训练培养费。

3. 如业余队员转会到另一俱乐部,身份不变,其原俱乐部不得索要培养费。

4. 假定已转会的业余队员,在转会后 3 年内成为非业余队员,其原俱乐部有权向现俱乐部索要培养费。

5. 假定队员曾以业余身份几经转会,但在首次转会后的 3 年内成为非业余队员,其原俱乐部有权向他现以非业余身份踢球的俱乐部索要培养费。

6. 上述第 4、第 5 款规定的三年期限只适用于年满 14 岁的队员。

7. 如队员的原俱乐部根据上述第 4、第 5 款认为自己有权索要培养费,必须于队员转为非业余队员之日起 12 个月内提出要求,否则不予受理(如俱乐部未遵守第 13 条第 3 款的规定,不执行此条款)。

8. 欧盟或欧洲经济区国家公民的队员转会,如果在欧盟或欧洲经济工的国家协会间转会,双方对队员与原俱乐部的工作合同已经期满无异议(即:合同规定的期限已经结束或有关双方均同意缩短或取消合同并立即生效)的情况下,不受本条款的约束。

9. 欧洲足联负责制定本足联的转会规定,解决国家协会之间训练培养补偿费等事宜及上述第 8 款提及的情况。

第 15 条

1. 第 14 条所提到的培养费的数额由有关的两个俱乐部协商决定。任何队员与原俱乐部或第三者与原俱乐部达成的有关培养费协议的协议的均无效。

2. 在不违反本规则的情况下,如队员转会至另一俱乐部,其原俱乐部可与本俱乐部的队员签订有效协议,放弃按规定自己应得的培养费。但必须有书面协议。

3. 两个俱乐部根据规定签订的培养费数额的协议须通知两个有关的国家协会。

第 16 条

1. 如国际转会证明签发 30 天后,俱乐部之间仍不能就队员的训练培养费数额达成一致意见(参见第 14 条),而又不属于下列第 4 款由洲足联解决的情况,需将争议交国际足联解决。

2. 洲足联可制定本足联解决上述第 1 款所争议的规定,在本辖区的会员国中执行。

3. 洲足联制定的上述第 2 款提到的规定必须交国际足联执委会批准。

4. 如果洲足联的规定已生效,该足联所管辖的俱乐部之间的经济纠纷只能由洲足联解决。

5. 上述机构做出的裁决为最终裁决。有关各方必须遵照执行。

6. 必须在转会证明发出后 12 个月内将争议提交国际足联或有关洲足联。

第 17 条

俱乐部之间有关队员训练培养费方面的争议提交国际足联后,由国际足联的一个专门委员会负责解决。如争议涉及合同条款,则由国际足联队员身份委员会解决。

第 18 条

1. 上述第 17 条提及的专门委员会由国际足联队员身份委员会主席,或他的代表及两名国际足联主席特别任命的委员组成,前者负责主持会议。

2. 专门委员会的委员不得与争议涉及的俱乐部的国家协会有关。

3. 专门委员会的裁决为最终裁决,必须执行。

第 19 条

1. 不属于队员训练培养费方面的其他任何争议。

2. 队员业余和非业余身份的争议。

3. 国家协会之间,俱乐部和队员之间与对合同条款解释的争议。

4. 队员现在国家协会和俱乐部允许其应召回国参加比赛的争议。

5. 本规则范围内的其他争议。

上述争议只能由国际足联队员身份委员会解决(参见国际足联章程第 3 条)。

第 20 条

1. 俱乐部之间关于队员的训练培养费数额的任何争议不得影响队员的体育运动或职业活动,也不得因此原因拒发国际转会证明。

2. 上述第 1 款的原因外,其他争议可导致队员停赛。

3. 值得强调的是,如队员确实未履行其和原俱乐部的经济义务(欠款,未归还装备或用品等),国家协会可拒发国际转会证明。队员一旦还清欠款,或归还了物品,国家协会就应立即签发国际转会证明。

第六章　向执委会上诉的程序

第 21 条

1. 队员身份委员会的决定应按国际足联章程第 34 条的(d)和(e)款的规

定报告执委会(参见国际足联章程第 34 条第 5 款)。

2. 保证及时处理申诉,由一个国际足联部分执委组成的特别委员会负责对所有申述做出明确的裁决,组成该委员会的执委不得同时是队员身份委员会的委员。

第 22 条

1. 国际足联秘书处收到的所有上诉由国际足联主席任命三名执委组成特别委员会负责处理。这三名执委不得是队员身份委员会的委员。

2. 上述委员不得与争议涉及的俱乐部的国家协会有关。

3. 由国际足联主席指定处理各次上诉的特别委员会主席。

第 23 条

1. 与裁决直接有关的国家协会、俱乐部、队员或教练员如不服均可上诉。

2. 如不服裁决,提出上诉,可维持、取消或修改原决定,也可做出不利申述方的决定。

第 24 条

1. 上诉应在国际足联秘书处将裁决通知有关各方后 20 天内提出。

2. 国际足联只受理通过国家协会提出的上诉。上诉必须是书面的,由申述方签字方可有效。

3. 2 000 瑞士法郎的上诉费用应在上述第 1 款规定的时间内交到国际足联秘书处。如胜诉,费用退还;如败诉,费用没收。

4. 如上诉明显无理,作为纪律处罚,还将对上诉方处以罚款。

5. 上诉委员会决定申诉所需费用由谁承担。

第七章　业余身份的重新获得

第 25 条

1. 非业余队员在重新获得业余身份前,需有一段过渡期。

2. 在其国家协会以非业余身份注册的队员,须经过 6 个月的过渡期才可归为业余队员。但如果队员是欧盟或欧洲经济区国家的公民,在欧盟或欧洲经济区的国家协会重获业余身份,这一过渡期可缩短为 1 个月。

3. 过渡期从队员在某俱乐部以非业余身份参加者的最后一场比赛的日期算起。

第 26 条

1. 非业余队员重获另一俱乐部的业余身份后,其原俱乐部不得要求现俱乐部付给补偿费。

2. 下列第 27 条可能发生的情况除外。

第 27 条

1. 如果队员重获业余身份之日起 3 年内，又恢复非业余身份，他重获业余身份前所注册的俱乐部有权就其训练要求补偿费（如上述情况发生在同一国家协会的俱乐部，以协会规定为准）。

2. 如队员又变换了俱乐部，队员以业余身份注册过一段时间的俱乐部不得要求补偿费。

3. 如对重获业余身份的队员是否确实以业余身份在新注册的俱乐部踢球有疑问，该队员以非业余身份最后效力的俱乐部可要求国际足联进行调查。必要时，还可采取有关措施。

第八章　停　止　踢　球

第 28 条

1. 不再参加正式比赛的非业余队员，在 30 个月内，仍被视为最后雇用他的俱乐部的注册队员。

2. 时间从队员停止比赛的赛季结束开始计算。

3. 合同期满，不再参加比赛的非业余队员所在俱乐部不得向队员要求任何形式的补偿。

4. 此条各款不妨碍某人在不踢球的条件下从一个俱乐部转入另一个俱乐部。

第 29 条

1. 如在第 28 条第 1 款规定的时间内，已经停赛的非业余队员希望以同样身份重新开始踢球，他仍为最后受雇的俱乐部的队员。如果该俱乐部允许他转会，则有权要求培养补偿费（如在同一协会内转会，以协会规定为准）。

2. 如已超过第 28 条第 1 款规定的期限，队员最后所属的俱乐部则无权再要求任何补偿。

第九章　特　别　条　款

第 30 条

1. 俱乐部之间的转会合同及队员和俱乐部之间的工作合同的有效性不受体检结果或获得工作许可的影响。

2. 因此，欲雇用队员的俱乐部应在签订合同前进行必要的调查或采取相应的措施，否则，将按合同规定支付全部训练和培养补偿费用（或应付的工资）。

第 31 条

如在俱乐部之间签订队员转会合同，或队员与俱乐部签订工作合同时由国际足联队员转会经纪人代理，在合同中必须提及这一事实，并在合同中清楚写明承担这一责任的经纪人姓名。

第 32 条

只有俱乐部有权按本规则第 14 条第 1 款的规定索取补偿费。

第 33 条

1. 按本规则条款规定,一个俱乐部将队员租借给另一俱乐部即为转会,并依下列情况签发国际转会证明:

(1) 队员离开一个国家协会加入另一国家协会并被租借给其所属的俱乐部踢球;

(2) 租借期满,队员回到原俱乐部所属的国家协会。

2. 租借非业余队员的条件(租借期,租借的责任等)应由有关双方签订一份书面合同,而不得在转会证明上附加条款,否则无效(参见第 9 条第 2 款)。

3. 不经出租队员的俱乐部的书面授权,租借队员的俱乐部不得将队员转会到第三家俱乐部。

4. 除非有意将租借期与赛季结束安排在一起,队员的租借期不得少于 3 个月。

第 34 条

任何有关避难队员的身份问题均由队员身份委员会做裁决。

第 35 条

14 岁以下队员不需要国际转会证明。

第 36 条

未满 18 岁的队员以非业余身份签订的合同期不得超过 3 年。任何有关延长合同期的条款均无效。

(此条款只适用于 1994 年 1 月 1 日后签订的合同)。

第 37 条

国际足联队员身份委员会不受理任何自发生起已超过两年的争议。

第十章　队员回国代表国家比赛

第 38 条

1. 任何与非业余国家队队员签有合同的俱乐部,无论队员年龄大小,都必须在其被选为本国国家队的情况下,允许他回国参赛。

2. 这一条款同样也适用于同一国家协会的俱乐部。如俱乐部的队员被召参加国家队的比赛,俱乐部必须放行。

本条款适用于下列比赛:

(1) 每年不超过 5 场国际比赛。如已参加了 7 场国际比赛,而当年该国家协会还需进行世界杯预选赛,必须允许队员参加完世界杯预赛。

（2）此外,国际足联所有赛事决赛阶段的比赛或由国家一队参加的洲际锦标赛决赛阶段的比赛；或洲际足联组织的与出线国际足联比赛有关的其他比赛的决赛。

（3）此外,任何由国际足联执委会做出特殊决议的有关比赛。

3. 如一国家协会的代表队获当然出线权,上述第 2 款规定的比赛减至每年五场。

4. 队员回国比赛应有训练的时间。具体规定如下：

（1）国际友谊赛：48 小时；

（2）国际比赛预赛：5 天(包括比赛日)；

（3）国际比赛决赛：14 天。任何情况下,队员都必须于开球前 48 小时到达比赛地点。

5. 有关足协和俱乐部可根据需要,就延长队员回国比赛的时间达成协议。如在队员转会时即已达成了协议,协议副本应附在国际转会证明后。

6. 依此条款应召完成国家协会的任务后的队员必须在他被召开参加的比赛结束后 24 小时之内归队。如比赛在队员注册俱乐部以外的洲进行,这一期限可延长至 48 小时。队员被召参加的两场比赛之间相隔 8 天以上,不可留队不归。

第 39 条

1. 除非就延长回国比赛的时间另达成了补偿的协议(参见第 38 条第 5 款),否则按第 38 条规定允许队员回国比赛的俱乐部不得要求经济补偿。

2. 召回队员的国家协会应承担队员回国比赛的旅费。

3. 被召队员注册的俱乐部应负责队员整个被召时期的伤病保险,包括他应召参加的国际比赛中的受伤保险。

第 40 条

1. 任何在俱乐部注册的队员,当其本国协会召其回国参加某一级国家队比赛时,都必须应召回国。

2. 召回在国外的队员的协会必须在要求其参加的比赛之日前 14 天以书面形式通知方。

3. 需借助国际足联要求在国外踢球的队员回国参赛的协会只能在下列两种情况下求助国际足联：

（1）已要求队员现在注册的国家协会干预,但未果；

（2）有关情况报告必须在要求队员参赛之日前 5 天送达国际足联。

第 41 条

因伤病不能应召的队员,如其协会要求,必须接受协会指定医生的检查。

第 42 条

根据第 38 条,队员在被召期间或本应被召期间绝不能替其注册的俱乐部比赛。不论因何原因,队员不愿或不能应召,此项不得为其俱乐部上场比赛的时间规定还需再加 5 天。

第 43 条

1. 如俱乐部不按上述第 38 条至第 42 条行事,拒绝让队员回国比赛或对召集不予理睬,将实行下列制裁:

(1) 罚款;

(2) 警告或停赛有关俱乐部。

2. 违反上述第 42 条规定的俱乐部将受如下制裁:

(1) 上述第 1 款所列部分或全部处罚;

(2) 俱乐部所属国家协会将宣布有该队员参加的比赛为对方获胜,其俱乐部所得分数均无效。

以杯赛制进行的任何比赛不论比分如何均判对方队获胜。

第十一章 最后条款

第 44 条

本规则未尽事宜由国际足联执委会处理并不得上诉。

第 45 条

本规则首次于 1991 年 4 月实行,并分别于 1991 年 12 月、1993 年 12 月、1996 年 12 月、1997 年 5 月和 1997 年 9 月由国际足联执委会修订。

四、足联球员经纪人规则

依照《国际足联章程运用规则》第 17 条第 2 款有关规定及 1990 年 12 月 13 日会议通过的决议,国际足联执委会 1994 年 5 月 20 日会议上通过下述规则。

引 言

1. 本规则对球员经纪人从事球员跨国转会的活动进行管理。

2. 规则第 1、3、4、5 章内容同样适用于国内有关活动。

3. 各国家足球协会视其需要可制定国内球员经纪人管理规则,管理从事各协会内部球员转会的活动。此类规则需经国际足联审批并应包含引言第 2 款提出章节的主要原则(参阅第 2 条)。

一、总　　则

第一条

1. 球员和俱乐部与其他球员或俱乐部进行接触时,有权聘请 1 名顾问,代表他们或维护他们的利益。该顾问(以下称球员经纪人)必须持有国际足联颁发的许可证(各类转会许可证)或国内足协颁发的许可证(只限国内转会的许可证)。

2. 球员和俱乐部不允许雇佣未取得许可证的经纪人(参阅第 16 条、第 18 条)。

3. 上述第 2 款不适用俱乐部或球员中经纪人是球员近亲;球员或俱乐部经纪人是国内或其永久居住国的注册律师。

二、授予许可证

第二条

1. 任何希望成为球员经纪人的个人应向所在国足球协会递交书面申请。若申请者住在别国,应向其法定居住国所在足球协会递交申请。此类情况只适用在法定居住国已居住至少 5 年的申请者。

2. 申请者在申请中应附上无犯罪记录的警方证明或类似文件以证明个人的良好名声。

3. 只有自然人(与法人相对)可申请许可证。不受理任何来自公司或组织的申请。

第三条

1. 不受理有犯罪记录或名声不好的申请者的申请。

2. 如申请者能证明减轻处罚,国际足联球员资格委员会可视情况破例受理申请,对此特殊情况所做的决定为最终决定。

第四条

申请球员经纪人许可证的个人在任何情况下不应在国际足联、洲际联合会、国家足球协会、足球俱乐部或此类相关机构中任职。

第五条

1. 国家足球协会应决定所受理的申请是否合格。

2. 若申请合格,国家足球协会应与申请者个人进行面试。

3. 如申请被国家足球协会否决,可向国际足联球员资格委员会申请并由其做最终裁决。

第六条

1. 国家足球协会进行个人面试时,应了解:

（1）申请者是否正确掌握足球规则（即国际足联、洲际足联及申请者法定所在国足球协会的章程和规则）；

（2）熟通民法（自然法的基本原则）和责任法（契约法）；

（3）具有指导聘请他的球员或俱乐部的基本能力。

2．国家足协应按下述内容进行面试：

（1）由足协负责此项事务的官员进行面试；

（2）另一名足协代表（可为某委员会推举的代表）参与面试。

3．国际足联应颁发提要指导国家足协如何进行面试。

4．国家足协对面试不能收取任何费用。

第七条

1．面试之后国家足协应通知申请人是否符合第 6 条第 1 款规定的条件。

2．若面试未通过，申请人可要求第二次面试。此次面试应由不同于第一次的足协官员和代表进行。

3．若第二次面试仍未通过，国际足协应通知申请人拒发许可证。但该申请人 1 年以后可重新申请。

4．申请人 1 年后的第三次面试仍未通过，可要求国际足联球员资格委员会进行面试该委员会对其所做判决为最终判决。

第八条

若申请人通过面试，国家足协应相应通知本人并向国际足联和洲联合会通报备案。洲联合会或国际足联有权拒发许可证。一旦拒发其不得从事球员经纪人活动，国际足联的有关决定为最终裁决。

第九条

1．若颁发许可证。申请人应向国际足联出示总金额为 20 万瑞士法郎的银行保证金。保证金应由瑞士银行提供并不可撤回。

2．只有国际足联有权使用该保证金，若经纪人的行为造成球员或俱乐部的损失并与国际有关的规则相抵触，经纪人的保证将用来补偿由此而造成的损失。20 万瑞士法郎保证金的总金额不属受害方补偿的限额。

3．国际足联有权询问涉及此类纠纷的国家足协或洲际联合会。

4．若从保证金额中支付如上述第 2 款所述情况的费用，该经纪人许可证则被临时吊销。若保证金额重新达到规定数额则许可证继续有效。

5．任何球员经纪人投诉的一方应将投诉以书面形式交国际足联。此类投诉应在事发 1 年以内提出，若有关经纪人终止活动，应在 6 个月内投诉。

第十条

1. 由所在国家足协承认的球员组织可以以该组织的名义设银行保证金。

2. 银行保证金用于承担至多3张许可证引起的风险。享有担保的许可证拥有者必须是开立保证金的球员组织的合法成员,同时必须通过第六条第1款要求的面试。取得许可证的申请人姓名应在开设的银行保证金上注明。

第十一条

1. 收到银行出具的保证金后,国际足联则向申请人颁发球员经纪人许可证。该许可证仅限本人使用,不得转让。

2. 国际足联至少每年公布一次球员经纪人名单并通报各国际足协和洲际联合会。

三、球员经纪人的权利与义务

第十二条

1. 获球员经纪人许可证者享有以下权利:

(1) 与任何不属于或不再属于其俱乐部的球员接触(参阅国际足联队员身份及会规则第12、13条);

(2) 代表聘请他的球员或俱乐部与他人协商或签订合同;

(3) 为任何聘请他的球员解决有关事宜;

(4) 为任何聘请他的俱乐部解决有关事宜。

第十三条

1. 只有球员经纪人和有关球员与俱乐部签订书面合同的情况下,该经纪人方可代表球员或俱乐部从事上述第12条规定的活动。

2. 该合同期限为2年,但可在双方同意情况下续约。

第十四条

1. 球员经纪人应履行以下义务:

(1) 必须始终遵守国家足协、洲际足联以及国际足联的章程及规则;

(2) 必须保证每次转会均应遵守上述各项规章制度;

(3) 不能诱导任何正执行俱乐部合同的球员中止合同或不执行合同规定的权利和义务;

(4) 在同一次转会过程中只能代表一方。

第十五条

1. 任何球员经纪人若滥用职权或不履行义务将受处罚。

2. 处罚如下:

(1) 劝告、批评或警告;

（2）罚款；

（3）暂停许可证；

（4）吊销许可证。

上述处罚可同时并罚。

只有国际足联能采取上述处罚，并为最终处罚。

四、球 员 义 务

第十六条

除第一条第 3 款规定外，任何寻求从球员经纪人获得帮助的球员应与按上述条款规定取得许可证的经纪人进行接触。

第十七条

1. 若球员接受未取得许可证的经纪人的服务，国际足联有权：

（1）在考虑任何协议纠纷中球员地位时，将考虑上述因素。

（2）对球员作出下述处罚：

（A）劝告、批评或警告；

（B）处以不超过五万瑞士法郎的罚款；

（C）不超过一年禁赛处罚。

上述处罚可同时并罚。

2. 有国际足联才能采取上述处罚，并为最终处罚。

五、俱乐部义务

第十八条

1. 任何俱乐部希望提供球员服务只允许：

（1）与球员本人协商；

（2）按本章程有关条例规定与获得许可证的经纪人协商，但本章程第一条第 3 款规定除外。

2. 任何俱乐部应直接向有关俱乐部支付球员训练费或发展费用，严格禁止把此笔部分或全部金额作为酬劳转付给球员经纪人。

第十九条

1. 违反第十八条中一款或多款规定的俱乐部将受下列处罚：

（1）劝告、批评或警告；

（2）暂停部分或全部俱乐部管理机构；

（3）处罚不超过 10 万瑞士法郎的罚款；

（4）禁止参与国内或国际球员转会活动；

（5）禁止参与国内或国际足球活动。

任何俱乐部违反上述规定而参与的活动均视为无效。上述处罚可同时并罚。

2. 只有国际足联才能采取上述处罚,并为最终处罚。

六、特 殊 条 款

第二十条

1. 球员经纪人终止活动后应将许可证交还国际足联。若未上交,该经纪人的许可证将被吊销且公之于众。

2. 国际足联应公布已终止活动的经纪人名单。

3. 保证金只有从经纪人停止活动(包括上交或吊销许可证)逾期6个月才被取消,以补偿解决的第三方要求。

第二十一条

国际足联球员资格委员会是负责监督并对本规则有关的各项事宜作出裁决的官方机构。

第二十二条

1. 国家足协若有必要制定自己的管理规定用来管理从事国内球员转会活动的球员经纪人, 必须制定与上述规定类似的面试制度。

2. 有关国家足协同样必须保证经纪人提供不少于5万瑞士法郎金额的银行保证金。

七、最 后 条 款

第二十三条

任何不属于上述规定的事项应交国际足联执委会受理,不得上诉。

第二十四条

国际足联执委会1994年5月20日会议通过上述规则,并在1995年12月11日会议上修正。修正后的规则于1996年1月日起正式生效。

五、我国足球经纪人的职责

1. 足球经纪人从事足球经纪活动,必须遵守国家法律、行政法规的规定,遵循平等、自愿、公平和诚实信用的原则,足球经纪人须将与俱乐部、运动员的争议提交中国足协,并服从仲裁决议。

2. 足球经纪人从事足球转会活动时必须出示有效的《中国足球协会足球经纪人许可证》、《国际足联球员经纪人许可证》。

3. 国际足联当年公布的持有《国际足联球员经纪人许可证》且已通过中国足协审核的足球经纪人、或是持有《中国足球协会足球经纪人许可证》且在中国足协已办理注册年检的足球经纪人享有以下权利：

（1）与任何不属于俱乐部、或与俱乐部合同在 6 个月内将满的足球运动员接触；

（2）接受运动员的委托并代表运动员与他人协商转会事宜、签订转会协议；

（3）足球经纪人接受运动员委托从事足球转会活动，必须签订书面合同，在同一次足球经纪活动中只能代表一方，足球经纪人从转会经纪活动中领取的佣金不能超过运动员转会费的 10%；

（4）当事人若隐瞒真相，足球经纪人有权拒绝或中止为其提供经纪服务。

4．足球经纪人应当遵守以下规则：

（1）遵守中国足协、亚足联以及国际足联的章程及规定；

（2）如实、及时向当事人介绍有关情况，为当事人保守商业机密；

（3）足球经纪人接受委托管理运动员个人的财务，必须与自身财务分账管理，应定期将财务情况向运动员汇报，账簿应如实填写，原始凭证、业务记录、账簿和经纪合同须保存 5 年以上；

（4）收取佣金和费用应向当事人开具发票，并依法缴纳税费；

（5）接受中国足协、体育和工商行政管理部门对其日常经纪行为的监督检查，提供检查所需要的文件、凭证、账簿及其他资料。

5．足球经纪人不得从事下列行为：

（1）超越本办法规定的业务范围；

（2）通过诋毁其他足球经纪人或支付介绍费等不正当手段承揽业务；

（3）诱导任何合同在身的运动员不履行合同规定的义务；

（4）向俱乐部或运动员隐瞒经纪活动有关的重要事项；

（5）帮助运动员与俱乐部商谈或索要签字费、住房、私人用车等任何附加条件；

（6）伪造、涂改、买卖《转会证明》或《转会协议》等文件和凭证；

（7）采取胁迫、欺诈、贿赂和恶意串通等手段损害他人利益，签订虚假合同；

（8）向当事人收取佣金以外的酬金和物品。

[本章思考题]

1．运动员工作合同主要有哪些部分组成？试找出其核心内容。

2．我国足球经纪人的基本职责是什么？

主要参考书目

1. 李伟民主编. 体育营销导论. 龙门书局. 1998 年 8 月第一版
2. 鲍晓明著. 体育产业——新的增长点. 人民出版社. 2002 年 12 月第一版
3. 张发强编著. 体育经济漫谈. 世界图书出版公司. 2000 年 9 月第一版
4. 马铁主编. 体育经纪人. 中国经济出版社. 2002 年
5. 詹建国著. 体育商业现代化经营方式. 北京体育大学出版社. 2003 年 7 月第一版
6. 刘勇著. 体育市场营销学. 高等教育出版社. 2001 年 7 月第一版
7. 胡健. 论我国体育中介的现状与发展. 成都体育学院学报第 26 卷, 2000 年第 3 期
8. 陈鑫林. 浅议我国体育经纪人的作用和行为规范. 河南商业高等专科学校学报第 15 卷, 2002 年第 6 期
9. 牛辉, 穆瑞玲. 美国、中国体育经纪人之比较研究. 南京体育学院学报第 16 卷, 2002 年第 6 期
10. 王景, 夏培玲. 市场经济体制下的体育经纪人. 武汉体育学院学报第 35 卷, 2001 年第 1 期
11. 李慕白. 市场经济体制下体育经纪人的基本素质. 平原大学学报第 19 卷, 2002 年第 2 期 5 月
12. 刘江南, 侯玉鹭. 美国体育经纪人的特征分析. 体育学刊第 8 卷, 2001 年第 4 期 7 月
13. 粟榆. 论我国保险经纪人制度的完善. 保险研究·论坛 2001 年第 7 期
14. 马彦林. 美国体育经纪人制度的启示. 平原大学学报 18 卷, 第 2001 年 3 期 8 月
15. 国家体育总局体育信息中心信息研究所收集. 体育经纪人资料汇编
16. 1998—2003 年体育产业专题论文. 国外体育动态

图书在版编目(CIP)数据

体育经纪人实务/徐爱丽,陈书睿主编.—上海:复旦大学出版社,2004.7(2024.1重印)
(博学·体育经济管理丛书)
ISBN 978-7-309-04065-4

Ⅰ.体…　Ⅱ.①徐…②陈…　Ⅲ.体育-经纪人　Ⅳ.G80-05

中国版本图书馆 CIP 数据核字(2004)第 054805 号

体育经纪人实务
徐爱丽　陈书睿　主编
责任编辑/苏荣刚　盛寿云　戚雅斯

复旦大学出版社有限公司出版发行
上海市国权路 579 号　邮编:200433
网址:fupnet@fudanpress.com　http://www.fudanpress.com
门市零售:86-21-65102580　团体订购:86-21-65104505
出版部电话:86-21-65642845
上海华业装潢印刷厂有限公司

开本 787 毫米×960 毫米　1/16　印张 14.75　插页 2　字数 264 千字
2024 年 1 月第 1 版第 9 次印刷
印数 16 301—17 400

ISBN 978-7-309-04065-4/F·888
定价:36.00 元